Vírus da Mente

Richard Brodie

Vírus da Mente
A NOVA E REVOLUCIONÁRIA CIÊNCIA DOS MEMES
E COMO ELA PODE AJUDÁ-LO

Tradução
Jeferson Luiz Camargo

Título original: *Virus of the Mind.*

Copyright © 2009 Richard Brodie.

Publicado originalmente em 2009 por Hay House Inc, USA.

Todos os direitos reservados. Nenhuma parte desta obra pode ser reproduzida ou usada de qualquer forma ou por qualquer meio, eletrônico ou mecânico, inclusive fotocópias, gravações ou sistema de armazenamento em banco de dados, sem permissão por escrito, exceto nos casos de trechos curtos citados em resenhas críticas ou artigos de revistas.

A Editora Pensamento-Cultrix Ltda. não se responsabiliza por eventuais mudanças ocorridas nos endereços convencionais ou eletrônicos citados neste livro.

Este livro é uma obra de consulta e informação. As informações aqui contidas não devem ser usadas sem uma prévia consulta a um profissional de saúde qualificado.

Coordenação editorial: Denise de C. Rocha Delela e Roseli de S. Ferraz
Preparação de originais: Roseli de S. Ferraz
Consultoria técnica: Mirtes Frange Oliveira Pinheiro e Newton Roberval Eichemberg
Revisão: Claudete Agua de Melo

Dados Internacionais de Catalogação na Publicação (CIP)
(Câmara Brasileira do Livro, SP, Brasil)

Brodie, Richard
    Vírus da mente : a nova e revolucionária ciência dos memes
e como ela pode ajudá-lo / Richard Brodie ; tradução Jeferson
Luiz Camargo. – São Paulo: Cultrix, 2010.

    ISBN 978-85-316-1091-2

    1. Contágio (Psicologia social) 2. Memética 3. Opinião
pública 4. Psicologia genética 5. Psicologia social I. Título.

10-09580   CDD-302

Índices para catálogo sistemático:

1. Vírus da mente : Ciência da memética : Psicologia social   302

O primeiro número à esquerda indica a edição, ou reedição, desta obra. A primeira dezena à direita indica o ano em que esta edição, ou reedição, foi publicada.

Edição	Ano
1-2-3-4-5-6-7-8-9	10-11-12-13-14-15-16-17

Direitos de tradução para o Brasil
adquiridos com exclusividade pela
EDITORA PENSAMENTO-CULTRIX LTDA.
Rua Dr. Mário Vicente, 368 — 04270-000 — São Paulo, SP
Fone: 2066-9000 — Fax: 2066-9008
E-mail: pensamento@cultrix.com.br
http://www.pensamento-cultrix.com.br
que se reserva a propriedade literária desta tradução.
Foi feito o depósito legal.

Para minha mãe,
Mary Ann Brodie,
que me ensinou a pensar...

Sumário

Introdução: A crise da mente... 11

CAPÍTULO 1: Memes 23
CAPÍTULO 2: Mente e comportamento 39
CAPÍTULO 3: Os vírus 57
CAPÍTULO 4: A evolução 69
CAPÍTULO 5: A evolução dos memes 87
CAPÍTULO 6: Sexo: A raiz de toda a evolução............................. 113
CAPÍTULO 7: Sobrevivência e medo... 135
CAPÍTULO 8: Como somos programados..................................... 149
CAPÍTULO 9: Vírus culturais.. 171
CAPÍTULO 10: A memética da religião 205
CAPÍTULO 11: Vírus maquinadores
              (Como fundar uma seita)...................................... 219
CAPÍTULO 12: Desinfecção 233

Leituras recomendadas... 252
Agradecimentos 255

ATENÇÃO: Este livro contém um vírus da mente vivo. Se você não quer ser infectado, interrompa já sua leitura. A infecção pode influenciar seu pensamento de várias maneiras, algumas delas sutis, outras nem tanto – ou mesmo virar pelo avesso toda a sua concepção de mundo.

Introdução

A crise da mente

*"O desperdício de uma mente brilhante é uma grande perda,
ou a falta dela é um grande desperdício."*

— Dan Quayle, introduzindo uma mutação nos memes
do lema do United Negro College Fund,
"É terrível desperdiçar uma mente brilhante".

Há uma boa notícia neste livro. Portanto, antes de abordar a questão de como os vírus da mente estão se espalhando descontroladamente pelo mundo inteiro – contagiando pessoas com programas indesejados, exatamente como faz o vírus Michelangelo ao infectar computadores com instruções de autodestruição –, vou dar primeiro a boa notícia.

A boa notícia é que já dispomos da tão esperada teoria científica capaz de unificar a biologia, a psicologia e a ciência cognitiva. Um esforço interdisciplinar de cientistas de todos esses campos ao longo dos últimos vinte anos, aproximadamente – ou, se assim preferirem, um esforço que remonta a 1859 e a Charles Darwin –, produziu uma nova ciência chamada *memética*.

A ciência da memética se baseia na evolução. A teoria de Darwin sobre a evolução das espécies por seleção natural transformou profundamente o campo da biologia. Os cientistas atuais vêm aplicando a teoria evolucionista moderna ao modo como a mente funciona, como as pessoas aprendem e se desenvolvem e como a cultura floresce. Ao fazê-lo, os cientistas que pesquisam a memética acabarão por transformar a psicologia com a mesma profundidade com que Darwin transformou a biologia.

Para todos os que anseiam por entender a si mesmos, o aprendizado sobre a memética traz enorme satisfação. Acredito também que as pessoas familiarizadas com a memética terão vantagens cada vez maiores na vida, sobretudo para impedir que sejam manipuladas ou que outros delas se aproveitem. Se você conhecer melhor de que modo sua mente funciona, saberá lidar melhor com um mundo de manipulações cada vez mais sutis.

Agora, a má notícia: este livro contém mais perguntas do que respostas. Em particular, a memética revelou a existência dos *vírus da mente*, mas ela nos oferece poucas informações sobre o que fazer com eles.

Os vírus da mente estiveram conosco ao longo da história, mas eles evoluem e se modificam continuamente. São elementos contagiosos de nossa cultura, e se espalham rapidamente entre a população, alterando o pensamento e a vida das pessoas por onde passam. Incluem tudo, desde os vírus mentais relativamente inofensivos, como minissaias e expressões de gíria, até aqueles que prejudicam seriamente nossa vida, como as gangues de rua Crips e Bloods[1] e o culto religioso conhecido como Ramo Davidiano.[2] Quando esses fatores culturais são de nosso agrado, não há problema algum. Contudo, assim como o vírus de computador Michelangelo é programado para destruir os dados de um computador, os vírus da mente podem nos programar de modo a nos fazer pensar e agir destrutivamente em nossa vida.

Esta é a revelação mais surpreendente e profunda da ciência da memética: seus pensamentos nem sempre são ideias originalmente suas. Você "pega" pensamentos – fica contagiado por eles, quer diretamente, por meio de outras pessoas, quer por via indireta, por obra dos vírus da mente. As pessoas parecem não gostar da ideia de que não controlam seus pensamentos. Sua relutância em sequer refletir sobre essa ideia talvez seja o motivo principal de o trabalho científico realizado até hoje não ser mais bem co-

---

1. Nomes de gangues de rua que foram criadas em Los Angeles, na década de 1960. (N. do T.)
2. Seita fundada em 1934 pelo búlgaro Victor Houteff. Em 1993, seu líder nos Estados Unidos, David Koresh, morreu junto com oitenta seguidores durante um conflito armado com a polícia federal norte-americana. (N. do T.)

nhecido. Como veremos, as ideias que as pessoas não apreciam dificilmente caem no gosto popular.

Para agravar ainda mais o problema, você não tem como saber de imediato se o programa que recebeu de determinado vírus mental é prejudicial ou benéfico. Ninguém jamais se tornou adepto de um culto religioso com a intenção de passar por uma lavagem cerebral, mudar-se para a Guiana ou cometer suicídio. Quando o adolescente Bill Gates foi infectado pelo vírus mental do pôquer em Harvard, será que esse fato foi prejudicial por tê-lo feito largar os estudos, ou terá sido benéfico por tê-lo ajudado a tomar a decisão de deixar a universidade, criar a Microsoft, e tornar-se multibilionário?

Mudança de paradigma

O mundo da ciência frequentemente passa por uma experiência chamada *mudança de paradigma*. Isso acontece quando um dos pressupostos pelos quais conduzimos nossa vida sofre uma transformação – por exemplo, quando deixamos de acreditar que o universo gira ao redor da Terra e passamos a crer que a Terra gira ao redor do Sol. Outra mudança aconteceu quando Einstein descobriu as relações entre espaço e tempo e entre energia e matéria. Cada uma dessas mudanças de paradigma levou algum tempo para insinuar-se na comunidade científica, e mais tempo ainda para elas serem aceitas pelo grande público.

> Os vírus mentais, assim como toda a ciência da memética, representam uma importante mudança de paradigma na ciência da mente.

Tendo em vista que compreender essa nova ciência implica uma mudança significativa na maneira como as pessoas pensam sobre a mente e a cultura, tal compreensão tem se mostrado difícil para elas. Como ocorre com qualquer mudança de paradigma, a memética não se encaixa em nosso modo efetivo de ver as coisas, de entender o mundo.

O lance para se entender um novo paradigma consiste em você abrir mão do seu paradigma atual enquanto está em processo de aprendizagem, e não em tentar encaixar os novos conhecimentos em seu modelo existente. Não vai dar certo! Se você está disposto a abrir mão do seu modo atual de

♦ 13 ♦

pensar por um tempo suficiente, que lhe permita examinar quatro conceitos, alguns dos quais – ou todos os quais – podem ser novos à sua experiência, sua recompensa será a compreensão da memética. E com ela, espero, virá um chamamento à ação para todos os que se preocupam com o futuro da vida humana.

— O primeiro conceito – a estrela do espetáculo – é o **meme**, que apresento no Capítulo 1 e que tem um papel crucial ao longo de todo este livro. O meme, que em inglês rima com *beam* ("viga mestra"),[3] é a unidade básica da cultura, assim como o gene é a unidade fundamental da vida. Conforme descrevo em linhas gerais no Capítulo 2, os memes não são apenas as unidades básicas da cultura em grande escala – a criação de países, línguas e religiões –, mas também em pequena escala: eles são as unidades básicas da sua mente, o programa do seu "computador" mental.

— Em seguida, temos o conceito de **vírus**. É de conhecimento geral que os vírus existem na biologia e no mundo dos computadores. Veremos agora como eles surgem no mundo da mente e da cultura, o mundo da memética. No Capítulo 3, farei comparações entre os três universos diferentes nos quais vivem os vírus, a fim de mostrar o que podemos esperar dos vírus mentais no futuro.

— O terceiro conceito que contribui para a formação dessa mudança de paradigma é a **evolução**. Evolução é uma dessas palavras que muitos usam, achando que estão se referindo à mesma coisa quando, na verdade, estão expressando ideias diferentes sobre a natureza e o significado desse conceito. No Capítulo 4, discutirei a teoria científica da evolução mais aceita no momento e, no Capítulo 5, mostrarei de que modo ela se aplica aos memes.

— O quarto conceito para entendermos os vírus da mente é a nova ciência da **psicologia evolutiva**. Esse campo do conhecimento examina as tendências e os mecanismos de nossa mente que se desenvolveram a fim de manter nossa sobrevivência e reprodução. Algumas dessas tendências assumem a forma de *botões* psicológicos que podem ser pressionados para acessarmos nossas defesas mentais. Em vez de chamar esta parte do livro sim-

---

3. Respectivamente, *meme* ("meme") e *beam* ("viga mestra"), sem equivalência semântica em português, mas cujas pronúncias aproximadas são /*mim*/ e /*bim*/. (N. do T.)

♦ 14 ♦

plesmente de "Introdução", preferi chamá-la de "A Crise da Mente", uma designação que "aperta mais botões":[4] chama mais a atenção, o que significa que será lida por mais pessoas. Pelo mesmo motivo, intitulei o livro de *Vírus da Mente*, e não de *Introdução à Memética*.

A psicologia evolutiva, um dos temas mais polêmicos da atualidade, estuda e explica muitas das diferenças estereotípicas entre homens e mulheres, especialmente no campo do comportamento reprodutivo. O Capítulo 6 trata do aspecto reprodutivo da psicologia evolutiva; o Capítulo 7 aborda o aspecto da sobrevivência.

A memética parte desses quatro blocos conceituais para formar um novo paradigma sobre a maneira como a cultura evoluiu e continua em processo de evolução. Ela lança luz sobre uma questão crucial para a humanidade:

> Deixaremos que a seleção natural nos faça evoluir aleatoriamente, sem levar em conta nossa felicidade e satisfação, ou nosso espírito? Ou tomaremos as rédeas de nossa própria evolução e escolheremos a direção que nos interessa seguir?

A memética nos dá conhecimento e poder para direcionarmos nossa própria evolução como nunca o fizemos em qualquer momento da história. Agora que dispomos desse poder, como iremos usá-lo?

Uma ameaça à humanidade

O vírus da mente não se espalha por meio de espirros, como no caso da gripe, nem por meio do sexo, como na AIDS. Não se trata de algo físico. Os vírus mentais são difundidos por uma coisa muito simples, isto é, por meio da comunicação. Discutirei, no Capítulo 8, de que maneiras somos programados por eles. Em certo sentido, os vírus mentais são o preço que pagamos por uma das liberdades que mais prezamos: a liberdade de expressão. Quanto maior ela for, mais propício será o ambiente para os vírus da mente.

---

4. No original, *that pushes more buttons. To push one's buttons* significa "provocar", "incitar", "forçar alguém a responder a um desafio" etc. Como essa expressão metafórica tem o sentido de "transferir a ativação de determinado mecanismo para as emoções humanas por meio do ato de apertar ou pressionar botões", ela será traduzida literalmente ("apertar, ativar botões") aqui e nas outras partes do livro em que aparecer. (N. do T.)

Alguns desses vírus surgem espontaneamente, como discuto nos Capítulos 9 e 10; outros são criados intencionalmente, como explico no Capítulo 11. Todos, porém, têm algo em comum:

> Uma vez criado, um vírus mental adquire uma vida *independente* de seu criador e evolui rapidamente, infectando o maior número de pessoas possível.

Os vírus da mente não constituem uma preocupação para um futuro distante, como a explosão final do Sol ou a possibilidade de a Terra ser atingida por um cometa. Eles estão conosco aqui e agora – e estiveram conosco antes mesmo de qualquer registro histórico –, e sua evolução faz com que seu contágio seja cada vez mais eficiente. Estamos diante de novas modalidades de contágio (televisão, música popular, técnicas de vendas), mas ainda nos submetemos a algumas bem antigas (educação, ensino religioso e até mesmo o fato de conversarmos com nossos melhores amigos). Involuntariamente, nossos pais nos contaminaram quando éramos crianças. Se você tem filhos, há uma grande possibilidade de que esteja lhes transmitindo esses vírus, dia após dia.

Você lê jornal? Vai pegar um vírus da mente. Ouve rádio? Vai acontecer a mesma coisa. Sai com amigos para jogar conversa fora? Vai pegar um vírus mental atrás do outro. Se a sua vida não vai indo muito bem, saiba que boa parte da culpa é dos vírus mentais. Problemas de relacionamento? Os vírus mentais controlam uma parte do seu cérebro e o afasta de tudo que poderia fazê-lo mais feliz por mais tempo. Está com problemas no trabalho ou na carreira? Os vírus mentais impedem que você planeje claramente seu futuro, empurrando-o para uma profissão que se ajusta bem aos planos *deles*, mas não aos *seus* – aqueles que tornariam sua vida muito melhor.

A grande propagação das seitas religiosas é outra consequência da atuação desses vírus mentais cada vez mais poderosos. As seitas assumem o controle da mente de seus adeptos e os fazem adotar comportamentos excêntricos, que vão desde rituais muito estranhos até o suicídio coletivo. Se você se considera imune a tudo isso, preste atenção: por livre e espontânea vontade, ninguém jamais planejou entrar para determinada seita e perder o controle da própria mente. Ocorre apenas que o trabalho matreiro e pernicioso dos vírus mentais está em plena atuação. E, uma vez deflagrado o processo pelo fundador da seita, o vírus mental adquire vida própria.

Devido aos meios de comunicação de massa e às eleições diretas, os sucessivos governos dos Estados Unidos e de outros países ficam cada vez mais sujeitos à contaminação pelos vírus da mente. Hoje, um político só consegue se eleger se criar para si uma imagem eficiente, que leve as pessoas a pressionar os botões geradores dos votos de que ele precisa. "Estamos passando por uma crise que só eu tenho condições de resolver", dizem eles, ou "Todos esses problemas foram criados pelos meus adversários; alguém duvida de que qualquer mudança já será melhor do que isso que aí está?" As imagens bem construídas dos políticos são um campo fértil para os vírus mentais mais complexos e disseminados que contaminam nossa sociedade.

Qual é a marca do seu refrigerante preferido? As mais vendidas custam o dobro das que fazem pouca propaganda. O dinheiro que sobra vai para a propaganda televisiva, que dissemina esporos de vírus mentais ainda mais insinuantes, os quais assumem o controle de sua mente e o obrigam a em-purrar seu carrinho de supermercado para a prateleira dos produtos que eles querem lhe vender. Ao programarem sua mente de maneira tão bem-sucedida, levando-o a crer que prefere esta marca e não aquela, as agências de publicidade situam-se entre os mais cínicos e calculistas disseminadores de vírus mentais.

A difusão descontrolada desses vírus mostra sua face mais alarmante nas situações que envolvem nossas crianças. A partir das áreas mais pobres dos centros urbanos, de onde se espalham rapidamente, os vírus mentais que contagiam muitas crianças acabam por deixá-las sem perspectivas, re-sultando em mais mães solteiras e mais violência entre gangues de rua. Muitos jovens parecem ter sofrido uma perda acentuada de valores, e vêm tomando rumos desconcertantes em suas vidas. O Capítulo 12 discute a possibilidade de desinfecção de nossas crianças e de nós mesmos.

Meus objetivos

Permita-me esclarecer, já de início, que escrevi este livro com a finali-dade de fazer uma diferença na vida das pessoas. Uma parte de seu conteú-do *poderia* ser usada para o autoaperfeiçoamento. Talvez você não espere que um livro sobre ciência inclua ideias extraídas do campo da autoajuda, mas a ciência da memética lida com a mente, com a vida das pessoas. A compreensão da memética pode, sem dúvida, ajudar a melhorar sua quali-dade de vida.

Em primeiro lugar, eu jamais teria escrito este livro – nem meu primeiro, *Getting Past OK* – se não tivesse, por iniciativa própria, me livrado de muitos memes adquiridos ao longo do meu desenvolvimento e, em seguida, reprogramado minha mente com novos memes. Que novos memes você escolheria para se reprogramar se alguém lhe oferecesse essa possibilidade? A decisão é sua e de mais ninguém. Ao iniciar minha pesquisa, eu nem sequer fazia ideia do que isso *significava*. Hoje, depois de ter me aprofundado no assunto, minha opção consiste em programar minha mente com memes que reforçam os meus valores de vida, e não os objetivos dos vírus mentais. Você pode fazer o mesmo, ou algo diferente. Sem o conhecimento da memética, porém, você não terá opção de fazer nem uma coisa nem outra.

O que me levou a escrever este livro foi o fato de *gostar* muito de criar novas opções para a vida das pessoas. E, como acredito na importância do conhecimento da memética, resolvi compartilhá-lo. Para mim, escrever este livro não foi apenas um exercício intelectual. Embora *Vírus da Mente* seja uma obra *sobre* ciência, é evidente que não se trata de um texto científico. Por trás dele encontra-se a intenção de difundir conscientemente o novo paradigma da memética, que considero valioso.

> A difusão consciente de ideias que você considera importantes é uma maneira de lutar contra os vírus da mente.

Você já se perguntou por que a vida atual parece tão complicada – mais complicada e estressante ano após ano? Um dos motivos é o exército cada vez maior de vírus mentais que passam a dominar parcelas cada vez maiores da sua mente, impedindo-o de buscar sua felicidade e com efeitos possivelmente ainda piores sobre a geração seguinte.

Você também já se perguntou por que, apesar de todo o avanço do progresso e da tecnologia, a vida não parece ter ficado mais simples, mas exatamente o contrário disso? Cada vez que você se expõe a um novo vírus mental, sua mente fica um pouco mais estressada e confusa.

Legiões de pessoas correm atrás de tudo, da psicoterapia ao movimento *Nova Era*, numa tentativa de aliviar o peso esmagador do stress. Os médicos estão cada vez mais convencidos de que o stress é nosso assassino número um, mas os especialistas divergem sobre a origem desse mal e a maneira de eliminá-lo. A comunidade médica tem falado em personalidades "tipo A", formada por pessoas estressadas e agressivas, e "tipo B", que são mais descontraídas, mas não sabe muito bem o que teria levado alguns a ter esta ou aquela característica. Além disso, há situações em que até pessoas do "tipo B" apresentam sintomas ligados ao stress. A nova ciência da memética tem muito a esclarecer sobre essa questão.

> Ao assumirem o controle de partes da sua mente e levá-lo por caminhos inesperados, os vírus mentais fazem com que você se afaste do que é mais importante em sua vida e provocam confusão e stress, quando não desespero.

Os vírus mentais infectam sua mente e, ao programá-la, fazem com que você escolha caminhos que, na verdade, vão afastá-lo de seus objetivos. Tendo em vista que isso ocorre no nível do inconsciente, você só percebe que, à medida que envelhece, a vida vai ficando mais estressante e menos divertida, um peso enorme, mais irrelevante e absurdo a cada dia que passa. Você começa a ficar sem motivação e a perder o interesse por coisas que adorava fazer. Esses são alguns dos efeitos do contágio por um vírus mental, algo que você não pode evitar totalmente a menos que viva em total isolamento desde o dia em que nasce.

Porém, você *pode* dar início a seu processo de desinfecção. Minha esperança é que os conhecimentos contidos neste livro representem um passo importantíssimo na busca dessa desinfecção. Contudo, você precisará de um grande esforço para ensinar esse novo paradigma a si próprio.

O nascimento de um novo paradigma

É sempre difícil, para um cientista, comunicar suas ideias ao grande público. Por sua própria natureza, a ciência é uma seleção artificial de ideias baseadas em rigorosos testes que vão determinar sua capacidade de utilização, *e não nos sentimentos intuitivos das pessoas*. Desse modo, as novas ideias científicas tendem a incomodar as pessoas inicialmente, produzindo reações previsíveis. Quando Charles Darwin propôs suas teorias sobre a seleção natural em 1859, houve vários níveis de reação pública – reações que qualquer ideia científica revolucionária parece destinada a enfrentar antes de ser aceita.

1. **Complacência/Marginalização.** No começo, a nova teoria é vista como uma ideia maluca: exótica, mas sem representar uma séria ameaça à concepção de mundo dominante – talvez uma simples variante de alguma teoria já existente. No momento em que escrevo, a memética está passando desse estágio para o seguinte. Conhecedores do uso crescente da palavra *meme*, os editores do *The New York Times,* de 22 de janeiro de 1995, fizeram uma tentativa moderada de desqualificá-la: "Um cético poderia perguntar-se o que é que a noção de meme acrescenta ao paradigma de evolução cultural. Talvez não haja nada de novo sob o sol". Ao terminar a leitura deste livro, você terá descoberto que, em vez de acrescentar algo ao paradigma existente de evolução cultural, a memética em si constitui um novo e mais poderoso paradigma.

2. **Ridículo.** A complacência desaparece quando a nova ideia se recusa a morrer, resultando em seu escárnio pelas pessoas que, claramente e de modo zombeteiro, veem que ela é incompatível com alguma coisa que elas consideram verdadeira. No caso de Darwin, os contemporâneos riam da incapacidade de o naturalista perceber a necessidade de um Planejador Supremo fazer a seleção. Darwin sentiu-se frustrado por sua aparente incapacidade de comunicar esse novo paradigma. Uma ridicularização semelhante da memética é às vezes percebida nos poucos lugares em que se discute esse tema.

3. **Crítica.** Quando a nova ideia ganha aceitação, as pessoas que defenderam concepções de mundo conflitantes durante algum tempo, ou que investiram sua reputação em velhos paradigmas, tornam-se mais ácidas em suas críticas. Darwin é atacado até hoje pelos criacionistas, para os quais suas teorias entram em choque com sua Verdade. É possível que meu livro provoque críticas contundentes à memética. Se isso acontecer, não devemos nos preocupar; faz parte da natureza de toda mudança de paradigma.

4. **Aceitação.** Por último, um grupo suficiente de pessoas faz a transição para o novo paradigma, o que lhe confere aceitação psicológica e intelectual. Os que entendem as novas ideias não estão mais sozinhos e malquistos como Colombo entre os que acreditavam que a Terra fosse plana. O novo mundo concorda com o paradigma. A pressão do grupo começa a funcionar a favor dele, e não

♦ 20 ♦

contra. Ele começa a ser incluído nos planejamentos escolares. Os cientistas já podem passar para seu próximo desafio.

Parece que nossa mente não foi bem equipada para entender seu próprio funcionamento. Na verdade, de início você pode ficar muito confuso ou inseguro, ou mesmo subitamente cansado, durante a leitura deste livro; é até possível que se irrite ao ler estas palavras. Ainda que neste exato momento você possa considerar esta afirmação absurda, esses sentimentos e sintomas constituem, de fato, os mecanismos de defesa dos vírus da mente. Eles evoluíram de modo a tornarem-se grandes protetores das partes de sua mente que roubaram, e qualquer tentativa de livrar-se deles pode provocar reações.

Se você tiver uma ou mais dessas reações enquanto estiver lendo este livro, não se preocupe: a reação passará se você souber distanciar-se dela. Se agir assim, será recompensado com um poderoso instrumento para o seu futuro... e para o futuro da humanidade.

◆ ◆ ◆

1

Memes

"Não existem verdades absolutas, mas apenas meias-verdades.
É terrível tratá-las como verdades absolutas que
levam a conclusões falsas."

— Alfred North Whitehead

Ouvi a palavra *meme* pela primeira vez muitos anos atrás, durante um debate político tipicamente acalorado na lanchonete da Microsoft. Naquela época, não era sempre que eu ouvia uma palavra nova enquanto comia. Talvez eu tenha sido suficientemente arrogante para pensar que, por já ter lido muito e ter estudado em Harvard por três anos e meio, eu já conhecesse a maior parte das palavras que as pessoas costumam usar numa lanchonete.

Sentados à minha mesa estavam Charles Simonyi e Greg Kusnick, dois amigos muito queridos na Microsoft. Almoçar com homens tão cultos e brilhantes assim sempre foi meu motivo secreto para trabalhar na Microsoft. Na verdade, Charles havia me contratado para trabalhar lá em 1981 e me incumbira de escrever a primeira versão do Microsoft Word um ano depois. (Isso deu muito certo. Hoje percebo que o Word tinha bons memes.)

Conversávamos sobre política e governo, sobre os motivos pelos quais as verbas para melhoramentos locais que os governos e os políticos aplicam em obras para fins eleitoreiros continuavam a ser liberadas e tantos políticos incompetentes e corruptos continuavam a ser eleitos. Para explicar esses fatos, bastaria dizer que os eleitores eram burros? (Segundo um dos memes mais em voga na Microsoft, se alguma coisa não funcionasse a contento haveria sempre uma boa chance de que o motivo fosse a burrice de alguém.) Com seu sotaque húngaro e a exuberância de sempre, Charles respondeu, entre garfadas de sua habitual salada Caesar, da qual mandava tirar o filé de anchova e acrescentar pimentão:

"Bons memes".

"*Gesundheit*!",[5] respondi.

"Não, bons memes", repetiu Charles.

"Bons *o quê*?", insisti.

"Meemes, *meeeeemes*!", retrucou Charles.

"Memes", repetiu Kusnick, entrando na conversa.

"Não é possível!", disse Charles, incrédulo. "Você nunca ouviu falar de memes?"

"Não sabe nada sobre memes?", perguntou Kusnick, fazendo coro com Charles.

"Memes?", repeti, começando a parecer um papagaio que arremeda o que ouve mas não entende nada e não tem nenhuma contribuição a dar à conversa. "O que é meme?"

"É como a Quinta Sinfonia de Beethoven", arriscou Charles.

Kusnick não gostou da comparação. "Alto lá – não concordo com isso. Não me parece que a Quinta Sinfonia de Beethoven seja um meme. Ela pode *ter* bons memes, mas não é *um* meme."

Charles franziu as sobrancelhas, refletindo sobre essa contestação de sua analogia. "Bem, murmúrio." Ele realmente *disse* "murmúrio". Esse é um meme (será mesmo?) que ele descobriu na época em que trabalhou no Xerox Palo Alto Research Center (PARC). Servia para não deixar ninguém se relacionar na mesma área de frequência (isto é, para não deixar ninguém falar) enquanto seu murmúrio deixasse claro que ele estava pensando no que dizer em seguida.

---

5. Em português significa "saúde". (N. do T.)

"OK, você tem razão", admitiu Charles. "A Quinta Sinfonia de Beethoven não é um meme. O meme é *tchan-tchan-tchan-TCHAN*."[6]

Kusnick então disse, "Não, para mim nem mesmo *tchan-tchan-tchan-TCHAN* é um meme. Ou, se for, trata-se de um meme num sentido muito limitado do termo. Mas é um exemplo muito pobre".

"E o que seria um bom exemplo?", perguntei, cada vez mais curioso.

"Bem", disse Kusnick, "acho que um bom meme seria sair por aí murmurando *tchan-tchan-tchan-TCHAN*. Mas não creio que Charles esteja falando sobre isso. O fato de existirem milhões de gravações dessa sinfonia em discos e CDs não faz dela um bom meme."

"Ah, permita-me discordar", disse Charles.

Kusnick respondeu, "Humm... Quer dizer que, na sua opinião, uma biblioteca é apenas um modo pelo qual um livro cria outro livro?" Antes que eu tivesse tempo de analisar *essa* observação tão expressiva, ele continuou: "Veja bem, eu acho – e talvez tenhamos aqui uma perspectiva filosófica – que os memes têm a ver com os seres humanos. Desse modo, se você fizer um monte de fotocópias[7] de um documento, isso não significa que ele terá bons memes. Mas, se você começar a distribuí-lo por aí e as pessoas começarem a memorizá-lo e a recitá-lo, teremos um bom meme".

A mente de Charles processou esse pensamento, uma visão terrível de se contemplar. "Bem, murmurou. OK. Bem pensado."

"Obrigado."

Ninguém disse nada por alguns segundos, e comecei a entrar em pânico ao perceber que eles já tinham dado a conversa por encerrada e que eu ainda não sabia o que era meme. Ocorreu-me que meme tinha alguma coisa a ver com informação, e resolvi lançar a ideia e ver no que daria.

"Quer dizer", perguntei, "que meme é qualquer tipo de informação?"

---

6. Vocalização das quatro primeiras notas da *Quinta Sinfonia*, que enunciam o motivo principal da obra. Ao cantarolar essas notas, brasileiros ou portugueses costumam pronunciá-las assim, e não como está no original (*Ta-ta-ta-TUM!*). (N. do T.)

7. Kusnick, Charles e eu trabalhamos na Xerox no final da década de 1970. Kusnick sempre é chamado pelo sobrenome porque, na época, havia outros dois Gregs trabalhando com Charles. O som característico da voz de Charles, quando ele punha a cabeça no corredor e gritava "Kusnick!", era um meme interessante. De qualquer modo, como parte da orientação/doutrinação profissional inerente ao corpo de funcionários da Xerox, não devíamos nunca usar a marca corporativa como termo genérico de "fotocópia". Nunca nos esquecemos desses dois memes.

Charles e Kusnick abriram a boca ao mesmo tempo e Kusnick disse, "Posso responder? Obrigado. Um meme é qualquer coisa que venha a ser imitada. É a unidade básica da imitação".

"Então um bocejo poderia ser um meme?", arrisquei.

"Humm... Não. Bem, sim. Não sei. Essa me pegou de jeito. Ih! Ih! Ih!"

"Há! Há! Há!", disse Charles, com um risinho maroto. "Você caiu na sua própria armadilha."

"Você é que pensa", respondeu Kusnick. "Acontece que o bocejo é um tipo de comportamento, e acho que os memes são pensamentos."

"Sem essa!", exclamou Charles. "Você está fazendo a pergunta errada! E daí se um meme é ou não um bocejo?! A pergunta certa é, 'Quais são os memes interessantes?'"

"Exatamente", concordou Kusnick.

"E quais são os memes interessantes?", perguntei, sempre muito competente em seguir instruções.

"Boa pergunta", disse Charles.

Passei boa parte dos dois anos seguintes em busca de respostas para essa pergunta.

Memes e memética

O meme é o código secreto do comportamento humano, uma pedra de Roseta que finalmente nos dá a chave para o entendimento da religião, da política, da psicologia e da evolução cultural. Só que essa chave também abre a caixa de Pandora, revelando técnicas novas e sofisticadas de manipulação de massa que, daqui a não muito tempo, talvez nos leve a considerar a manipulação atual dos comerciais de TV, dos discursos políticos e tele-evangélicos como doces lembranças dos velhos tempos.

A palavra *meme* foi criada por Richard Dawkins, biólogo de Oxford, em seu livro *The Selfish Gene*, de 1976. Desde então, tem sido virada do avesso por Dawkins e outros biólogos evolucionistas, por psicólogos como Henry Plotkin e por cientistas cognitivos como Douglas Hofstadter e Daniel Dennett, numa tentativa de conferir mais substância às implicações biológicas, psicológicas e filosóficas desse novo modelo de consciência e pensamento.[8]

---

8. Para referências sobre a obra desses cientistas, ver a seção *Leituras recomendadas* no final deste livro.

O meme ocupa uma posição central na mudança de paradigma que está atualmente ocorrendo na ciência da vida e da cultura. Nesse novo paradigma, vemos a evolução cultural do ponto de vista do meme, e não do ponto de vista de uma pessoa ou de uma sociedade.

Por que empenhar-se em ver a vida a partir dessa perspectiva inovadora, inquietante e na contramão de todo conhecimento anterior? Bem, pelo mesmo motivo que levou alguns exploradores a considerar a Terra redonda, e não plana, e pela mesma razão pela qual os astrônomos deixaram de pensar que o universo girava ao redor da Terra: faz muito mais sentido, e você pode descobrir coisas bem mais estimulantes sempre que dispuser de um modelo melhor para explicar o modo como o mundo funciona. Esse modelo é a teoria do meme, ou a *memética*.

> A *memética* é o estudo do funcionamento dos memes: como eles interagem, como se multiplicam e evoluem.

A ciência da memética é o equivalente *genético* do universo da mente, que estuda as mesmas coisas sobre os genes no universo biológico.

Definição de meme

Não é muito fácil responder até mesmo à pergunta óbvia, "O que é um meme?" Se você perguntar a um biólogo, o mais provável é que a resposta venha nos termos da definição original de Dawkins:

> ### Definição biológica de meme (de Dawkins)
>
> *Meme* é a unidade básica de transmissão ou imitação cultural.

De acordo com essa definição, tudo que chamamos de "cultura" se compõe de memes semelhantes a átomos, que competem entre si. Esses memes se difundem ao passar de uma mente para outra, do mesmo modo como os genes se disseminam mediante sua transmissão pelo esperma e pelo óvulo. Os memes que vencem a competição – os que são bem-sucedidos em penetrar a maioria das mentes – são os responsáveis pelas atividades e criações que constituem a cultura atual.

Para um biólogo, os memes mais interessantes são aqueles que têm a ver com o comportamento. Para Dawkins, os exemplos originais de memes eram os seguintes:

(...) canções, ideias, clichês, a moda dos estilistas, métodos para fazer vasos ou construir arcos.

De acordo com a definição biológica, as mulheres usam saias compridas em determinado ano, depois um meme das saias curtas assume o controle por algum motivo, e elas passam a usar saias curtas. As canções populares concorrem entre si para ficarem entre as mais pedidas, sendo cada uma delas um meme ou, em conjunto, um punhado de memes. Em seguida, as pessoas começam a cantarolar as músicas mais fáceis de aprender, e espalham ainda mais esses memes. Os engenheiros constroem pontes com base no princípio do cantiléver; depois, inventa-se a ponte pênsil e seu meme se difunde rapidamente, tornando-se a nova tecnologia de ponta na construção de pontes.

Essa definição biológica é mais ou menos satisfatória, pois nos fornece uma maneira de reduzir toda a cultura a elementos controláveis e a começar a rotulá-los para ver como eles interagem e se desenvolvem. O aspecto frustrante, porém, é que ela não nos oferece um vislumbre satisfatório da *razão* pela qual certos memes se difundem, e outros não. Portanto, vamos pôr essa definição temporariamente de lado e examinar outros pontos de vista.

Uma definição psicológica

Se perguntássemos a um psicólogo o que significa meme, ele nos daria uma resposta ligeiramente diferente, que lançaria mais luz sobre o funcionamento da mente do que sobre os componentes do comportamento. Eis aqui a definição de *meme* segundo o psicólogo Henry Plotkin:

> **Definição psicológica de meme (de Plotkin)**
>
> **Meme** é a unidade de hereditariedade cultural que equivale ao gene. É a representação interior do conhecimento.

Essa definição enfatiza a analogia com os genes, que são minúsculos padrões químicos que vivem nos filamentos de DNA. Tendo em vista que esses minúsculos padrões de DNA causam todos os tipos de fenômenos exteriores – a cor dos olhos e dos cabelos, o tipo sanguíneo e, até mesmo, sua transformação em um ser humano ou em algum tipo de cão –, os memes na sua mente provocam efeitos comportamentais. Numa comparação entre você e um computador, podemos dizer que os memes são o software de sua programação; o cérebro e o sistema nervoso central produzido pelos seus genes são o hardware.

Segundo essa definição, os memes não vivem no aparato cultural exterior, mas no interior da mente. Afinal, é na mente de cada pessoa que ocorre a competição pelos memes. Ainda a partir dessa definição, uma mulher pode ter na mente um meme como *É bom estar por dentro da moda atual*; outro meme, *As mulheres que andam na moda são bem-sucedidas*; e um terceiro meme, *Quero ser bem-sucedida*. Usar saias curtas quando elas estão na moda é um comportamento que decorre do fato de alguém ter todos esses memes atuando em conjunto na sua mente. Se houver um número suficiente de mulheres com esses memes em atividade nas suas mentes, só precisaríamos de mais um meme – *As saias curtas estão na moda* – para provocar uma proliferação de joelhos à mostra.

Os métodos de construção de pontes evoluem devido aos memes. Um engenheiro poderia ser programado com memes do tipo *As pontes pênseis são as mais eficientes para esse tipo de trabalho*; *Os engenheiros que fazem um bom trabalho podem contar com a aprovação dos chefes*; e *Contar com a aprovação do meu chefe é importante*. Sem nenhum desses três memes, um engenheiro talvez não conseguisse construir uma ponte pênsil. Em atuação conjunta, os três fazem com que alguma coisa seja construída no mundo. Sem dúvida, o engenheiro trabalha com outros engenheiros, operários de construção, caminhoneiros etc., todos os quais se comportam conforme o determinam seus memes.

Assim definidos, para o comportamento humano os memes são aquilo que os genes são para o nosso corpo: representações interiores de conhecimentos que resultam em efeitos externos no mundo. Os genes são elementos informacionais ocultos e internos que, armazenados num embrião e influenciados pelo meio ambiente, *resultam* na carne e no sangue do organismo desenvolvido. Os memes são representações ocultas e interiores de conhecimentos que resultam, de novo graças à influência ambiental, em determinado comportamento exterior e na produção de artefatos culturais como, por exemplo, saias e pontes. Se olho ao meu redor e vejo saias curtas, isso pode me levar à produção mental de um meme como *As saias curtas estão na moda*. Mas o meme está na minha mente, e não no corpo de Meg Ryan.

Se alguém está passando por dificuldades na vida, um psicólogo memético pode tentar identificar quais memes, dentre aqueles que o paciente tem, estão produzindo os resultados indesejáveis. Uma vez descobertos, esses memes poderiam ser modificados.[9]

Esse modo de ver os memes é útil para compreender o modo de atuação de uma pessoa. Ainda assim, apresenta alguns problemas como uma teoria completa da evolução do conhecimento. Sua abordagem concentra-se na mente humana, e nem todo conhecimento do mundo está armazenado na mente das pessoas. Quando elas interagem com outras formas de conhecimento – com a geografia, o conhecimento genético contido no DNA de cada organismo, o conhecimento astronômico do universo –, de que maneira isso repercute na cultura e no comportamento?

Uma definição cognitiva

Podemos nos eliminar totalmente do quadro, então, e examinar uma definição ainda mais abstrata de *meme*. A definição abaixo é de Daniel Dannett, um cientista cognitivo e filósofo:

Definição cognitiva de meme (de Dennett)

Meme é uma ideia, o tipo de ideia complexa que se constitui numa unidade específica e memorável. Essa ideia se propaga por meio de *veículos* que são manifestações físicas do meme.

---

9. Na verdade, trata-se de algo semelhante ao que ocorre na prática da terapia cognitiva, cujos pioneiros foram o psicólogo Albert Ellis e o psiquiatra Aaron Beck, na década de 1950. Os terapeutas cognitivos afirmam que os estados mentais indesejáveis, como a depressão, resultam de um pensamento (de uma "cognição") incorreto sobre a vida e o mundo. Uma vez que o paciente convive com um modelo de realidade equivocado, é natural que tenha dificuldades para ter sucesso na vida. O terapeuta cognitivo conversa com o paciente e, metodicamente, traz à tona e "corrige" crenças ilógicas ou inexatas, terminando por deixá-lo com um modelo mais funcional de como conviver melhor com sua própria existência e desfrutar, assim, de um sentimento de bem-estar.

Como afirma Dennett:

> Um vagão com rodas de raios não leva apenas grãos ou cargas de um lugar para outro; leva também, de uma mente para outra, a ideia brilhante de um vagão com rodas de raios.

Ora, *essa* definição realmente nos dá uma visão memético-visual do universo. Observe-se o uso reflexivo do verbo "constituir". Bem, sabemos que as ideias não *se constituem*, assim como colheres não se colocam sobre uma mesa e se põem a dançar. Essa definição é um modelo científico – e, como vimos, existem muitos desses modelos possíveis no simples entorno da palavra *meme*. O uso de "se constitui" é um artifício para fazer com que vejamos as coisas a partir de um ponto de vista memético. Observamos coisas interessantes quando olhamos para um meme específico e vemos o que acontece nas suas imediações: como ele se difunde ou se transforma, ou como morre.

Uma pessoa que tivesse em mente o meme *roda de raios* poderia construir um vagão com esse tipo de roda. Outra pessoa veria o vagão, "pegaria" o meme *roda de raios* e construiria outro vagão. O processo então se repetiria indefinidamente. Ao contrário da definição biológica, essa concepção dos memes os situa no domínio do não visto – software da mente, pronto para produzir resultados no mundo físico que, em seguida, disseminam suas próprias sementes para outros seres humanos.

A definição cognitiva nos dá a licença para pegar uma lente de aumento e acompanhar o percurso de um meme específico, como um detetive particular – observando de que modo a contaminação decorrente altera o comportamento das pessoas; percebendo de que maneira as pessoas o espalham; comparando-o com memes rivais, como a ponte pênsil com o cantiléver –, de modo a verificar que propriedades ele tem que o fazem ocupar um número maior ou menor de mentes do que seus rivais.

Uma armadilha potencial que ronda essa definição é o emprego do termo *veículos*. Distinguir um veículo portador de um meme não é tão simples quanto na biologia, onde os organismos são veículos para a difusão do DNA. Nem toda transmissão de memes é tão simples quanto imitar uma música de fácil assimilação ou perceber uma roda de raios.

As Aventuras de Eggbert

Quando alguém cria uma roda com raios ou faz uma gravação da Quinta Sinfonia de Beethoven, esses objetos físicos servem de veículos para a propagação indireta de memes – nesse caso, os memes da roda com raios e do tchan-tchan-tchan-TCHAN – para novas mentes.

Se os memes são nossa programação interior, podemos recorrer a séculos de pesquisas em psicologia para ver de que modo somos programados – como os memes são transmitidos para nossa mente. Uma vez programados, comportamo-nos de maneiras complexas que disseminam indiretamente os memes.

Portanto, embora às vezes seja esclarecedor empregar o termo *veículo* para descrever comportamentos ou artefatos que tendem a contaminar pessoas com um meme, mais frequentemente a existência de um meme irá deflagrar uma sequência de ações semelhantes àquelas das máquinas de Rube Goldberg, que só indiretamente provocam a propagação de memes. A roda com raios e os comerciais da TV são exceções enquanto veículos de propagação de memes; a regra é mais complexa.

Uma definição funcional

Queremos uma definição de *meme* que nos faça entender a evolução cultural, como no caso da definição biológica. Porém, queremos deixar claro que os memes são representações interiores, como na definição psicológica. E queremos ver os memes como ideias – como nosso software ou nossa programação interior – que produzem um efeito sobre o mundo externo, como na definição cognitiva. O resultado é a definição que uso neste livro, uma definição semelhante àquela que Dawkins adotou em seu livro *The Extended Phenotype*, de 1982:

Definição de meme

Meme é uma unidade de informação em uma mente cuja existência influencia os acontecimentos de tal maneira que mais cópias de si mesmo passam a ser criadas em outras mentes.

Ora, de posse dessa definição podemos responder às perguntas que fiz a Charles Simonyi e Greg Kusnick na Microsoft. *Um bocejo é um meme?* Não, um bocejo é um comportamento e, até onde sei, nada tem a ver com uma representação interior de qualquer informação. Embora pareça autorreplicante, o bocejo é mais parecido com um retransmissor de rádio pouco confiável: talvez algo do tipo ver um bocejo e bocejar. Não influencia acontecimentos a ponto de novas cópias de informação serem criadas. As pessoas bocejam quando veem outras bocejando, mas seu estado interior não se modificou de modo a torná-las mais propensas a bocejar no futuro, nem a fazer qualquer outra coisa da qual eu tenha conhecimento.

E quanto ao *tchan-tchan-tchan-TCHAN*, o famoso motivo da Quinta Sinfonia de Beethoven? Como está armazenado no meu cérebro, no de Charles e no de Kusnick, trata-se de um meme. Você acabou de ser infectado por uma cópia desse meme. Se você ouvir a música, ou ouvir alguém falar sobre a Quinta de Beethoven nos próximos dias, não terá outra escolha a não ser associá-la a esta discussão. E se você começar uma conversa dizendo: "Que coisa estranha! Acabei de ler sobre o *tchan-tchan-tchan-TCHAN* no livro *Vírus da Mente*, e sabe que isso é um meme?", saiba que você estará difundindo alguns dos memes deste livro, que já o infectou.

Metamemes!

Este livro é uma coletânea de ideias sobre memes. Quando você entendê-lo depois de terminar sua leitura, terá memes sobre memes em sua cabeça – metamemes! Se você escrever um livro sobre memes, conversar com alguém sobre memética ou emprestar seu exemplar de *Vírus da Mente* a alguém que vai ler o livro e entendê-lo, isso significará que os metamemes na sua cabeça terão se autorreplicado.

Um metameme que quero enfatizar é o de que tudo nestas páginas, como adverte Whitehead na citação que abre este capítulo, é uma meia-verdade. Mas isso não é uma acusação a este livro; tanto eu quanto Whitehead diríamos a mesma coisa sobre qualquer outro livro de ciência. O que pretendo dizer é que a memética é um modelo científico, um modo de ver as coisas. É como ver as ideias – os memes – como entidades diferentes que competem por uma parte da sua mente e por uma parte da mente de todas as outras pessoas. Quando essas ideias são prejudiciais e se tornam parte de um vírus mental infeccioso, a compreensão desse modelo pode lhe mostrar como combater a infecção.

> *Não* estou dizendo que sou o dono da Verdade.[10] *Não estou* dizendo que isso é o que Realmente Acontece. *Não estou* dizendo que essa é a Única Maneira ou a Maneira Certa de abordar a mente.

---

10. Neste livro, uso as palavras *Verdade* ou *Verdadeiro* com V maiúsculo sempre que me refiro ao conceito de verdade absoluta, eterna – um conceito que frequentemente cria problemas.

Um neurocientista diria que o que está realmente acontecendo quando uma ideia se forma na sua mente é que uma rede complexa de mudanças eletroquímicas está ocorrendo em diferentes partes do cérebro; essa pessoa poderia apontar, inclusive, que partes são essas, além de fornecer provas empíricas de que os pacientes com dano cerebral nessas áreas são incapazes de ter esse meme em sua mente. Isso é totalmente válido; em resumo, não é disso que o livro trata. Não é memética.

Um psicólogo diria que o que está acontecendo é que existem certos impulsos não realizados, instintos antagônicos, traumas do passado etc., que contribuem para as ideias que as pessoas têm e enunciam. Uma vez mais, esse é um modelo perfeitamente válido, mas não é disso que o livro trata; não é memética.

Nos últimos anos, a física entrou em rota de colisão com a filosofia. Hoje entendemos tanto sobre a física quântica – a física das partículas menores que o átomo – que nos damos conta de que é impossível fazer uma separação entre a realidade e aquele que a observa. Não tínhamos nenhuma dúvida de que a matéria era composta de átomos. Depois, ficamos alvoroçados quando descobrimos que os próprios átomos eram compostos de prótons, nêutrons elétrons. Foi um pouco perturbador quando constatamos que parecia haver muito espaço vazio no interior dos átomos, mas aqueles prótons e nêutrons pareciam ser as unidades básicas da matéria: mais sólidos do que uma rocha.

Hoje, já dividimos até mesmo o próton e o nêutron. Os físicos têm equações que descrevem o comportamento dos componentes dessas partículas subatômicas. O problema é que, na verdade, elas não parecem se comportar como matéria. Além do mais, praticamente também não se comportam como energia. E, para complicar mais um pouco, o famoso princípio de incerteza de Werner Heisenberg afirma que é impossível mensurar ainda mais essas coisas sem modificá-las. É como se, na verdade, elas só existissem em determinado tempo e lugar no momento em que tentamos mensurá-las.

Tudo isso aponta para a natureza memética de tudo que chamamos de realidade. Todos os nossos rótulos para as coisas são memes, e não a Verdade. A ideia de átomos é um meme inventado na Grécia antiga. A ideia de partículas subatômicas e aquelas fórmulas complexas que as descrevem – a física quântica – constituem um novo conjunto de memes.

Se o seu modelo de realidade, como acreditavam os gregos, estipulava que existiam quatro elementos – *terra, ar, fogo* e *água* –, é possível que você perca um bom tempo tentando transformar chumbo em ouro. Se o seu modelo de realidade sustenta que temos dúzias de elementos formados de átomos imutáveis e indivisíveis, você não vai perder esse tempo. E, se o seu modelo de realidade determina que esses átomos podem ser divididos, suas pesquisas talvez o levem à descoberta da energia atômica e da Bomba. O modo como você descreve a realidade – os memes que você tem, e que rotulam as coisas – faz uma grande diferença na vida.

É por isso que os metamemes deste livro são importantes. Você poderia passar facilmente pela vida sem adquirir qualquer dessas ideias sobre memética, assim como os gregos viveram sem nenhum conhecimento dos elementos da tabela periódica. Porém, o conhecimento dos elementos nos deu tudo, do aço aos *chips* de computador. Da mesma maneira, o conhecimento da memética abre enormes possibilidades para o entendimento de muitos dos problemas que hoje consideramos insolúveis: acabar com a fome mundial, impedir a afronta aos direitos humanos e dar a cada criança a oportunidade de educar-se e buscar a felicidade.

Essas questões sociais que parecem nunca ter fim – essas pragas culturais persistentes e contagiosas – são universalmente consideradas indesejáveis, mas continuam a se alastrar. A memética identifica esses problemas como vírus da mente, oferecendo-nos, talvez pela primeira vez, instrumentos suficientemente poderosos para lidar com elas.

"Bons memes" e vírus mentais

Quando Charles Simonyi usou a expressão lacônica "bons memes" para explicar por que continuamos a eleger políticos incompetentes, ele não queria dizer que a incompetência é uma boa ideia. Ele se referia ao fato de que, na mente das pessoas, havia memes que as influenciavam a votar nesses candidatos, e que, por alguma razão, esses memes *se espalhavam com facilidade*.

> Ao falar sobre um *bom meme* ou sobre um *meme bem-sucedido*, refiro-me a uma ideia ou crença que se espalha facilmente entre a população, sem querer dizer que se trata, necessariamente, de uma "boa ideia".

Alguns memes se espalham diretamente de uma mente a outra. Gritar "Fogo!" dentro de um teatro lotado é algo de uma eficácia absoluta para espalhar um meme com toda rapidez entre as pessoas presentes. Alguns se espalham mais indiretamente. Uma mãe, que não pretende perpetuar a triste experiência pela qual passou quando a mãe *dela* a criou com mão de ferro, pode reagir criando sua filha com mais liberdade – um meme relativo à estratégia contrária, de criação dos filhos. A neta, por sua vez, que acredita ter passado por uma experiência infeliz pelo excesso de liberdade de sua educação, talvez volte a usar a mão de ferro de sua avó. O meme *mão de ferro* foi transmitido indiretamente.[11]

Os memes podem se espalhar de maneiras fáceis de entender, como vimos nos exemplos anteriores, mas também podem se espalhar por meio de uma cadeia complexa de causa e efeito, de modo quase aleatório ou caótico. Desse caos, porém, às vezes emerge uma rede estável de causa e efeito: *alguma coisa* que acontece no mundo contamina pessoas com determinados memes, e esses memes acabam por influenciar o comportamento de seu hospedeiro a tal ponto que essa *alguma coisa* começa a se repetir e/ou a se espalhar. Essa *alguma coisa* é um vírus da mente.

As crenças nazistas se difundiram rapidamente pela Alemanha de Hitler porque foi liberado um vírus da mente que contagiou com grande sucesso as pessoas que tinham esses memes – não porque eles fossem "boas ideias" em qualquer outro sentido. Na verdade, o nazismo foi um vírus patológico da mente – um caso clássico de pensamento infeccioso-epidêmico que produziu atrocidades horríveis como resultado do comportamento das pessoas infectadas com seus memes.

> Um vírus da mente é algo que existe no mundo e contamina as pessoas com memes. Esses memes, por sua vez, influenciam o comportamento das pessoas infectadas de modo que elas ajudem a perpetuar e disseminar o vírus.

Sei que você pode considerar o pronome indefinido *alguma coisa* excessivamente vago, e prometo que, antes do fim do livro, vou explicar em detalhes que tipos de memes, e que tipos de vírus mentais, são de fácil pro-

---

11. Mas é possível que o meme *Não quero ser igual a minha mãe* tenha sido transmitido diretamente.

pagação. Por ora, afirmarei apenas que os memes de fácil propagação *não* são, necessariamente, aqueles que melhoram a qualidade de vida das pessoas – na verdade, costumam ser prejudiciais. E os memes com que os vírus mentais podem infectá-lo com o objetivo de se perpetuarem podem ser desconcertantes, quando não desastrosos.

A ciência da memética, como todas as outras ciências, é um conjunto de memes que se destinam a deixar que você tenha acesso a algum aspecto do universo e possa mantê-lo sob controle. Lembre-se que eu nunca afirmei "A memética é o modo como o universo realmente funciona", nem "Agora sabemos que a memética é a Verdade sobre o funcionamento da mente humana". Ela não é a Verdade; é um modelo, como todas as ciências – como todos os memes. Se você começar a acreditar que os memes são Verdadeiros, perderá sua capacidade de identificar e escolher os memes com os quais está programado e ficará mais sujeito à infecção por vírus mentais.

> A coisa mais interessante sobre os memes não é a questão de saber se eles são verdadeiros ou falsos, mas sim o fato de que eles são os constituintes básicos de sua mente.

O aspecto do universo ao qual a memética lhe dá acesso é particularmente interessante: aquilo que leva você e todas as outras pessoas a pensar e se comportar de um jeito, e não de outro. Este livro pretende ensinar às pessoas o que é esse conjunto de memes chamado memética – e infectá-las com eles. Há muitas coisas que você pode fazer com esse conhecimento, desde melhorar sua adequação mental até, talvez, criar uma nova idade de ouro para a humanidade. Para começar, vejamos como os memes funcionam para dar forma à sua mente e influenciar o seu comportamento.

2

Mente e comportamento

"O trabalho de todo homem, quer se trate de literatura, música, pintura, arquitetura ou outra coisa qualquer, será sempre um retrato dele mesmo."

— Samuel Butler

Os memes se espalham durante o processo de influenciar a mente – e, portanto, o comportamento – das pessoas, o que significa que um mesmo meme sempre será transmitido a outrem. Se um meme estiver na sua mente, haverá uma grande possibilidade de que ele exerça uma influência poderosa ou sutil sobre o seu comportamento.

Vou escrever este livro como se *todo* o seu comportamento fosse ditado por uma combinação das instruções no seu DNA e pela programação mental que você adquiriu ao longo do seu processo de crescimento: seus genes e seus memes. Algumas pessoas acreditam que haja aí um terceiro fator: uma alma, um espírito, um pequeno "eu! eu! eu!" que exige ser reconhecido como algo além de um simples mecanismo. Segundo as suas crenças, esse fator "eu!" constitui ou uma centelha de origem divina ou simplesmente um traço biológico, como um polegar oponível ou um QI alto: uma certa combinação de genes e memes. Felizmente, não precisamos resolver essa questão filosófica específica aqui, uma vez que qualquer dessas crenças funciona bem para o entendimento da memética e deste livro.

Instintos e programação

Algumas de suas tendências existem porque você é um produto da natureza. Essas tendências sustentam sua sobrevivência e reprodução. São coisas como o seu impulso sexual e o seu desejo de respirar, comer, dormir etc. Os cientistas têm nomes diferentes para diferentes tipos dessas tendências, mas vou reunir todas elas e chamar esse conjunto de *instintos*.

> Infelizmente, já faz muito tempo que os instintos humanos evoluíram de modo a manter nossa sobrevivência, e eles não levaram em consideração o tipo de mundo em que vivemos hoje.

Nos tempos modernos, esses instintos pré-históricos geralmente não funcionam muito melhor do que aquele que leva um alce a permanecer imóvel quando percebe que os faróis dianteiros de um carro estão vindo em sua direção. Por sorte, temos mentes conscientes que podemos usar para prevalecer sobre os instintos e nos conduzir na nossa busca da felicidade. Portanto, ao ler os próximos capítulos, que mostram em detalhes dolorosos como somos mal-adaptados à vida moderna, lembre-se do seguinte: instintos não passam de instintos; tendências não passam de tendências. O fato de saber o que são essas duas coisas irão torná-lo mais apto a superá-las sempre que julgar necessário.

O estudo de como os seus instintos evoluíram é chamado de *psicologia evolutiva*, que será abordada nos Capítulos 6 e 7. É importante entender os instintos humanos, pois eles exercem grande influência sobre a evolução dos memes. Os memes que agradam aos instintos das pessoas têm maior probabilidade de se replicar e disseminar do que aqueles que não o fazem.

Todas as coisas que você faz, e que não são instintivas, resultam de uma programação. Você é programado por memes. Se você fez faculdade, é provável que o tenha feito para se instruir, isto é, para se programar com um conjunto de memes que garantiriam o seu sucesso na vida. Por ter feito faculdade, você terá ideias e comportamentos que não teria caso se deixasse guiar somente pelos instintos.

Em sua maioria, os memes com que as pessoas se programam são adquiridos sem qualquer intenção consciente; eles simplesmente as infectam, e elas passam a viver de acordo com sua programação. Essa programação inclui:

- Sua formação religiosa (ou ateísta)
- O exemplo dado por seus pais sobre como os relacionamentos funcionam, ou não
- Os programas e comerciais de TV aos quais você assistiu

No Capítulo 8, vou abordar o modo como somos programados – como a programação, principalmente aquela não desejada, se instala na sua mente. Primeiro, porém, vamos examinar a natureza dessa programação. Examinemos a natureza dos memes.

Quais são os tipos de memes existentes? Dividi-os em três classes: *memes distintivos*, facas usadas para fatiar a realidade; *memes estratégicos*, crenças sobre quais causas irão produzir quais efeitos; e *memes associativos*, atitudes sobre tudo na vida. Cada classe de meme funciona para programá-lo de um jeito diferente. Explicarei por que escolhi essas três classes no Capítulo 5, onde examinaremos as origens dos memes, mas essa divisão em classes não passa de simples conveniência, não sendo, portanto, Verdadeira com V maiúsculo.

Memes distintivos

O universo está repleto de matéria. Contudo, tudo que afirmarmos sobre essa matéria é puramente um conceito – um conjunto de memes – inventado pelos seres humanos. Todos os conceitos são compostos por memes. Por exemplo, os Estados Unidos só são estados porque inventamos cinquenta memes distintivos para dividir esse território. O Alabama não é uma realidade; está ali simplesmente porque dizemos que está, porque somos programados com um meme para o Alabama. Se não tivéssemos um meme para o Alabama, o espaço ocupado por esse estado seria apenas mais uma extensão de terra.

Da mesma maneira, a Terra é simplesmente uma distinção – um meme – que inventamos porque era conveniente delimitar o lugar em que vivemos para diferenciá-lo do resto do universo. Para o universo, tudo é matéria. Você pode dizer: "Mas esses limites existem! Sabemos onde termina a superfície sólida da crosta terrestre e onde começa a atmosfera, ou onde a atmosfera dá lugar ao espaço exterior!" Será mesmo? *Terra*, *atmosfera*, *espaço exterior* – tudo isso são memes. Se você acha que terra é realmente terra, e não um meme inventado para nossa conveniência, então terra é tudo que você sempre terá. Se você se der conta de que se trata de um meme, e não da Verdade, abrirá a possibilidade para que outros memes expressem a mesma coisa: elementos, cristais, partículas subatômicas. Lembre-se de que quase tudo parece espaço vazio quando visto pelas lentes de um microscópio eletrônico!

E ainda tem mais: *você* é simplesmente uma distinção – um meme – inventada porque era conveniente falar sobre as partes do universo que sentem dor quando levam uma martelada. Para o universo, *você* não existe, assim como não existem seres humanos, girafas, sistemas solares ou galáxias. Tudo isso são memes, distinções inventadas pelos seres humanos.

Outra questão importante: tudo que acabei de dizer sobre a distinção entre realidade objetiva e conceitos... é um conceito. É um meme. Não existem conceitos para o universo. Só fiz essa distinção porque seu uso é conveniente quando estamos falando sobre memética.

> As distinções são um tipo de meme. Elas representam maneiras de segmentar o mundo, classificando ou rotulando as coisas.

Ao criar uma distinção, você adquire acesso a certas coisas e perde acesso a outras. É bom ter consciência dos memes distintivos que entraram na sua programação e saber que todas as distinções que você faz são invenções humanas que nada têm a ver com a realidade.

As distinções, como afirmei, são um tipo de meme que contribui para a sua programação. Uma pessoa instruída (programada) nos memes da língua francesa se comportará, na França, de maneira diferente de alguém que desconhece essa língua – sua mente identificará significados onde outros ouvirão apenas ruídos. Alguém que foi programado com a distinção Coca-Cola terá mais probabilidade de comprar *Coke* do que a marca registrada Cola. Sua mente identificará a conhecida lata vermelha com o logotipo branco, mas não fará o mesmo em relação à marca registrada, para a qual não há nenhum meme distintivo.

Aliás, a Coca-Cola sabe disso, e é por esse motivo que seu logo tem ficado cada vez maior ao longo dos anos, a tal ponto que hoje todo o painel dianteiro das máquinas de Coca-Cola traz o símbolo comercial estampado.

Publicitários, políticos e outros que estão de olho no seu dinheiro ou querem seu apoio têm grande interesse em programá-lo com certas distinções e em saber quais são as distinções que caracterizam sua visão de mundo, para que possam tirar proveito delas. O que você vai preferir comprar para o café da manhã: uma fatia de bolo de chocolate ou um *muffin* de chocolate? Chamar de *muffin* um pedaço de bolo de chocolate com alto teor de gordura é típico de quem se aproveita das distinções programadas na sua mente sobre o que comer no café da manhã, a fim de aumentar as vendas. Meu café da manhã acabou de chegar com bolo de chocolate com nozes, em forma de *brownies*! Sei que pouca gente come esse tipo de coisa no café da manhã, mas... *scones*?![12]

Memes estratégicos

Outro tipo de meme é uma *estratégia*, um tipo de método empírico variável que lhe diz o que fazer quando você está diante de uma situação que exige uma resposta imediata a fim de alcançar determinado objetivo. Por exemplo, se você dirige, é evidente que tem um conjunto de memes distintivos associados a essa atividade: semáforos, limites de velocidade, marcadores de pista etc. Você também tem um conjunto de memes estratégicos que orientam seu comportamento ao volante:

- Quando chegar ao farol vermelho e quiser virar à direita, pare e depois vire.
- No sinal que indica que há quatro sinais de parada, espere passarem todos os carros que estavam atrás de você, e só então prossiga.
- Quando você estiver num cruzamento de ruas ou estradas com tráfego num só sentido, siga à esquerda.
- Ao ver um guarda de trânsito, diminua a velocidade.

---

12. As diferenças culturais apresentam problemas de tradução no caso dos termos de culinária, razão pela qual muitas vezes o melhor é deixá-los no original e explicá-los. Em linhas gerais, *muffin* é uma espécie de minibolo doce, assado em forminhas; *brownie* é um bolinho de chocolate com amêndoas, e *scone* é uma espécie de "pãozinho de minuto" feito na grelha. (N.T.)

O efeito de todos esses memes estratégicos é impedir que você sofra acidentes, que chegue a seu lugar de destino ou evite ser multado. Você pode perceber esses memes em ação inconscientemente, todos os dias. Não é raro ver pessoas que não estão em alta velocidade frear quando passam por um carro de polícia. Os cruzamentos em países estrangeiros são particularmente difíceis para as pessoas acostumadas a dirigir do outro lado da estrada, pois elas precisam ignorar conscientemente várias estratégias adquiridas. E, se você já presenciou quatro motoristas chegarem a um cruzamento ao mesmo tempo, saberá até que ponto o comportamento se torna imprevisível quando, de repente, os memes estratégicos das pessoas não são colocados em prática.

Tendo em vista que o futuro é imprevisível, os memes estratégicos nunca são Verdades absolutas a respeito de comportamentos a serem adotados. Todos os memes estratégicos são aproximações baseadas na ideia de que, se você se comportar de determinada maneira, produzirá determinado efeito sobre o mundo.

> Estratégias são crenças a respeito de causa e efeito. Quando você é programado com um meme estratégico, acredita inconscientemente que comportar-se de determinada maneira tende a produzir determinado efeito. Esse comportamento pode ativar uma cadeia de acontecimentos que resulta na propagação do meme estratégico para outra mente.

À medida que o mundo se transforma e você vai crescendo e passando por mudanças, a relação entre causa e efeito também muda. Por exemplo, as pessoas podem adquirir muitas de suas estratégias de relacionamento com outras por volta dos 5 anos de idade. Acontece que essas estratégias quase nunca são as mais eficazes para se usar na vida adulta.

Por exemplo, um garotinho de 2 anos pode ser programado com um meme estratégico para ficar birrento. Ele pode copiar esse comportamento de outra criança ou aprender, por tentativa e erro, que a birra traz mais atenção e amor. Seja como for, ele agora tem esse meme estratégico como parte de sua programação mental, à espera de uma situação ideal para dar seu *show* de irritação. A mãe está ao telefone? Comece a berrar. Ela interrompe a ligação e corre para dar atenção ao bebê. As mães de outras pessoas podem reagir melhor a acessos de raiva, agrados ou sorrisos – seus filhos seriam programados com memes estratégicos apropriados àquele ambiente.

Em outras palavras, o comportamento de seus pais orienta boa parte da sua programação inicial.

Trinta anos depois, aquele garotinho de 2 anos hoje é um homem de 32 e trabalha num lugar onde não se sente apreciado. Ele ainda pode estar programado com aquele meme estratégico que adquiriu quando só tinha 2 anos. O problema é que ter acessos de fúria nesse novo ambiente talvez não tenha um resultado tão bom quanto tinha na sua infância. Infelizmente, ele nem se dá conta de que é isso que está fazendo.

Como adultos, temos o poder e os meios de influenciar os outros muitíssimo mais do que tínhamos aos 2 anos de idade. O problema é que nossa cabeça está cheia de memes estratégicos e temos escritórios cheios de adultos mal-humorados, com crises nervosas, bajuladores e sorridentes, num esforço inconsciente e ineficaz de satisfazer alguma necessidade não realizada.

> Em geral, não nos damos conta de que somos programados com memes estratégicos, e aqueles que temos são muitas vezes ineficazes. O entendimento dos memes estratégicos com que somos programados nos dá o poder de escolher, conscientemente, as estratégias que pretendemos adotar, e de fazê-lo com pleno uso de nossa capacidade mental.

Memes associativos

Um terceiro tipo de meme é o *associativo*, que liga dois ou mais memes na sua mente. Por exemplo, se eu cheirar creosoto – e só sei que se trata de creosoto porque tenho um meme distintivo para creosoto –, vou associá-lo à zona portuária da Boston da minha infância, onde meu pai costumava me levar em ocasiões especiais. Gosto desse cheiro, que me traz a lembrança de tempos felizes. Se os publicitários soubessem disso, e se outras pessoas gostassem desse cheiro tanto quanto eu, logo eles tratariam de tirar proveito disso e teríamos anúncios de creosoto para cheirar nas estações de férias e veraneio.

Em outras palavras, tenho uma certa *atitude* perante o creosoto. Tenho atitudes perante o meu trabalho, as pessoas da minha vida, a televisão, os memes – perante tudo. Essas atitudes são memes que associam outros memes entre si de tal modo que, quando temos um, temos também o outro.

♦ 45 ♦

Os publicitários não esperam você desenvolver seus memes associativos. Eles tomam a iniciativa e o programam com os memes deles por intermédio da televisão:

- Beisebol, cachorros-quentes, torta de maçã e Chevrolet
- Homens sensuais e Coca *Diet*
- Mulheres sensuais e cerveja
- Mulheres sensuais e computadores, carros, utensílios para jardinagem, sistemas de ventilação...

O fato de você ser programado com memes associativos influencia o seu comportamento. Eis a experiência clássica que Pavlov fez com seu cachorro: ele fazia soar uma campainha alguns minutos antes de alimentá-lo. Logo, o cachorro desenvolveu um meme associativo: campainha e alimento. Quando a programação estava consumada, o cachorro começava a salivar assim que ouvia a campainha. Os publicitários querem que você salive, ou que faça algo sexualmente equivalente sempre que estiver diante de um anúncio de seus produtos.

Há uma falácia potencial nessa questão de saber se todas essas associações – ou estratégias, como queiram –, são memes, ou se algumas delas não passam de velhas programações comportamentais sobre as quais sabemos tudo e que, por esse motivo, não precisam ser explicadas por uma bela e nova teoria como a memética. Bem, o mundo é muito complexo. Se o fato de ser programado com uma associação provoca alguma mudança no seu comportamento, então faz sentido ver esse fragmento de programação como um meme potencial e tentar perceber se existe alguma possibilidade de que a mudança no seu comportamento vai acabar criando cópias da associação em outras pessoas. Se você vai a um jogo de beisebol e diz: "Você sabia que Ken Griffey Jr. dirige um Chevrolet?", isso significa que você acabou de transmitir seu meme associativo a outra pessoa.

> Associações são conexões entre memes. Quando você é programado com um meme associativo, a presença de uma coisa desencadeia um pensamento ou sentimento sobre outra coisa qualquer. Isso provoca no seu comportamento uma mudança que pode, em última análise, transmitir o meme a outra mente.

Os memes associativos são sutis, e sua exploração pode ser insidiosa. As seitas programam seus membros com memes associativos que associam bons sentimentos a ensinamentos do grupo. Em pouco tempo, as pessoas começam a acreditar que sua qualidade de vida, ou mesmo sua própria sobrevivência, dependem de sua permanência na seita – que elas devem ser gratas à seita pelo simples fato de estarem vivas.

No Capítulo 8, veremos como aqueles de nós que não pertencem a nenhuma seita podem ter o mesmo tipo de programação – às vezes mais radical ainda – sobre a empresa em que trabalhamos, o capitalismo, a democracia, nossa família, nossa religião e nosso cônjuge.

O efeito da programação

Como qualquer advogado especializado em direitos autorais pode lhe dizer, as pessoas não são donas de ideias. Você pode adquirir os direitos sobre a *expressão* de uma ideia, seja ela artística ou de outra natureza: pode ter os direitos de uma pintura, um romance, um poema ou uma sinfonia baseada nas ideias que quiser; não pode, porém, ter uma ideia. Na verdade, o contrário às vezes é verdadeiro: as ideias às vezes possuem as pessoas. E as ideias são feitas de memes.

> Os memes podem dirigir sua vida, o que eles realmente fazem – talvez muito mais do que você possa imaginar.

De que maneira você pode ser "propriedade" de um meme? A maneira mais simples e direta decorre da observância às leis e costumes da sociedade em que você vive. Há centenas de anos, por exemplo, os papéis de homens e mulheres na sociedade eram regidos por memes que hoje parecem estranhos, ofensivos ou mesmo ridículos: *O lugar da mulher é a sua casa; Por trás de todo grande homem há sempre uma mulher; A mulher deve conhecer seu lugar* etc. Esses memes foram responsáveis pela perda de muitas oportunidades para as mulheres, mas também para muitos homens.

Isso só mudou quando alguns espíritos rebeldes se recusaram a aceitar esses memes e se empenharam em eliminá-los da mente das pessoas e substituí-los por outros: *Oportunidades iguais; A mulher pode ser o que quiser; A mulher sem marido é como um peixe sem bicicleta* etc. Aqueles antigos memes sexistas impunham severas restrições às opções de vida das mulheres, exatamente porque, em sua maioria, as pessoas eram programadas com eles.

As leis sob as quais vivemos são outro exemplo do modo como os memes nos governam. Embora poucos contestem as leis contra crimes como o assassinato, outras leis parecem mais arbitrárias, mas ainda assim influenciam grandemente o modo como as pessoas conduzem suas vidas. Na ex-União Soviética, as leis vigentes proibiam que se falasse contra o governo e criminalizavam o lucro; por outro lado, nos Estados Unidos as pessoas vão para a cadeia por fumarem maconha e pelo uso indevido de informações privilegiadas, infringindo as leis do mercado de ações.

O preço da civilização é a solução de meio-termo. Sem consenso geral sobre milhões de ideias, grandes e pequenas, a sociedade incrivelmente complexa que construímos se desintegraria rapidamente.

> Tente imaginar como seria a vida se a maioria de nós não concordasse com os memes de propriedade, dos contratos, do significado das cores do semáforo ou dos depósitos e retiradas bancários.

Agora pense no significado do meme distintivo *dinheiro*! O que aconteceria se, algum dia, todos nós mudássemos de opinião sobre o uso do dinheiro e seu valor e encontrássemos um monte de notas e moedas em nossos bolsos? A propósito, algo parecido aconteceu na Europa, depois da Segunda Guerra Mundial, em períodos de hiperinflação.

Esses memes sociais onipresentes são numerosos demais para que eu os relacione aqui, mas todos exercem uma enorme influência sobre o modo como levamos nossa vida. Nem todos têm um lado bom ou ruim, como acontece com nossos papéis sexuais, mas precisamos entender que são todos artificiais, criados pelo homem, e que, na maioria dos casos, não são o resultado edificante de uma escolha consciente, como a Constituição norte-americana. Em sua maior parte, o desenvolvimento desses memes – a exemplo dos papéis sexuais anteriores ao século XX – praticamente passou ao largo de qualquer questionamento sério. Sem dúvida, não há nada de errado em questionar as normas sociais. Ao longo da história, muitos têm escrito sobre a tolice de se viver preso numa jaula de normas sociais arbitrárias. Mas não é nada fácil a tarefa de mudar essas regras.

> É *possível* mudar os memes dominantes que formam uma sociedade, mas, devido ao modo como os vírus da mente se propagam, essa mudança não é nada fácil de fazer.

A memética oferece àqueles que a compreendem a oportunidade de influenciar melhor a difusão dos memes.

A pressão do grupo

A escravidão aos memes não se limita ao nível nacional. Qualquer grupo de pessoas que interage mutuamente está sujeito à *pressão social*: a pressão sobre cada pessoa, para que se comporte e pense da mesma maneira que o resto do grupo. A pressão social frequentemente leva a culpa por induzir as crianças a fumar, a consumir drogas e a tornar-se membros de gangues; só que os adultos também estão sujeitos a tais coisas.

Os alcoólatras em recuperação às vezes resolvem se afastar dos amigos que bebem a fim de fugirem da esmagadora pressão do grupo, e passam a frequentar os Alcoólicos Anônimos para submeter-se, voluntariamente, a uma pressão social mais construtiva. Empresas como a Microsoft, onde trabalhei por muitos anos, têm uma complexa cultura interna que constantemente reforça certos memes; no caso da Microsoft, o elitismo, o envolvimento pessoal, a intolerância com a incompetência e o trabalho duro eram partes significativas dessa cultura.

Quando as pessoas se deixam impregnar por uma cultura com memes novos e fortes, a tendência é que se crie uma situação do tipo "nadar ou afundar". Ou você muda sua mentalidade e sucumbe à pressão social, incorporando os novos memes, ou luta contra o sentimento extremamente desconfortável de estar cercado por pessoas que o consideram louco ou desajustado. O fato de que você provavelmente pensa o mesmo sobre elas não serve muito de consolo.

Outras subculturas têm uma postura ética diferente daquela da Microsoft, mas os resultados são os mesmos. Por exemplo, muitos dos meus amigos que já trabalharam no governo me falam de uma cultura que é quase o extremo oposto da que existe na Microsoft: indiferença, tolerância com a incompetência ("para que se esforçar tanto numa repartição pública?"), o cartão batido às cinco em ponto e a mediocridade geral, que encontra sua justificativa na frase "É besteira pensar em altos voos quando se trabalha com gente medíocre". A imersão nessa cultura tem o mesmo efeito: ou você adota esses memes, ou luta contra a pressão do grupo.

Sua programação pessoal

Os memes com os quais você é programado, mesmo sem levar em consideração a cultura que o cerca, influenciam sua vida de todas as maneiras imagináveis. É por isso que o vírus da mente deve ser levado a sério. Esses vírus enchem a sua mente de memes – ideias, atitudes e crenças – que tornam os resultados alcançados em sua vida muito diferentes daqueles com os quais você provavelmente sonhou.

> Um dos modos pelos quais os memes que programam sua mente influenciam enormemente a sua vida ocorre por meio de uma *profecia autorrealizável.*

Acreditar que algo vai acontecer geralmente torna mais *provável* que tal coisa realmente aconteça. Uma criança que ouve seus pais lhe dizerem o tempo todo que ela é bem-sucedida e pode ser o que quiser na vida está sendo programada para o sucesso (pelo menos segundo os padrões dos pais); por outro lado, uma criança que cresce numa cidade do interior e só vê fracasso e desespero por onde olha tem grande probabilidade de estar sendo programada para o fracasso. Os vírus mentais frequentemente enchem nossa mente de atitudes (memes) de autossabotagem que nos impedem de conquistar o que a vida tem de melhor.

A profecia autorrealizável é a razão pela qual os médiuns e os astrólogos têm condições de trabalhar. Há um médium excelente, chamado Maxwell, que trabalha num restaurante de Seattle. Digo "excelente" porque já o vi em atuação duas vezes. Em ambas, ele leu para meus amigos cartas do tarô que prediziam saúde, dinheiro e felicidade, desde que eles não deixassem escapar as oportunidades de alcançar seus maiores sonhos e não demorassem muito para agir.

Como tenho meus talentos de prestidigitador amador, observei como ele manipulava as cartas de modo que as três certas aparecessem, num processo que os mágicos profissionais conhecem como "força" – o cliente acredita que escolheu aquelas cartas por livre e espontânea vontade. Esse truque com as cartas aumentava a credibilidade de Maxwell e tornava mais provável que as pessoas seguissem seus conselhos. E espero que elas o tenham feito – trata-se de uma ótima profecia autorrealizável, com boas condições de programar qualquer um para uma vida rica e plena!

Além de determinar nosso futuro, os memes distintivos que nos programam formam um *filtro perceptual* do presente imediato que nos cerca. As pessoas só conseguem receber uma pequena fração de todas as informações que atingem seus órgãos dos sentidos a cada segundo. Que informações recebemos, e o que filtramos? Nossa mente inconsciente decide por nós, baseada nos memes distintivos com que somos programados.

> Os memes distintivos que programam sua mente controlam todas as informações que você recebe. Na verdade, eles fazem com que a realidade lhe pareça diferente do que é.

A maioria das pessoas não treinou conscientemente sua mente para buscar as informações que lhes são mais importantes – um processo longo e penoso que vou abordar no Capítulo 12 –, o que significa que a escolha fica ao sabor do acaso e da influência dos vírus da mente.

Exemplos de filtros perceptuais são abundantes: nunca lhe aconteceu de comprar um carro novo e, de repente, perceber que há dezenas de carros parecidos na mesma estrada por onde você já passou muitas vezes sem se dar conta disso? Você adquiriu um novo meme distintivo. Se um amigo vir o novo carro que você comprou por influência do seu novo meme distintivo e começar a ver carros parecidos por toda a estrada, você acabou de transmitir esse meme a outra mente.

Já aconteceu de aprender uma palavra nova e, de repente, começar a vê-la por toda parte? Essa palavra esteve ali o tempo todo: você simplesmente nunca a notou porque não tinha um meme distintivo para ela. Se você começar a usá-la, ou se disser a um amigo como é estranho o fato de você ter começado a vê-la por toda parte, você acabou de transmitir esse meme para outra mente.

Tenho um amigo que gostava muito de ouvir o *Cânone em Ré Maior* de Pachelbel, até que chamei sua atenção para o fato de que essa peça musical lembrava muito o antigo *jingle* do *Burger King*; agora, sempre que ele começa a ouvi-la, só consegue pensar em "Pegue o picles, pegue a alface..." Por ter sido programado com o meme distintivo *jingle do Burger King*, ele não

♦ 51 ♦

tem outra escolha além de reconhecer essa melodia sempre que ouve a antiga peça musical de que tanto gosta. Ele me odeia...

A publicidade funciona por meio da alteração do seu filtro perceptual, fazendo com que você preste mais atenção ao produto anunciado ou deixe que ele lhe traga boas sensações. Com seus *slogans* e sua retórica, os políticos esperam infectar sua mente com memes que o levem a vê-los como uma boa escolha na hora de votar.

> O mundo está cheio de memes espalhados por vírus mentais, todos competindo por uma parte de sua mente, seu ponto de vista e sua atenção. Eles não estão nem aí para o seu bem-estar; na verdade, o que fazem é aumentar sua confusão e comprometer sua satisfação consigo mesmo.

Suas atitudes em relação ao passado também influenciam sua vida. Uma tendência atual, nos Estados Unidos, consiste em rotular um número cada vez maior de pessoas como "vítimas" de um tratamento cruel, injusto ou negligente no passado. Embora se trate, sem dúvida, de um ponto de vista válido, aqueles que veem a si próprios como vítimas de suas histórias pessoais tendem a passar por um sofrimento emocional e uma sensação de impotência intermináveis.

Um bom curso de fortalecimento pessoal treina as pessoas de modo a torná-las responsáveis pela sua própria vida, até mesmo por aqueles fatos injustos e vitimizadores do passado. Uma vez que elas efetuem essa mudança de atitude – às vezes difícil – em sua programação memética, é comum que passem por um período relativamente breve de desolação ou tristeza, seguido por uma experiência de libertação do sofrimento e de adoção de novos rumos na vida.

A armadilha da verdade

O que Alfred North Whitehead queria dizer, na citação que abre o Capítulo 1, ao afirmar que não existem verdades, mas apenas meias-verdades? Utilizei essa citação porque o meme distintivo *Verdade*, com o significado de fato ou autoridade absolutos, não faz parte do novo paradigma da memética.

A verdade de qualquer proposição depende dos pressupostos que o levam a fazê-la – dos memes distintivos que você utiliza em sua reflexão sobre a verdade. Você pode dizer que o sol nasce no leste e se põe no oeste. Isso é verdade? Talvez seja mais exato dizer que a Terra gira ao redor do Sol. Mas será *isso* verdadeiro? Na realidade, tudo no universo é influenciado, em certa medida, por todas as outras coisas. Contudo, se você estiver construindo um estádio de beisebol e quiser colocar a base principal onde o sol não vai incidir sobre os olhos do rebatedor, o fato de dizer que o sol se põe no oeste é um ótimo meme a ser usado – uma meia-verdade útil. Se você estiver encarregado de construir o estádio e começar a conversar com os operários sobre ondas gravitacionais e teoria da relatividade, é improvável que obtenha o resultado pretendido.[13]

Que dizer de todas aquelas questões eternas cujas respostas poderíamos chamar de verdades eternas? Existe vida após a morte? Depende do que você entende por *vida*, por *morte*... e até mesmo pelo verbo *existir*! É perigoso aferrar-se a uma resposta sem ter em mente os pressupostos contidos na pergunta. Toda vez que você tiver um novo conjunto de memes distintivos, terá toda uma nova filosofia.

Chamar um meme de *Verdadeiro* insere-o na sua programação e elimina sua capacidade consciente de escolher seus próprios memes. Depois que alguma autoridade convencê-lo de que alguma coisa é Verdadeira ou Certa, ou de que se trata de algo que você Deve fazer, você estará realmente programado. Ao constatar que só existem meias-verdades – que a verdade de

---

13. Até mesmo a meia-verdade "O sol se põe no oeste" tem pressupostos questionáveis. Num dia 4 de julho, sentado à minha escrivaninha, eu observava um belo pôr do sol quando me ocorreu o seguinte: *Ei! O sol está se pondo no norte!* Sem dúvida, a partir da minha escrivaninha de frente para o oeste, eu precisava girar 90 graus para ver o sol se pôr.

O que estaria acontecendo? Primeiro, não era *Verdade* que minha escrivaninha estava voltada para o oeste. Em Seattle, costumamos chamar de "oeste" tudo que fica na direção da Baía Elliot, de Puget Sound; contudo, onde moro há uma curva na linha da costa, de modo que tudo que dá para o mar deve ser mais apropriadamente chamado de sudoeste.

Em segundo lugar, nem sempre é verdade que o sol se põe no oeste! No norte do Círculo Ártico, sem dúvida, há dias de verão nos quais o sol nunca se põe; por assim dizer, ele mergulha na direção do Polo Norte e depois reinicia sua viagem de volta. Se você estiver bem abaixo do Círculo Ártico – na Finlândia, digamos –, terá uma noite realmente curta no solstício de verão, quando o sol passa muito rapidamente pelo horizonte – *diretamente para o norte!* Em Seattle, durante os dias longos e as noites curtas do solstício de verão, o sol nasce e se põe bem no norte. Combinadas, essas duas meias-verdades levaram-me ao meu "pôr do sol no norte". (Agradeço a William Calvin por essa "comprovação" prática dos poentes no norte.)

qualquer meme depende do contexto em que ele se situa –, você terá uma arma poderosa contra a programação dos vírus mentais.

Você obedece a regras ou a quaisquer outras formas de autoridade além daquelas que são ditadas por você mesmo? Leis, seus superiores no trabalho, médicos, pais...? Espero que você respeite seus coabitantes neste planeta, mas tomara que também perceba que, ao obedecer a instruções, você está pronto para ser explorado pelos vírus mentais. Como veremos no Capítulo 3, o modo de atuação desses vírus consiste em acercar-se dos mecanismos de obediência a instruções e cooptá-los. Se você for um desses mecanismos, não tenha a menor dúvida: será cooptado.

O que podemos fazer? Para quase todos nós, de nada vale fechar-se a todas as instituições culturais. A participação em postos de trabalho, relacionamentos, clubes e sistemas jurídicos parece ser algo essencial, ou pelo menos prático, em nossas tentativas de viver bem. Porém, para não nos tornarmos escravos dos vírus da mente, precisamos ser exigentes na nossa escolha. "Questione a Autoridade" talvez seja o melhor conselho que já se viu em adesivos de carros, desde que você não o interprete como "Contrarie a Autoridade": tanto os rebeldes instintivos quanto aqueles que sempre dizem sim são um prato cheio para os vírus mentais.

> Tanto os rebeldes quanto os que só dizem sim se comportam previsivelmente, de acordo com sua programação memética.

O mais importante é você entender que *tem* uma programação memética, o que lhe permite reprogramar-se quando as infecções por vírus mentais estiverem interferindo na sua vida!

Um vírus da mente prospera a partir de sua crença de que os memes que o constituem são Verdadeiros. As pessoas defendem os memes com que são programadas como se estivessem protegendo suas próprias vidas! Ao fazê-lo, criam o paraíso para um vírus mental: para preservar-se, ele cooptou sua inteligência e sua capacidade de resolver problemas.

Para nós, a única maneira de aprender e evoluir está em modificar nossos sistemas de crenças – alterar nossa programação memética. Paradoxalmente, porém, tendemos a nos aferrar a essa programação como se ela pudesse nos matar caso questionássemos nossos memes.

As instituições culturais – países, atividades comerciais, organizações – nada mais são que resultados da evolução cultural, tendo explorado todos os tipos de recursos disponíveis à medida que se desenvolveram. Não há nada de sagrado em nenhuma delas, a menos que você decida que deve haver. Onde houver grandes aglomerados humanos confusos com seus objetivos de vida e dispostos a receber ordens, as instituições culturais irão surgir a fim de explorá-los. Raramente uma dessas instituições é conscientemente escolhida pelo povo para melhorar a vida dos participantes; as instituições que programam pessoas com memes egoístas são as vencedoras.

Uma instituição cultural que programa pessoas com memes egoístas é um vírus mental. Isso não significa necessariamente uma coisa ruim, mas, se eu fosse você, gostaria de saber quais vírus mentais estavam competindo por espaço na minha vida, para que eu pudesse pelo menos fazer uma escolha exigente entre eles, ou mesmo inventar os meus próprios memes.

Segundo o novo paradigma da memética, a mente funciona como uma combinação de instinto e programação memética. A partir de uma reflexão criteriosa, é possível escolher conscientemente sua programação memética de modo a melhor atender aos objetivos que você pretende alcançar em sua vida. Sem um entendimento da memética, porém, as pessoas em fase de programação tendem a ser qualquer coisa que lhes tenha sido imposta na infância e ao longo de suas vidas. Como você verá nos próximos capítulos, boa parte dessa programação resulta da infecção por vírus mentais. Para começar, veja o que é um vírus e o modo como ele funciona.

3

Os vírus

*"Imagine que num bar de sua cidade haja uma jukebox e que,
quando você pressiona os botões 11-U, ele comece a tocar uma
música cuja letra é mais ou menos assim:*

*Ponha outra moeda aqui,
Tudo que quero é 11-U e música, música, música."*

— Douglas Hofstadter, Gödel, Escher, Bach

Há muito tempo, talvez bilhões de anos atrás, a evolução fez surgir um novo tipo de organismo – se é que se pode chamá-lo de organismo. Essa nova coisa tinha a propriedade incomum de invadir os sistemas reprodutivos de outros organismos e obrigá-los a produzir cópias dele próprio. Chamamos essa criatura de *vírus*.

Os vírus existem em três universos que conhecemos:

— O primeiro é o universo da **biologia**, dos organismos... das pessoas, das plantas e dos animais. É onde os vírus foram descobertos pela primeira vez: eles existem no tabaco e em nós. Há incontáveis variedades de vírus biológicos na Terra, e incontáveis cópias de cada um deles. Eles ainda são a causa de algumas de nossas doenças mais mortais e menos curáveis ou compreendidas, e variam desde um simples resfriado até a AIDS ou doenças piores.

— O segundo universo onde os vírus existem é aquele criado pelo homem: o dos **computadores**, das redes de computação, dos dados e da programação. Nesse mundo, vírus não foram descobertos; ao contrário, foram inventados – programados.

Num dos mais célebres incidentes associados à invenção dos vírus de computador, ocorrido em novembro de 1988, Robert Morris, Jr., aluno da Universidade Cornell, tentou fazer uma experiência não autorizada numa rede de computadores financiada pelo governo. Ele escreveu um programa destinado a fazer cópias de si mesmo e instalar uma delas em cada computador da rede.

Um pequeno erro no programa, porém, levou-o a continuar funcionando quando já deveria ter parado, atravancando toda a rede com milhões de cópias dele mesmo e danificando-a por horas. As autoridades governamentais levaram tão a sério esse *hacking* meio trivial que acusaram o assustado aluno da prática de crimes federais. Seu programa, que ficou conhecido como *verme da Internet*, era uma forma de vírus de computador. Ele tinha acessado o poder quase ilimitado que já fora desencadeado por um vírus e, ao mesmo tempo, passara pela perda de controle sobre um vírus por seu criador.

Hoje, quase todos conhecem o termo *vírus de computador*. Porém, essa forma eletrônica de vírus mostra-se quase tão difícil de curar quanto os vírus biológicos. Uma indústria de antivírus desenvolveu-se desde então, capitalizando o fato de os programas de computador serem muito mais fáceis de compreender do que o DNA. Atualizações regulares de programas, com nomes como Vacina, dr. Vírus e AntiVirus mantêm os computadores livres de todas as linhagens conhecidas, mas os vândalos não param de criar novas modalidades. A alta velocidade, a comunicação excelente e a grande capacidade de armazenamento dos computadores fazem deles um alvo muito atraente para os delinquentes e um ambiente acolhedor para os vírus.

— O terceiro universo é o tema central deste livro: o universo da **mente**, da cultura, das ideias. Esse é o universo em que o paradigma da mudança está ocorrendo. A partir de um velho modelo de evolução cultural baseado na inovação e na conquista, estamos mudando para um novo modelo, baseado na memética e nos vírus da mente. Os vírus da mente são ao mesmo tempo descobertos e inventados: eles podem resultar de uma evolução natural ou da criação consciente.

Biologia	Computadores	Mente
gene	instrução de máquina	meme
célula	computador	mente
DNA	linguagem de máquina	representação cerebral interior do conhecimento
vírus	vírus de computador	vírus da mente
acervo genético	todo o software	acervo memético
esporos / germes	postagem de quadros publicações	difusão de informações / de mensagens eletrônicas
espécies	sistema operacional	instituição cultural
gênero e classificações superiores	programa de arquitetura de máquina	cultura
organismo	"porta dos fundos" ou falha de segurança	comportamento / artefato
suscetibilidade genética	vida artificial	suscetibilidade psicológica ou "botão"
evolução genética		evolução cultural

Os vírus ocorrem em três universos distintos: na biologia, nos computadores e na mente. Esta tabela mostra a correspondência entre as palavras usadas para se falar sobre evolução e vírus em cada um desses três universos.

Em 1978, numa cidadezinha da Guiana, os membros de uma comunidade muito unida suicidaram-se por ingestão de uma mistura líquida contendo cianureto, Valium e Fla-Vor-Aid. Eles sabiam que iam morrer. Quanto a outras coisas que talvez soubessem, só podemos especular. Será que eles "sabiam" que uma recompensa muito maior os estaria aguardando na próxima vida? "Sabiam" que seu dever era obedecer às ordens de seu líder Jim Jones? "Sabiam" que, ao se deixarem guiar por sua fé, tudo terminaria bem ao final? Não há dúvida de que o que eles "sabiam" foi algo que pôs fim a suas vidas: eles não tomaram o veneno por instinto – estavam seguindo a programação de alguns memes que resultou na morte deles.

Por que a Pepsi gastou milhões de dólares com comerciais em que as pessoas tomavam o refrigerante sussurrando *oh-oh* o tempo todo? Por que algumas histórias estranhas acabam se perpetuando como "lendas urbanas"? Por que algumas correntes por carta dão voltas e mais voltas ao mundo, aparentemente impossíveis de serem interrompidas?

As respostas a essas perguntas têm a ver com os vírus da mente. A mente tem todas as propriedades de que um vírus precisa para existir, assim como as células e os computadores. De fato, nossa sociedade de comunicação e acesso à informação instantâneos vem evoluindo dia após dia, como um bondoso hospedeiro dos vírus mentais.

O que é um vírus?

Sem perder de vista que o conceito de vírus se aplica a todos os três domínios – biologia, computador e mente –, comecemos por examinar o funcionamento dos vírus biológicos.

Não podemos falar sobre os vírus sem falar sobre cópia. Afinal, é isso que o vírus faz: cópias de si mesmo. Não fosse por um fato, isso teria pouco mais que um interesse intelectual para nós: um vírus *nos* usa como seu laboratório para fazer cópias de si mesmo, frequentemente deixando uma confusão como resultado.

Um vírus é mais que um parasita, mais que um infiltrador, mais que um autocopiador desenfreado. Um vírus é tudo isso ao mesmo tempo.

> Um *vírus* é qualquer coisa que tem um equipamento para fazer cópias externas e que o põe em ação para fazer cópias de si mesmo.

Uma das razões para levarmos os vírus a sério é que a capacidade de fazer cópias de si mesmo – de efetuar a autorreplicação – utiliza a força mais poderosa do universo.[14] Onde outrora havia 1, agora há 2, 4, 8, 16, 32, 64, 128, 256, 512 (...). O crescimento por duplicação é chamado de *crescimento exponencial*, e funciona muito rapidamente para preencher qualquer espaço

---

14. Se você acreditava que Deus talvez fosse a força mais poderosa do universo, lembre-se: Ele nos criou à sua própria imagem. Autorreplicação!

disponível. É assim que funciona a bomba atômica: um átomo desintegrado por fissão nuclear leva outros a desintegrar-se, e todos liberam energia. Quando não há mais espaço disponível no interior da bomba – BUM!

No caso de um vírus biológico típico, o equipamento de cópia do qual ele se apodera fica nas células do organismo sob ataque. As células usam esse equipamento no curso normal de suas atividades para produzir proteínas, copiar ácidos nucleicos e preparar-se para a duplicação. O vírus infiltra-se na célula e engana o equipamento copiador, levando-o a fazer mais cópias do vírus do que o determinaria sua carga de trabalho normal, ou mesmo deixando-a de lado. Sempre faço uma imagem mental de um vírus em forma de seringa, introduzindo sua agulha numa célula e injetando seu próprio programa genético, de modo que a maquinaria celular começa a produzir mais seringas. Há uma certa licença poética nessa imagem mental, mas ela me ajuda a entender a ideia em questão.

Onde quer que haja mecanismos de cópia, poderá haver vírus. As modernas redes de computadores, criadas com a finalidade específica de copiar e reproduzir dados, foram um alvo natural para que *hackers* maliciosos e maldosos criassem os vírus feitos pelo homem, o que eles realmente não demoraram a fazer. Ao contrário de seus equivalentes biológicos, todos os vírus de computador conhecidos são criados pelo homem, o que é de se esperar, já que os computadores são especialmente concebidos para minimizar as *mutações*, ou a adulteração de dados.

> *Mutação* é um erro de cópia. Ela produz uma cópia defeituosa – ou, talvez, aperfeiçoada em certo sentido –, em vez de uma cópia exata do original.

Uma vez que os seres humanos criaram os computadores com intenção expressa de torná-los fáceis de programar, não surpreende muito que tenhamos achado fácil criar vírus que existem nesse meio físico – muito mais fácil, por exemplo, do que tem sido criar qualquer tipo de organismo com base no DNA. Mas o DNA não foi criado pelos humanos para fins de programação: não há, nele, nenhum conjunto de instruções racionais, nenhum registro de múltiplos usos e nenhum padrão de interface de entrada / saída. Imagino que ainda teremos de esperar muito até aprendermos a criar, começando do zero, um organismo a partir do DNA, da mesma maneira

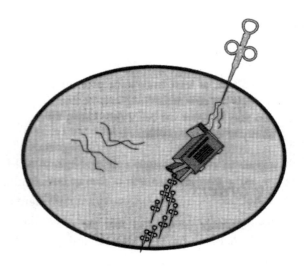

Alguns vírus biológicos funcionam por meio da penetração nas defesas da célula, da mesma maneira que a agulha de uma seringa penetra a pele de alguém. Eles injetam instruções na célula, determinando que seu mecanismo de replicação produza mais vírus capazes de agir como se fossem seringas. A célula finalmente se rompe e as novas cópias do vírus se disseminam por outras células.

que, começando do zero, os programadores de computador criam software a partir de linguagens de programação.[15]

Um vírus pode existir em qualquer lugar em que haja alguma atividade de cópia. Durante bilhões de anos, a única cópia significativa que ocorria era a do DNA e das moléculas associadas. Aprendemos muito sobre o mecanismo físico pelo qual o DNA é copiado, mas ainda falta muito para entendermos como *as informações* nele contidas levam um ser humano a se auto-organizar de uma única célula a uma pessoa adulta. É a diferença entre entender como a *Enciclopédia Britânica* é impressa e compreender o funcionamento total do mundo descrito em seus volumes.

---

15. Quando isso acontecer, porém, é provável que ocorra por meio do uso de linguagens de nível superior que "compilam" as intenções de um engenheiro genético nos filamentos de DNA, do mesmo modo que a linguagem C de programação de computadores compila as intenções de um programador em *linguagem de máquina*, as verdadeiras instruções que o computador executa. E, quando isso estiver resolvido, começaremos a ver o Walmart vendendo "aspiradores de pó" vivos, que percorrerão nossa casa à noite, comendo a sujeira de assoalhos e carpetes. E as possibilidades para a indústria de entretenimento adulto serão infinitas, ainda que moralmente perturbadoras.

Um vírus não muda da maneira como o DNA é copiado; um vírus insere novas informações a serem copiadas junto com as demais, ou em vez delas. O que acontece, então, com a célula que contém essas novas informações? Há três possibilidades:

1. As informações podem ser ininteligíveis para o resto da célula e exercer um efeito mínimo sobre seu funcionamento, exceto, talvez, reduzir sua eficiência em todas as outras atividades que ela tem de desempenhar.
2. As informações podem confundir ou sabotar o funcionamento da célula e torná-la defeituosa, pelo menos a partir de determinado ponto de vista. (Do ponto de vista do vírus, o novo funcionamento pode ser ótimo.)
3. As informações podem melhorar o funcionamento da célula ao dotá-la de alguma nova aptidão ou de um novo mecanismo de defesa.

Obediência cega

Um vírus tira proveito do fato de que o mecanismo de cópia não tem um bom sistema de triagem para garantir que ele só copie dados satisfatórios. No caso de uma célula, o mecanismo de cópia reproduz instruções para o seu funcionamento interno no que diz respeito a saber quais proteínas devem ser produzidas. Por sua vez, essas proteínas controlam as diferentes reações químicas que registram o curso da vida de uma célula: um tempo para armazenar açúcares, um tempo para produzir oxigênio, um tempo para se dividir, um tempo para morrer. A tática furtiva do vírus assemelha-se às instruções malucas que, no filme *Dr. Fantástico*, o general dá ao esquadrão de bombardeiros, ordenando um ataque não provocado a Moscou: a célula, ou a tripulação do bombardeiro, simplesmente obedece às novas instruções, e a missão segue seu curso.

Uma das instruções dadas pelo vírus é que novos vírus sejam produzidos e que, de alguma maneira, eles sejam transmitidos a outros hospedeiros. Essa instrução específica é essencial para que o vírus não morra rapidamente. A propagação pode ser direta, como uma célula que explode por estar muito cheia de vírus, ou indireta, como um vírus que induz ao espirro e um nariz pelo qual escorre um fluido repleto de vírus.

Os vírus de computador funcionam da mesma maneira. Primeiro, o deplorável programador insere o código do vírus em outro programa que, assim ele espera, será executado por usuários que não desconfiam de nada. Assim que o programa é executado, o código do vírus se reproduz rapidamente em alguns ou em todos os programas por ele detectados no computador. Assim que um desses programas infectados é copiado (por pessoas ou automaticamente), passa para outro computador e é executado, o novo computador fica infectado e o processo então se reinicia.

Deixando de lado as implicações sociais dessa forma de vandalismo, vejamos quais são os elementos comuns aos vírus biológicos e aos de computador:

- Um corpo estranho é introduzido num ambiente.
- A atividade de cópia começa a ocorrer nesse ambiente.
- Algum tipo de instrução começa a ser seguida nesse ambiente.
- O corpo estranho é copiado, provavelmente dá novas instruções e se dissemina por novos ambientes, dando continuidade ao processo.

O que torna um vírus bem-sucedido?

Um vírus bem-sucedido deve deixar seu hospedeiro viver por tempo suficiente para poder disseminá-lo. Mas isso é estranho – não seria de se esperar que os vírus mais bem-sucedidos deixassem o hospedeiro continuar vivo para poder disseminá-los pelo máximo de tempo possível? Isso não nos levaria a pensar que, em termos gerais, os vírus estão do nosso lado, uma vez que nossa saúde está ligada à sua sobrevivência?

Isso depende do que você entende por "do nosso lado". A longo prazo, o sucesso de um vírus depende de sua capacidade de se replicar sem matar seus hospedeiros. Sem dúvida, isso não ajudará você caso venha a ser morto por um vírus que ainda não se desenvolveu a ponto de se tornar "bem-sucedido". Como afirmou John Maynard Keynes, a longo prazo estaremos todos mortos. Um vírus que se espalhou para dez outras pessoas e matou você ao longo do processo seria muito bem-sucedido a curto prazo. Um vírus que matou imediatamente *todos* os hospedeiros não seria bem-sucedido, assim como um vírus de computador que destruísse instantaneamente cada computador que infectasse não duraria muito tempo. Porém, a longevidade do hospedeiro é apenas uma possibilidade para a missão de um vírus:

> A missão de um vírus é fazer o maior número possível de cópias de si mesmo.

Espere um pouco – por que é essa a missão de um vírus? Será que realmente acreditamos que os vírus têm algum tipo de objetivo que norteia sua vida? O que significa, até mesmo, afirmar que um vírus tem uma missão? Por que um vírus não poderia simplesmente se dar por satisfeito em infectar uma célula, retirar-se, relaxar e passar o resto de seus dias observando o retículo endoplasmático?

Em poucas palavras, a resposta é: se ele agisse dessa maneira, não seria um vírus do modo como o definimos aqui. Só estou empregando o termo *vírus* para me referir a coisas que penetram, copiam, possivelmente usam instruções e se disseminam. Porém, dar o assunto por encerrado e aferrar-se à definição é uma saída fácil. Há um aspecto muito sutil aqui, um pormenor que deve ser claramente entendido porque estará presente do começo ao fim deste livro:

> Quando nos referimos à vida a partir do ponto de vista de um vírus, *não* estamos dizendo que ele esteja vivo, que pode pensar ou, até mesmo, que *tenha* um ponto de vista.[16]

Ver as coisas do ponto de vista dos vírus só nos dá um vislumbre do que há de interessante a respeito deles: como e por que eles se propagam.

Quando afirmo que a missão de vida dos vírus é sua propagação, quero apenas dizer que, ao examiná-los, constatamos que seu interesse reside no fato de se disseminarem. Se não o fizessem, não os chamaríamos de vírus e não estaríamos interessados neles. Nosso interesse nos vírus decorre do fato de que sua capacidade de penetrar, copiar, transmitir informações e, em particular, propagar-se, constitui uma força poderosa em nosso universo. É fascinante, estimulante e, até mesmo, assustador, descobrir alguma coisa

---

16. Esse ponto de vista viral é aquilo que os biólogos evolucionistas chamam de *falácia teleológica*: a tendência de atribuir motivações evolucionárias complexas a animais incomunicáveis e inarticulados, ou biomoléculas. Nesses casos, o que temos diante de nós é um "conhecimento" que se conectou a essas criaturas ao longo de bilhões de anos de evolução, e não pensamentos meméticos, como aqueles que temos.

que, uma vez liberada, segue seu próprio caminho e se espalha pelo mundo sem nenhum esforço por parte do seu criador.

Dizer que um vírus tem uma missão na vida é um artifício para facilitar o entendimento de como ele funciona. Seria igualmente correto inverter os pontos de vista:

> O universo contém muitos mecanismos para copiar e disseminar informações, e os vírus são algumas das coisas frequentemente copiadas e dispersadas.

Alguns desses mecanismos de cópia são diretos; outros são sinuosos. Porém, os vírus dos quais vemos a maior parte das cópias são aqueles dos quais esses mecanismos se apropriam e se engajam na produção de cópias.

Portanto, tendo em vista que só estamos estudando os vírus bem-sucedidos, a única coisa que realmente sabemos sobre eles é que são bons para propagar-se. Os vírus do DNA encontraram maneiras eficientes de se espalhar por meio dos mecanismos de cópia de nossas células. Os criminosos que criam vírus de computador encontraram maneiras eficientes de disseminá-los por meio dos mecanismos de cópia dos computadores. Tudo isso nos leva ao mais interessante de todos os mecanismos de cópia: a mente humana.

A mente

Nossa mente se distingue por copiar informações e seguir instruções. Lembre-se das quatro características de um vírus: penetração, cópia, possível transmissão de informações e propagação. Por mais aterradora que a ideia possa ser num primeiro momento, teoricamente nossa mente é suscetível à infecção por vírus mentais. Eles podem *penetrar* nossa mente porque somos muito hábeis em adquirir novas ideias e informações. Eles são *copiados* por nós mediante um processo de comunicação mútua, algo em que estamos nos tornando cada vez mais eficientes. Os vírus mentais *transmitem instruções* ao nos programarem com novos memes que influenciam nosso comportamento. Eles se *disseminam* quando a cadeia de acontecimentos resultante desse novo comportamento atinge uma mente não infectada.

Os exemplos de vírus da mente vão desde as modas passageiras até as seitas religiosas. Podem ser qualquer segmento de cultura cuja existência produza algum efeito sobre as pessoas, levando-as a mudar seu modo de pensar e, portanto, o seu comportamento, e podendo ocasionar o reforço ou a proliferação desse mesmo elemento cultural. Os Capítulos 9, 10 e 11 trazem muitos exemplos de vírus da mente.

A esta altura, quero introduzir uma distinção entre os vírus da mente que surgem espontaneamente e aqueles que foram criados pela consciência humana. Chamarei os que surgem naturalmente de *vírus culturais*, e os criados pelo homem de *vírus maquinadores* (*designer vírus*). Um vírus maquinador é cuidadosamente concebido para infectar as pessoas com um conjunto de memes que as influenciam, levando-as a disseminar o vírus por toda a população.

Os vírus maquinadores e os vírus culturais podem ser igualmente prejudiciais à sua busca da felicidade, ainda que, para muitos, o fato de terem sua vida destruída por um conjunto natural de circunstâncias não pareça tão ruim quanto o de serem privadas do que elas têm de melhor por manipulações de gente mal-intencionada. Contudo, apesar da diferença de ponto de vista, o efeito desses dois tipos de vírus mentais é o mesmo: sem que o queira, você tem uma parte de si mesmo desviada dos rumos que, em outras circunstâncias, estaria dando à sua vida, passando a viver em função da influência do vírus mental.

A memética oferece um novo vislumbre do modo de funcionamento de sua mente, da sociedade e da cultura. Em vez de ver o desenvolvimento cultural como uma sequência de ideias e descobertas que vão se sobrepondo umas às outras, como seria ver a cultura como uma concentração de memes na qual as ideias em nossa cabeça são formadas e transportadas por diversas forças, inclusive pelos vírus mentais? Quantos desses vírus já estão conosco? Eles estão nos ajudando ou prejudicando? Nossos inimigos podem criar novos memes e nos infectar com eles?

Os limites extremos dessa linha de pensamento são sombrios e assustadores. Contudo, vejo muito, muito mais potencial de ajuda do que de prejuízo em nossa compreensão dos vírus da mente. E, ainda que isso signifique pensar as coisas de maneiras com as quais não estamos familiarizados, sugiro que façamos o possível para compreendê-los, dominá-los e fazê-los funcionar em nosso benefício e em benefício de nossos filhos e netos.

Para começar, examinemos uma das mais mal compreendidas teorias científicas de todos os tempos: a evolução por seleção natural.

♦ ♦ ♦

4

A evolução

"É quase como se o cérebro humano fosse especificamente criado para entender mal o darwinismo e achar difícil acreditar nele."

— Richard Dawkins

Não existe nenhuma teoria científica que seja, ao mesmo tempo, tão célebre e controversa quanto a teoria da evolução. Talvez fosse melhor dizer "teorias" da evolução, porque até entre cientistas renomados há divergências significativas sobre o modo como a evolução funciona. Fora da ciência, sem dúvida, encontramos divergências ainda maiores – desde os fundamentalistas religiosos, cuja fé se choca com o modelo evolucionista, até as interpretações da Nova Era, para as quais a evolução é um esforço intencional rumo à perfeição do espírito, passando pelas pessoas que, por instinto, acham que a evolução é incapaz de explicar a exuberante diversidade da vida neste nosso planeta.

Em minha opinião, o motivo de toda essa divergência é um entendimento nebuloso de tudo aquilo que está em jogo na evolução. Nosso instinto não foi criado para entender o que acontece ao longo de milhões ou bilhões de anos, o que torna natural nosso ceticismo em relação a algo cujo

♦ 69 ♦

funcionamento só se dá no transcurso de tamanha abrangência temporal. O funcionamento de nossas religiões fundamentalistas tem por base a fé em determinado sistema de crenças, e a maneira como a evolução tem sido apresentada até o momento torna difícil compatibilizá-la com essas crenças. Nossos cientistas passam sua vida desenvolvendo e discutindo modelos complexos de como as coisas funcionam, e é natural que se oponham a qualquer coisa que não se ajuste a esses modelos. O entendimento da evolução exige que se tenha uma mente aberta.

Evolução e entropia

Em seu sentido mais amplo, evolução significa tão somente que as coisas mudam com o passar do tempo. À medida que as coisas mudam, aquelas que têm boa capacidade de permanência e replicação assim o fazem, enquanto as outras desaparecem ou permanecem estacionárias.

As coisas que são aptas a permanecer e a replicar-se são chamadas de *replicadores*. Os dois replicadores mais interessantes no universo atual – interessantes tanto porque dizem respeito a *nós* quanto por estarem evoluindo com enorme rapidez – são o gene, que é o replicador básico no universo da biologia, e o meme, que é o replicador básico no universo da mente. No mundo dos computadores, poderíamos ver as instruções de máquina ou os programas como replicadores, mas a esta altura o software é mais um produto intencional da habilidade da mente humana do que da evolução por seleção natural. Enquanto o software não começar a se desenvolver por conta própria, será apenas mais um tipo de meme.[17]

Quando usamos a palavra *evolução*, como em "a evolução da espécie por seleção natural", estamos fazendo uma distinção entre os vencedores da batalha, que continuam a existir, e os perdedores, que desaparecem. *Seleção natural* significa que as forças da natureza estão fazendo a seleção, por oposição à *seleção artificial* do cruzamento de cachorros com *pedigree*, por exemplo, na qual a seleção é feita pelas pessoas. As coisas que não têm boa capacidade de permanência acabam por desaparecer por meio da *entropia*, a tendência das coisas a perder qualquer finalidade e seguir uma trajetória

---

17. Experiências para moldar a evolução por meio de computadores fazem parte de um novo e fascinante campo do conhecimento, conhecido como *vida artificial*. Recomendo a leitura do excelente livro de Steven Levy, *Artificial Life* (Vintage Books) a quem quiser saber mais sobre o assunto.

inevitável, como castelos de areia numa praia ou um tronco de árvore em processo de apodrecimento.

> A evolução é um modelo científico de como as coisas se tornam mais complexas; a entropia descreve o modo como as coisas se tornam mais simples. Elas são as forças criativa e destrutiva do universo.

As duas forças atuam não apenas no universo físico, mas também nos domínios da mente. Por exemplo, à medida que a língua inglesa passa por mudanças ao longo do tempo, alguns novos termos e usos *evoluem* de modo a abranger novas acepções que se tornaram de uso mais geral. Por meio da *entropia*, os termos menos usados frequentemente perdem certas propriedades, como as sutilezas de significado, irregularidades de ortografia ou de pronúncia.

A produção de cópias

O estudo da evolução é o estudo da produção de cópias. Um replicador é qualquer coisa que é copiada. Às vezes, um replicador parece fazer mais do que apenas "ser copiado" passivamente; dá a impressão de assumir um papel mais ativo. Talvez se possa dizer que ele "faz cópias de si mesmo". A diferença nada mais é que uma questão de ponto de vista. Às vezes, parecerá mais natural pensar em um replicador como algo que se copia a si próprio, como, por exemplo, quando as células se separam e o DNA se duplica. Em outros momentos, fará mais sentido pensar num replicador como alguma coisa que é copiada por um mero acaso, como quando as pessoas cantarolam uma canção de melodia fácil ou quando a ideia de democracia se espalha pelo mundo. A cópia ocorre em todos os casos, e é disso que a evolução necessita.

> Qualquer coisa que seja copiada – seja qual for o mecanismo copiador e independentemente do fato de haver ou não uma intenção consciente de copiar – é um *replicador*.

Às vezes cometem-se erros no ato de copiar. Isso é necessário para que a evolução ocorra. Se a fidelidade das cópias for alta demais, nunca haverá mudanças. Se for baixa demais, não teremos, de fato, um replicador: em pouco tempo, a característica que apresentava boas condições de replicação irá se perder, assim como a cópia de uma cópia de uma cópia de um memorando de escritório torna-se ilegível.

> A evolução requer duas coisas: replicação, com determinado grau de fidelidade, e inovação, ou determinado grau de infidelidade.

Aptidão

Sem dúvida, se só se fizer uma ou duas cópias de um replicador, não teremos um exemplo particularmente interessante para o bom entendimento da evolução. Estamos interessados em replicadores que produzam um número suficiente de cópias extremamente fiéis de si mesmos, de modo que, por sua vez, essas cópias se tornem replicadores, e que o desenvolvimento exponencial resultante produza rapidamente um grande número de cópias. Quando falamos sobre a *sobrevivência dos mais aptos*, estamos nos referindo à sobrevivência de uma coisa que tem condições ideais de se replicar – de fazer cópias de si mesma.

> No contexto da evolução, *aptidão* significa a probabilidade de ser copiado. Quanto *mais apta* for alguma coisa, maiores serão suas chances de ser copiada.

Em nosso modelo do funcionamento da evolução, a palavra *adaptação* não tem nenhum outro significado. Não há nenhuma conotação de força, agilidade, longevidade ou inteligência extraordinária. Se um replicador for apto, ele será bom para se replicar. E nada além disso.

É tentador pensar que um replicador duradouro possa competir com outro de vida efêmera, mas que tem melhores condições de ser copiado; a matemática, porém, nos mostra que não é assim que as coisas acontecem. Imagine dois replicadores: Matusalém vive 100 anos e faz uma cópia de si mesmo a cada ano, totalizando 100 filhos; Thumper[18] vive só um ano, mas

---

18. *Thumper*, sobretudo na expressão *Bible-thumper*, significa "fundamentalista cristão". (N. do T.)

faz três cópias de si mesmo antes de morrer. A tabela abaixo mostra como seria a população total de cada um depois de cada ano:

	Matusalém	Thumper
1	2	3
2	4	9
3	8	27
4	16	81
. . .	. . .	. . .
100	$\sim 10^{30}$	$\sim 10^{48}$

Ora, 10^{30} – o número 1 seguido por 30 zeros – talvez pareça um número absurdamente alto de Matusaléns. Contudo, depois de 100 anos, haveria mais ou menos 10^{18} mais cópias dos prolíficos Thumpers do que dos longevos Matusaléns – isto é, 1.000.0000.000.000.000.000 Thumpers para cada Matusalém. E isso se ignorarmos a hipótese de que os Thumpers não começassem a comer os Matusaléns no jantar.

Os replicadores mais aptos fazem o maior número de cópias de si mesmos e, desse modo, tornam-se mais abundantes do que os outros. A *sobrevivência dos mais aptos* é apenas um pouquinho enganosa; trata-se mais de *abundância dos mais aptos*. É claro que, se os recursos forem escassos, o ganho dos replicadores mais aptos ocorrerá à custa dos menos aptos.

O gene egoísta

Tudo isso nos leva ao *gene egoísta* de Dawkins. Num lampejo intuitivo, a teoria do gene egoísta respondeu a tantas questões complexas e tantos detalhes enigmáticos sobre a evolução que podemos compará-la à descoberta astronômica de que a Terra não era o centro do universo.

Embora Dawkins tenha popularizado a teoria do gene egoísta no mesmo livro de 1976 em que ele introduziu a palavra *meme*, o crédito pela primeira publicação dessa ideia pertence ao biólogo inglês William D. Hamilton, em 1963. Antes da obra de Hamilton, a maioria dos cientistas pressupunha que a evolução girava em torno de "nós", ou dos *indivíduos* de qualquer das espécies que estamos discutindo. A concepção darwinista era que a evolução seguia seu curso por meio dos indivíduos mais aptos que sobreviviam e reproduziam mais indivíduos semelhantes a eles. A descoberta brilhante de Darwin – a teoria da evolução por seleção natural – explicou os fatos suficientemente bem para ter uma longa permanência. Só que Darwin nunca havia ouvido falar em DNA.

A teoria do gene egoísta desviou os holofotes evolucionistas dos indivíduos mais aptos e os dirigiu para o DNA mais apto. Afinal, é o DNA que contém as informações transmitidas de uma geração a outra. Estritamente falando, os indivíduos de uma espécie não *replicam* cópias de si mesmos. Os pais não se clonam de modo a produzir crianças que sejam cópias exatas deles. Em vez disso, eles fazem com que cópias de pedaços de DNA sejam *reproduzidas* em um novo indivíduo. Os pedaços de DNA que têm melhores condições de se replicar tornam-se mais numerosos, e são eles que participam da "sobrevivência dos mais aptos", e não indivíduos considerados em sua totalidade.

Os pedaços de DNA que participam desse jogo, provocando sua própria replicação por quaisquer meios, são chamados de *genes*. O fato de que a evolução parece girar em torno do bem-estar deles, e não do nosso, transforma-os em *genes egoístas*.

Paradoxalmente, um dos modos pelos quais os cientistas confirmam a teoria do gene egoísta é a observação de comportamentos *altruístas* em animais. Numa colmeia, as operárias evoluíram de modo a trabalhar a vida toda para sustentar sua mãe, a rainha, e não produzem descendentes porque, em decorrência de uma singularidade genética, a descendência de sua mãe compartilha mais DNA com elas do que seus descendentes o fariam. Para seus genes egoístas, é melhor comportar-se assim do que ter uma vida independente.

Em todo o reino animal, as mães correrão grandes riscos para salvar sua prole. Suponhamos que uma mãe enfrente um predador do qual ela, mas não seus filhos, conseguisse escapar, e teremos uma chance de 50% de que ela e seus filhotes sejam mortos, e uma chance de 50% de que escapem da morte. Tendo em vista que cada filhote herda pelo menos metade[19] do DNA da mãe, a matemática nos diz que o DNA responsável por essa tendência terá uma vantagem sobre o DNA concorrente, aquele que a levaria a abandonar as crias e salvar a si própria. Em termos gerais, o confronto com um predador deixará no mundo mais cópias do gene *Proteger a prole* do que o fato de bater em retirada deixaria do gene *Salve sua própria pele*.

---

19. Uma vez que o pai compartilha um pouco do mesmo DNA, na verdade é possível que a cria tenha mais do que metade.

Toda evolução biológica sempre foi uma disputa entre pedaços de DNA para ver quais genes conseguem fazer mais cópias de si mesmo.

> Do ponto de vista do gene, um ser humano é apenas um meio de se fazerem mais genes.

Outro ponto de vista

O artifício para entender a evolução genética, então, consiste em vê-la do ponto de vista dos segmentos de DNA que competem pela replicação. Para facilitar o entendimento desse processo, examinemos a vida do ponto de vista de algum replicador arbitrário de DNA. Vamos chamá-lo de Dan.

Antes disso, é preciso deixar bem claro que, quando falo sobre Dan e sobre examinar a vida a partir do ponto de vista dele, não estou querendo dizer que Dan tem uma consciência, olhos, uma alma ou qualquer coisa do tipo. Só estou sugerindo que nós, como seres humanos inteligentes, examinemos um modelo de evolução que gira em torno de Dan, assim como os astrônomos descobriram que um modelo do nosso sistema solar que gira ao redor do Sol era mais útil do que um modelo que girasse ao redor da Terra.

A situação de vida de Dan é muito semelhante à de um professor universitário: publique ou morra. No caso de Dan, o que ele está publicando são cópias do tema favorito de qualquer indivíduo: ele próprio. Dan se *preocupa* com a questão de publicar ou morrer? Somente num sentido místico, metafísico. Dan nada mais é que um fragmento de carbono e um monte de aminoácidos. Não seria correto afirmar que ele se *preocupa* com qualquer coisa. *Nós* podemos nos preocupar, agora que lhe demos um nome e passamos a gostar dele, mas, na verdade, a morte de Dan significaria unicamente que os átomos do universo seriam reordenados de modo ligeiramente diverso. O mecanismo de replicação de DNA continuaria atuante, publicando cópias de Dan, Diane, Denise, Doug e Arturo. A vida seguiria seu curso.

Vamos pressupor, porém, que Dan é um daqueles segmentos de DNA que se replicam extremamente bem – tão bem que você encontrará Dan em 100% da raça humana, para não dizer num bom número de chimpanzés, babuínos e macacos. Na verdade, as origens de Dan podem remontar aos primeiros mamíferos, e até mesmo aos peixes. Uau! Dan deve ser um gene a serviço de alguma coisa muito importante, certo? Dan deve ser a receita genética de nossa coluna vertebral, de nossa corrente sanguínea ou de nosso sistema nervoso central, certo? Se assim não fosse, como poderia Dan ter sobrevivido por tanto tempo, a menos que ele seja um gene da mais extrema importância para a nossa sobrevivência?

Alto lá... Vamos com calma. Eu estava vendo as coisas a partir do meu próprio ponto de vista. Posso perdoar-me por isso, uma vez que faz parte da natureza humana, mas voltemos agora ao ponto de vista de Dan. Vemos então que tudo que Dan faz é produzir uma enzima que encaixa mais cópias dele mesmo nos filamentos de DNA. E nada além disso. Tudo que Dan faz é proteger seu próprio emprego. (A esta altura, toda e qualquer semelhança com os professores universitários é pura coincidência.)

Dan não é um gene "a serviço de" qualquer coisa que aumente a sobrevivência dos seres humanos. E nem precisa ser, assim como nenhum ser humano precisa fazer seja lá o que for para que o sol continue a brilhar. Dan mora numa fábrica de DNA e simplesmente tem a coisa certa para se replicar nesse meio. No momento em que escrevo, a pesquisa continua a mostrar que vastos segmentos de DNA em nossos próprios cromossomos não parecem ter nenhum efeito sobre nosso desenvolvimento. Isso é surpreendente se acreditarmos que a evolução gira em torno de nós, mas, do ponto de vista de Dan, não é mais surpreendente do que o fato de que boa parte da atividade humana nada faz para beneficiar a sobrevivência da Terra.

Dan não passa de um segmento de DNA que é bom para se replicar em seu meio. Esse meio consiste:

— Nas células do nosso corpo e em todos os mecanismos que, no interior delas, se destinam a replicar DNA.

— No outro DNA que, por acaso, vive na mesma célula de Dan. Sem esse outro DNA, boa parte do qual faz com que nosso corpo e nossa mente se desenvolvam e reproduzam, Dan morreria conosco.

— Em nós, levando nossa vida e desenvolvendo nossas atividades. Não vivemos tanto quanto os elefantes, que também hospedam Dan, mas somos muito mais prolíficos... e somos excelentes hospedeiros, pelo menos até descobrirmos a cura do câncer, que, por intermédio da replicação desvairada de grandes quantidades de Dan, era um dos pequenos prazeres de sua vida.

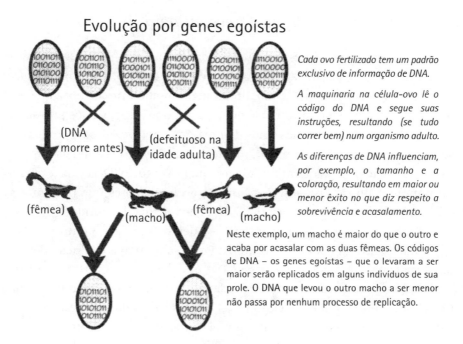

Os genes, codificados no DNA, podem ser vistos como um programa de computador executando o "hardware" de uma célula. O programa "gera" um organismo cuja "missão" consiste em disseminar cópias de seu programa de DNA por meio do acasalamento com outros organismos semelhantes.

— Nosso meio ambiente. Dan vinha tendo muito sucesso com os dinossauros até que alguma coisa aconteceu. Por sorte, como ele havia se garantido contra riscos ou prejuízos, tinha ações de outros organismos na época, mas alguns de seus amigos genéticos tinham um excesso de ovos numa cesta e foram eliminados juntamente com os dinossauros.

Tudo isso trabalha em conjunto para criar um meio ambiente para Dan. Na verdade, o universo inteiro é o meio ambiente de Dan; sua competência como replicador é influenciada, em maior ou menor grau, por todas as coisas existentes. Como afirmou o poeta John Donne, nenhum homem – ou Dan – é uma ilha.

E assim nos despedimos de Dan, esse excelente replicador. Ele foi bem tratado pela evolução. Porém, antes de abandonarmos o tema da evolução genética, examinemos outra questão...

... O que significa, exatamente, evoluir _para...?_

Em sua maioria, as pessoas que estudaram biologia no colégio pressupõem que a evolução está fazendo com que nós – e, claro, os outros animais – nos tornemos seres cada vez mais aptos, melhorando firmemente a qualidade de vida na Terra e no universo. Com o passar do tempo, vamos presumindo, complacentes, que os mais aptos dentre nós sobreviverão, se reproduzirão e criarão uma raça humana maior, melhor e mais forte. Os animais também vão evoluir, e não vai demorar muito para que o Kentucky Derby dure apenas um minuto,[20] ou que nossos cães fiquem tão inteligentes que passem a se autodomesticar. Então exclamaremos: "Que maravilha de mundo!"

Também é possível que você não se deixe empolgar muito por essa noção da sobrevivência dos mais aptos. Por que motivo a evolução deveria nos tornar mais férteis e mais fortes? Por que deveríamos nos transformar numa raça de monstros musculosos e fanáticos por sexo? Por que não dar uma chance aos Stephen Hawkings e às Helen Kellers da vida – afinal, hoje dispomos de tecnologia capaz de superar tantas deficiências ou disfunções fisiológicas, psíquicas ou anatômicas. Talvez a evolução venha a favorecer os intelectos verdadeiramente superiores, ou mesmo as grandes contribuições ao mundo!

Não precisamos discutir nenhuma dessas questões, pois a evolução não favorece nenhuma delas.

A evolução genética favorece a replicação dos DNAs mais aptos. E, por "mais aptos", refiro-me àqueles com melhores condições de replicar-se. Portanto, enquanto formos bons soldados para os replicadores de DNA e continuarmos a nos multiplicar e expandir, a evolução genética irá nos favorecer. Mas ela também favorece os insetos, que nos excedem muitíssimo em número, e, sem dúvida, os vírus, que se introduzem parasiticamente em quaisquer mecanismos de replicação que possam encontrar, como nós, e que o fazem com grande eficiência. Se os vencedores somos nós, os insetos ou os vírus, tal colocação não passa de um critério a ser utilizado como base para referência ou comparação. O que está evoluindo é o DNA, e nós simplesmente desempenhamos um papel nesse processo.

---

20. Competição anual de turfe realizada em Louisville (Kentucky, EUA), conhecida como "os dois minutos mais empolgantes do esporte". (N. do T.)

Evolução, não engenharia

A evolução de genes ou de memes reflete o resultado casual e complexo de uma luta ininterrupta, e não o produto de um projeto concebido com brilhantismo.

Qual é a diferença entre evolução e engenharia? Engenharia significa a concepção de um todo a partir de partes que se harmonizam com seus objetivos individuais. Evolução é o processo de mudanças incrementais minúsculas, cada qual adicionando um pequeno ou grande avanço na capacidade de uma coisa sobreviver e reproduzir-se. Um bom engenheiro evita a "solução improvisada" (*kluge*) – jargão para algo que funciona bem, mas carece de elegância ou eficiência lógica. A solução improvisada, porém, é vista com bons olhos pela evolução. O encontro inesperado de um novo objetivo para uma parte, sem reduzir significativamente sua antiga função, constitui um aspecto fundamental do processo evolutivo.

Um exemplo clássico de solução improvisada em atuação no processo evolutivo é o olho humano. Na verdade, os nervos que conectam as células sensíveis à luz ao cérebro saem da *frente* da retina, e não da parte de trás – a "rede elétrica" se projeta para o campo de visão do olho. É difícil imaginar um engenheiro, principalmente Deus, projetando uma coisa dessas. A evolução, porém, utilizou aquilo de que dispunha e, ao longo de uma sucessão de soluções improvisadas, criou um olho. Você pode imaginar uma criatura primitiva dotada de uma célula sensível à luz que evoluiu, durante milhões de anos, até se transformar numa fonte de visão cada vez melhor. Na época em que a célula sensível à luz era simples, não havia vantagem alguma em direcioná-la para um lado ou para outro. Quando ela se desenvolveu, por intermédio de uma série de soluções improvisadas, de modo a tornar-se um olho complexo, com uma lente de focalização, não era mais possível "reprojetá-lo" de modo que a "fiação" saísse pela parte de trás...

O que torna tão difícil decifrar o DNA é essa natureza improvisadora da evolução. Se o DNA funcionasse como um programa de computador, com seus bilhões de "linhas de código" claramente divididas em funções e sub-rotinas, a esta altura já o teríamos submetido à engenharia reversa. Os políticos estariam disputando votos com base em suas concepções sobre a

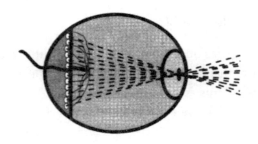

Num exemplo clássico da natureza improvisadora da evolução, o olho humano tem uma "rede elétrica" que percorre a frente da retina, e não sua parte posterior, como faria um engenheiro que estivesse projetando um olho. No passado, a complexidade do olho foi tida como prova da existência de um Criador sobrenatural, pois parecia difícil acreditar que um órgão de tamanha complexidade pudesse ter-se desenvolvido por seleção natural. Hoje, os biólogos sabem que os olhos evoluíram independentemente, por seleção natural, dezenas de vezes em diferentes espécies.

moralidade do fato de produzirmos criaturas a partir do zero, por meio da engenharia genética. Se o DNA funcionasse desse jeito, os engenheiros genéticos poderiam projetar (e, supõe-se, patentear ou registrar seus direitos autorais) qualquer animal ou organismo que conseguissem imaginar: poderíamos criar (ou proibir legalmente a criação de) gado de corte cujo abate se destinasse à produção de alimentos absolutamente saudáveis; bactérias que pudessem ser injetadas em nossa corrente sanguínea e curar tumores cancerosos ou eliminar as placas nas artérias; até mesmo animais de estimação que já nascessem treinados para trazer nossos chinelos, latir para estranhos, trazer o jornal, preparar o jantar...? Feliz ou infelizmente, o debate moral sobre esses biodispositivos manufaturados parece que ainda terá de esperar alguns anos para ocorrer.

É por esse motivo que o DNA e a evolução não funcionam como um engenheiro de software redigindo um programa de computador. O DNA evolui por mutação, por pequenos fragmentos de reversão, por recombinação de material genético cromossômico, por inserções em um lugar e eliminações em outro, resultando em alguma diferença, grande ou pequena, no desenvolvimento do embrião e, por fim, do organismo plenamente desenvolvido. Porém, com exceções pouco significativas, não existe uma relação de perfeita equivalência entre qualquer segmento de DNA e um pedaço específico do organismo adulto resultante. Ao contrário do que afirma uma conhecida metáfora, o DNA não é um projeto detalhado para a construção e operação do corpo humano (ele não é um "diagrama" do corpo humano).

No DNA não há nenhum lugar que represente o dedo indicador da mão direita ou a unha do dedo mínimo do pé.

É bem verdade que os cientistas descobriram alguns filamentos de DNA humano que, na medida em que diferem entre os indivíduos, parecem indicar mudanças correspondentes na aparência deles, como a cor dos olhos, o tipo sanguíneo ou a suscetibilidade a diversas doenças. Contudo, o número desses filamentos é minúsculo em comparação com a quantidade total de DNA, e, como afirmei há pouco, os cientistas parecem estar chegando à conclusão de que, nos seres humanos, existem grandes sequências de material genético que aparentemente não exercem nenhum efeito em seu hospedeiro.

Isso é surpreendente? Só se olharmos para o DNA a partir do antigo ponto de vista de sua função centrada nos animais. Se olharmos para o DNA como o meio de um animal se reproduzir, não faz sentido haver grandes filamentos de DNA sem nenhuma função. É o mesmo que excesso de bagagem.

Do ponto de vista do DNA, porém, faz todo sentido. Do ponto de vista do material genético, o ser humano que resulta da presença de DNA em células sexuais masculinas e femininas é simplesmente o meio mais eficaz que a natureza encontrou para produzir mais do mesmo. O DNA utiliza a segurança do útero materno para produzir células e mais células contendo cópias de si mesmo e, finalmente, para criar um novo indivíduo (ou gêmeos, talvez) pronto para seguir seu caminho e ajudar o DNA a multiplicar-se novamente. Costumávamos especular por que era necessário que cada célula contivesse uma cópia completa do DNA, tendo em vista que aparentemente não havia função alguma para essa cópia. Bem, não é necessário; estávamos apenas sendo terrivelmente egocêntricos!

> Do ponto de vista do DNA, ter cópias de si mesmo é a razão de ser da *nossa* existência.

No DNA não há concorrência por alimento ou parceiro de acasalamento – nós cuidamos de toda essa competição *para* ele –, de modo que a natureza não se sente muito estimulada a remover qualquer excesso de bagagem do próprio DNA. Ele apenas fica em pequenos núcleos seguros, dentro de pequenas células seguras, dentro de pequenos corpos seguros que – com exceção dos seres humanos, que parecem ter atingido um novo estágio de evolução –, dedicam todas as suas pequenas vidas a encontrar pares apropriados, que ajudarão seu DNA hospedeiro a fazer cópias de si mesmo.

Parece exagero? Não, desde que você tenha em mente o fato de que as espécies evoluíram sempre a partir dos mais aptos – dos mais aptos a se replicarem –, com o DNA sendo selecionado e copiado, selecionado e copiado ao longo de milhões de anos. Algumas características e comportamentos estranhos podem ser explicados como resultado da evolução dos genes egoístas.

A evolução das espécies

Eu estava lendo uma dessas coletâneas de respostas a perguntas irritantes[21] como, por exemplo, "Por que os livros têm páginas em branco no final?" e "Por que, nos elevadores, o botão para fechar a porta não funciona?", quando deparei com a pergunta "Qual é o objetivo do espermacete na cabeça dos cachalotes?" O autor citava várias autoridades, cada qual apresentando uma hipótese verossímil sobre o objetivo em questão. Todos propunham maneiras diferentes pelas quais a bolsa de espermacete poderia beneficiar a sobrevivência ou a reprodução do cachalote, embora todos tendessem a falar como se o mecanismo de armazenagem do espermacete fosse concepção de um engenheiro, e não que tivesse evoluído por meio da seleção natural do DNA.

O objetivo geral de qualquer característica desenvolvida por meio da evolução consiste em fazer cópias de algum replicador – o DNA que faz com que tal característica se desenvolva. Em geral, isso significa que a característica ajuda o animal a fazer uma de duas coisas: sobreviver ou reproduzir-se. No caso da bolsa de espermacete do cachalote, é provável que o ajude a sobreviver, e talvez tenha evoluído a partir de cachalotes sem a bolsa de espermacete, ou com uma bolsa muito pequena, ou com uma bolsa em outra parte do corpo – não temos como saber.

---

21. Feldman, David. *When Did Wild Poodles Roam the Earth?* (HarperPerennial, 1992). Os livros têm páginas em branco no final porque as prensas imprimem muitas páginas por vez numa única folha chamada *signature* ("caderno" ou folha única em que são impressas várias páginas; depois de dobrada e dependendo do tamanho e do formato da publicação, poderá resultar em 16 ou 32 páginas). Se o livro pronto não tiver um número igual de *signatures*, haverá folhas em branco. Nos elevadores, o botão para fechar a porta é basicamente usado por bombeiros em operações de emergência. Embora ele às vezes a feche durante uma operação normal, o mais comum é que permaneça desativado.

Mas há outras possibilidades. Embora a aliança entre os replicadores de DNA e seus animais hospedeiros seja forte, não chega a ser perfeita. Às vezes, o que mais interessa ao DNA não é o mesmo que interessa ao hospedeiro. Usarei o cachalote como exemplo hipotético.

Suponhamos que, anos atrás, os cachalotes não tinham bolsa de espermacete. De repente, por meio de uma mutação ou variação, um cachalote macho nasceu com uma bolsa de espermacete que tornou sua cabeça um pouco maior, porém à custa da diminuição de seu espaço cerebral e, consequentemente, da velocidade de seu deslocamento na água. Essas duas modificações tornaram-no mais suscetível aos predadores e menos capaz de encontrar alimento, reduzindo, portanto, sua expectativa de vida.

Contudo, essa mutação na bolsa de espermacete teve um efeito colateral interessante. Uma das características dos cachalotes machos que sempre atraíram sexualmente os cachalotes fêmeas era a maior cabeça do macho. Quando essa bolsa de espermacete apareceu, ainda que constituísse um pequeno obstáculo à sobrevivência do animal, ele passou a atrair mais fêmeas do que normalmente o faria. Por conseguinte, seu número de acasalamentos tornou-se muito maior, e ele transmitiu a bolsa de espermacete para a metade de seus descendentes.

O mesmo aconteceu com esses descendentes, e rapidamente os pobres cachalotes machos de cabeças menores foram relegados ao celibato, enquanto os de cabeças maiores, porém mais broncos e mais lentos, tornaram-se os favoritos das fêmeas. Nesse caso hipotético, se as coisas realmente ocorreram desse jeito, a evolução favoreceu o replicador de DNA egoísta, aquele que foi responsável pela bolsa de espermacete que aumentou a capacidade de sobrevivência da espécie dos cachalotes. Nunca ouvi ninguém especular sobre qualquer coisa desse tipo acerca dos cachalotes, e utilizei um exemplo totalmente fictício para não entrar em discussões com biólogos evolucionistas, mas alguns cientistas têm apresentado teorias semelhantes sobre as penas do pavão.

Por que algumas aranhas, por exemplo, executam rituais tão complexos para determinar exatamente com qual membro do sexo oposto pretendem acasalar, muito embora uma descendência fértil, sem qualquer diminuição aparente de aptidão, pudesse ser produzida pelo cruzamento com qualquer uma das diversas variedades disponíveis de aranhas? Uma vez mais, estamos vendo as coisas a partir do ponto de vista da aranha, que não reflete o que aconteceu ao longo da evolução. Essas meticulosas danças de acasalamento são o modo de o DNA assegurar que o cruzamento terá a mesma sequência de DNA que levou ao comportamento "dançante".

A dança da aranha é o equivalente genético da Nintendo usar, em seus videogames, um artifício especial que não deixe que os cartuchos de outras empresas funcionem em suas máquinas. Pode haver muitas outras variedades de cartuchos de jogos que você, como consumidor, pode preferir. Mas só existe uma variedade que garante os lucros da Nintendo, assim como só existe uma espécie que garante a replicação do DNA para o fabricante do organismo – o próprio DNA.

> A evolução sempre favorece os replicadores egoístas. Em geral, a sobrevivência e a reprodução de um animal contribuem para o mesmo objetivo de cópia e propagação, por parte do replicador, mas este sempre vencerá quando houver um conflito.

O fim de uma era

Esta é a história da evolução *genética*, a história bem-sucedida do DNA, na qual só desempenhamos um pequeno papel de coadjuvantes. Mas não se desesperem: nosso estrelato está à nossa espera. A não ser pelo fascínio intelectual que por ela temos, a evolução genética exerce muito pouco efeito sobre nossa vida cotidiana. Preocupar-se com a evolução genética é um pouco parecido com preocupar-se com a possibilidade de ser atropelado por uma geleira: a menos que você esteja pensando em ficar imóvel nos próximos milênios, o impacto será praticamente inexistente. No que diz respeito a nossa vida individual, a evolução genética está consumada. Com sorte, nem o seu DNA nem o meu vão evoluir durante nosso tempo de vida.

É o fim da era do DNA, mas não o fim da história. Para nós, é só o começo. Mencionei, há pouco, o fato de que os seres humanos parecem ter atingido um estágio de evolução superior. Ao dizer isso, não estou apenas afirmando nossa superioridade moral, ou que somos as criaturas escolhidas por Deus, ou qualquer coisa do tipo, embora isso possa ser verdade. O que quero dizer é que nossa mente, vida e cultura são influenciadas pela evolução de alguma coisa além do DNA. Isso porque, enquanto a evolução genética acontece tão lentamente que chega a ficar dificílimo acreditar nela por meio da razão, há um novo tipo de evolução acontecendo com tamanha rapidez que deixa o DNA numa nuvem de pó darwiniana. Trata-se da evolução de alguma coisa ainda mais próxima e dileta a nós do que o DNA.

Alguns milênios atrás, o DNA era o método principal, no universo conhecido, para armazenar e replicar informações. É por isso que não se pode falar sobre evolução sem falar sobre DNA: a evolução diz respeito à replicação e à informação, e quase todas as informações na Terra estavam armazenadas no DNA.

Hoje, dispomos de outro meio para armazenar informações – um meio que replica, transforma e dissemina muito, muito mais rapidamente do que o DNA. Temos um meio tão eficaz para a evolução que novos replicadores podem ser criados, testados e difundidos incontidamente, em todos os dias, ou mesmo horas, em comparação com os milênios do DNA. O novo meio é tão mais interessante e importante do que o DNA para nossa vida cotidiana que, em comparação, a evolução genética é praticamente inexistente. Qual é o nome desse meio novo, avançado e prolífico para a evolução?

Ele atende pelo nome de *mente*, e o replicador que evolui em nossa mente é chamado de *meme*.

♦ ♦ ♦

5

A evolução dos memes

*"É possível resistir a uma invasão de exércitos,
mas não a uma ideia cujo tempo chegou."*

— atribuído a Victor Hugo

Depois que nossos cérebros evoluíram a ponto de podermos receber, armazenar, modificar e comunicar ideias, de repente surgiu um novo ambiente que tinha as duas características necessárias para a evolução: copiar e inovar. Nosso cérebro, que se formou a partir de uma utilidade cada vez maior no processo de manter os hospedeiros do DNA (isto é, nós) vivos e capazes de se reproduzir, de repente se viu sob os holofotes da evolução.

A recente inovação da mente humana não era apenas *outro* espaço para a evolução, além da célula; era um espaço *muito melhor*, simplesmente porque a evolução ocorre bem mais rapidamente. As forças biológicas que desenvolveram nosso cérebro a ponto de formar nossa mente foram então superadas um milhão de vezes pelas novas forças meméticas que estavam desenvolvendo nossos pensamentos, nossa sociedade e nossa cultura. A evolução do meme estava assegurada.

> Um meme é um replicador que utiliza o espaço da nossa mente para replicar-se. A evolução dos memes ocorre porque nossa mente é eficiente em copiar e inovar – ideias, comportamentos, canções, formas, estruturas etc.

O gene egoísta da mente

Geneticamente, evoluímos até o ponto de sermos dotados de uma mente devido a um gene egoísta da mente ou a algum precursor da mente que ofereceu, aos possuidores de tal gene, uma vantagem em termos de sobrevivência. Com essa vantagem, sobrevivemos e nos multiplicamos, replicando o gene egoísta da mente.

O DNA que levou à criação de nossa mente certamente não é tão apto quanto aquele que tornou os insetos pequenos, rápidos e com exosqueleto duro. Há muito mais insetos do que pessoas, e nem mesmo somos eficientes em nossas batalhas com os insetos para ver quem vai viver onde. Mas não resta dúvida de que nossa mente é uma vantagem para nós e, portanto, para o nosso DNA hospedeiro, o que nos faz estar aqui, neste momento, alardeando pensamentos profundos e convencidos de que somos os maiorais. Que assim seja...

Do ponto de vista do DNA, é evidente que só existe um motivo pelo qual ainda estamos aqui: para continuarmos a nos multiplicar. Contudo, a única maneira de o DNA alcançar seu objetivo é o processo glacialmente lento da evolução genética, mais ou menos um passo a cada vinte anos, em comparação com a velocidade vertiginosa da evolução dos memes, na qual uma ideia se transforma no tempo necessário para se ler uma frase.

Como a evolução memética ocorre com rapidez tão maior, grande parte do que fazemos com nosso cérebro tem pouco a ver com a evolução genética. O fato de alguém ser um gênio – fazer progredir o estado da ciência ou da tecnologia, criar obras de arte ou escrever peças teatrais – significa que tudo isso se resume a usos extemporâneos de nosso cérebro que se sobrepõem aos usos que levaram essas pessoas geniais a seguir em frente e multiplicar-se.

Não estou dizendo que podemos ignorar totalmente os genes a partir de agora. Circulam rumores alarmantes sobre a diminuição do nível geral de inteligência devido ao fato de as pessoas inteligentes terem poucos filhos.[22] Se existem genes que levam as pessoas a adotar memes que restringem o número de seus descendentes, eles morrerão no período de poucas gerações, em favor de genes competitivos que levam as pessoas a adquirir memes favoráveis à gestação de novos seres.

Portanto, com uma última observação – a de que nos mantenhamos atentos ao nosso espelho retrovisor mental para verificar, de vez em quando, o progresso da evolução genética –, passemos para a pista de alta velocidade na qual, ao longo de todo este livro, estaremos na companhia dos memes.

O meme igualmente egoísta

Compreender a evolução dos memes exige uma boa dose de raciocínio pouco convencional. Por exemplo, não faz o menor sentido falar em *objetivo* quando o assunto é a evolução, como na pergunta "Qual era o objetivo evolutivo da mente?", uma vez que objetivo é algo que depende de um ponto de vista.

> O mecanismo da evolução não tem nenhum objetivo em si mesmo; trata-se simplesmente da inexorável luta dos replicadores por quaisquer mecanismos de replicação que estejam disponíveis.

Se Minerva for o nome do filamento de DNA responsável pela diferença entre mente e ausência de mente, teremos que, do ponto de vista de Minerva, o objetivo de nossa mente é garantir a segurança e a replicação de

---

22. É conhecido o fato de que um membro da Mensa, a sociedade internacional que reúne pessoas com um QI na faixa dos 2% superiores da população, fez uma afirmação pública (reproduzida logo abaixo), aparentemente numa tentativa de preservar a aptidão do DNA que produz uma inteligência superior:

Quanto mais inteligente você for, mais filhos deve ter.

Embora um apelo desse tipo possa parecer um eco distante do sonho genocida de Hitler, que queria povoar a Terra com uma raça superior, poucas coisas são mais controversas do que sugerir a procriação seletiva de seres humanos, seja lá qual for o objetivo em questão!

Minerva. Do *nosso* ponto de vista, o objetivo de Minerva consiste em nos prover de mentes. É uma questão de perspectiva.

Em vez de observar a evolução dos memes do nosso ponto de vista, como costumamos fazer, precisamos observá-la a partir do ponto de vista do meme, como se ele agisse em benefício próprio, de maneira egoísta, e fizesse todo o possível para reproduzir-se e difundir-se por toda parte. Claro está que o conceito de "meme egoísta" não lhe atribui nenhuma consciência ou motivação; significa, apenas, que podemos entender melhor as coisas se olharmos para a evolução a partir do ponto de vista do meme.

> A evolução das ideias, da cultura e da sociedade gira em torno do meme egoísta, exatamente como a evolução das espécies gira em torno do gene egoísta.

Repetindo mais uma vez, o que afirmei acima não é a Verdade, mas apenas um modelo útil. E ver a vida desse jeito pode ser um remédio amargo demais para se engolir – afinal, estamos acostumados a pensar em nós mesmos como pessoas brilhantes e independentes em seu modo de pensar, não como participantes do jogo do meme –, mas trata-se de um remédio que alivia boa parte da dor de cabeça de entender o modo de funcionamento da cultura.

O ponto de vista do meme

Do ponto de vista do meme, nossa mente existe com a única finalidade de fazer cópias dele. Não estou afirmando que o meme tem um ponto de vista, mas apenas que, se ele o tivesse, é assim que seria. O meme egoísta é tão egoísta quanto o gene egoísta, e o conceito é igualmente vazio de qualquer sentido literal. O único motivo de todo esse empenho mental em ver o mundo a partir do ponto de vista de replicadores irracionais está no fato de lançar muita luz sobre uma situação bastante confusa.

Do ponto de vista do meme, portanto, não apenas nossas mentes e cérebros, mas também todos os nossos corpos, cidades, países e, sem dúvida, todos os nossos aparelhos de TV, devem sua existência a esse objetivo egoísta. É importante compreender bem isso. Se os aparelhos de TV não fossem úteis para a cópia de memes (um candidato óbvio é o meme estratégico *Tenha uma TV*), esses aparelhos simplesmente não existiriam! Sem dúvida, eles não evoluíram biologicamente!

> Os aspectos mais populares e influentes de nossa cultura são os que copiam memes com mais eficiência.

Todos os aspectos de nossa cultura que vão além do que vemos nas culturas de animais – e talvez até isso – são produto da evolução dos memes. As ideias mais populares são aquelas que se espalham mais rapidamente. A arte mais popular é aquela que tem os memes mais aptos. A televisão é um dilema para a evolução dos memes: os programas que não caem no agrado dos espectadores desaparecem rapidamente, substituídos por uma variedade infinita de mutações e variações. Ideias para gerir seus negócios, administrar suas finanças e melhorar de vida tornam-se predominantes não porque sejam melhores para você, mas porque são os *melhores disseminadores*. Essas duas coisas são às vezes associadas, mas o comum é que não o sejam.

O que torna um meme eficiente em propagar-se – o que faz dele um bom replicador? Temos muitas maneiras de disseminar memes – o discurso oral, o escrito, a linguagem corporal, a imitação servil, a televisão –, mas por que alguns memes, como as proverbiais más notícias, têm uma difusão tão rápida... enquanto outros, como aqueles dos programas de TV que não fazem sucesso, desaparecem rapidamente? Para responder a essa pergunta, podemos começar por especular sobre a própria origem da evolução dos memes, remontando à época em que a evolução genética exercia mais influência sobre o conteúdo do nosso cérebro do que a evolução memética – de volta ao tempo em que a seleção natural escolhia, dentre as alternativas disponíveis, o DNA para cérebros inteligentes.

O objetivo do nosso cérebro

Inicialmente, o único objetivo do nosso cérebro consistia em ajudar nosso DNA a fazer cópias de si mesmo. Para ajudá-lo da melhor maneira possível nessa empreitada, era preciso que sobrevivêssemos, que nos uníssemos a outras pessoas que compartilhassem a maior parte desse DNA e tivéssemos o maior número de filhos possível – ou seja, que nos reproduzíssemos. Originalmente, o objetivo do nosso cérebro era um (ou mais do que um) dos seguintes:

- Aumentar nossas chances de sobrevivência até a idade de nos reproduzirmos, e além dela também
- Aumentar o número de nossos filhos
- Aumentar nossas chances de encontrar um parceiro para acasalamento, alguém que provavelmente produzisse a maior parte do DNA responsável pelo cérebro

A televisão ajuda a copiar memes, inclusive o meme *Tenha uma TV*.

Em outras palavras, nosso cérebro nos tornou melhores nos quatro impulsos primários que caracterizam os animais, carinhosamente chamados pelos zoólogos como os "quatro *Fs*": lutar, fugir, alimentar-se e – mas é claro! – encontrar um parceiro.[23]

Diversos mecanismos cerebrais já estavam em atuação, no que diz respeito a esses impulsos, mesmo antes do passo evolutivo que nos deu uma mente consciente. Compartilhamos esses mecanismos com outros animais:

---

23. Em inglês, *fighting, fleeing, feeding* e *finding (a mate)*. (N. do T.)

o medo, o envio e a recepção de signos verbais e visuais, a memória e o movimento instintivo de pertencer a um grupo. Todos esses mecanismos ajudam na replicação do DNA.

As três classes em que dividi os memes no Capítulo 2 provêm de alguns usos muito primitivos do nosso cérebro, uso que mantiveram a sobrevivência e a reprodução. Até mesmo o cérebro dos animais pode ser programado com distinções (o rosto da mãe, um predador, alimento comestível); estratégias (caminhos a seguir, meios de descobrir alimento); e associações (lembranças de experiências agradáveis ou perigosas, de quem é amigo ou inimigo). Os memes têm por base essas funções cerebrais básicas; elas fazem parte do "projeto de hardware" do software chamado *memes*.

A evolução da comunicação

À medida que os animais evoluíram, os que tinham maior capacidade de comunicar certas informações tenderam a sobreviver e a reproduzir-se melhor do que os outros. Que tipo de informações? Voltando aos quatro *Fs*: informações sobre perigo, sobre a localização do alimento e sobre o fato de estarem prontos para se acasalarem.

Nossa mente tornou a cópia de ideias muito mais fácil para nós: os memes estratégicos, os memes distintivos e os memes associativos. Nunca é demais enfatizar a importância da cópia para a evolução da nossa cultura e do conjunto de nossos conhecimentos. Se nossas mentes não tivessem a capacidade de copiar ideias umas das outras, todos nós estaríamos limitados ao conhecimento que pudéssemos obter para nós mesmos no transcurso de uma única vida.

Em algum momento, nossa mente evoluiu a ponto de desenvolvermos a linguagem. A linguagem fez explodir a evolução dos memes. Ela revolucionou a comunicação ao tornar possível criar novos conceitos e novas distinções; associar uma coisa a outra; e compartilhar estratégias. Os animais inferiores não conseguiram fazer o mesmo. Desse modo, estava ganha a batalha para o aperfeiçoamento contínuo da comunicação, favorecendo a sobrevivência e a reprodução.

Existem duas maneiras fundamentais de aperfeiçoar a comunicação: falar mais alto ou ouvir mais de perto. Sem dúvida, podemos esperar que a seleção natural favoreça os animais que se vangloriam verbalmente, visualmente ou de outro modo qualquer, sobre suas façanhas sexuais, em detrimento daqueles que esperam, timidamente, que o sr. ou a sra. Ideal tome a iniciativa de aproximação. É um pouco mais difícil perceber por que a seleção "egoísta" favoreceria a tendência de dar um grito e deixar que outros sejam informados sobre o perigo ou a localização do alimento, mas faz sentido quando nos damos conta de que o gene "do grito" provavelmente seja compartilhado entre o que grita e seus ouvintes. Lembrem-se de que o enfoque seletivo da evolução genética são *genes*, não indivíduos.

Na esfera dos que ouvem, a seleção natural tenderá a escolher um animal propenso a pôr qualquer coisa de lado e ficar atento a informações importantes, e não aquele que tende a ignorá-las. Do ponto de vista do gene, informações importantes são tudo aquilo que protege e aumenta o número de cópias dele próprio – isto é, informações sobre perigo, alimento e sexo. Se a mamãe de Bambi tivesse apurado os ouvidos um pouquinho antes, é bem possível que hoje estivesse viva para contar a história de como ela ouviu, na hora H, o galho de árvore quebrando sob a bota do caçador.[24]

A comunicação evoluiu a fim de comunicar coisas muito específicas: perigo, alimento e sexo. Portanto, nós – como resultado da evolução dos animais – temos a tendência tanto de falar sobre quanto de prestar atenção ao perigo, ao alimento e ao sexo, de preferência a outros temas.

> Os memes associados a perigo, alimento e sexo espalham-se mais rapidamente do que outros porque somos condicionados a prestar mais atenção a essas coisas – temos *botões* a serem acionados em tudo que diz respeito a elas.

A origem dos memes

Quais eram os memes originais que, de tão importantes para nossa sobrevivência e reprodução, proliferaram graças à comunicação entre os seres humanos? Podemos imaginar:

---

24. É claro que os cervos não tiveram muito tempo para se adaptarem à invenção recente das armas de fogo, mas não devemos nos surpreender se, daqui a algumas gerações, a maioria deles já tiver visão em cores, couros espessos ou até mesmo cabeças desfiguradas que ninguém gostaria de ter como troféu. Em algumas partes do sudoeste dos Estados Unidos, a variedade mais comum de cascavel é silenciosa: ela ergue e agita a cauda como de costume, mas esse movimento não produz nenhum som. Tudo indica que o barulho do guizo é sinônimo de morte.

— **Crise.** A rápida propagação do medo salvou muitas vidas ao alertar as pessoas rapidamente para o perigo. Vemos, em animais não dotados de consciência, a comunicação do meme da *crise* – por exemplo, nas fugas em debandada –, mas a comunicação do meme distintivo *crise*, aliado a detalhes específicos, teve mais valor em termos de sobrevivência.

— **Missão.** A capacidade de comunicar uma missão como, por exemplo, combater inimigos, construir abrigos ou encontrar alimento, deixou que as pessoas sobrevivessem em tempos de adversidade ou penúria. Os grupos humanos que, por serem capazes de trabalhar em conjunto na busca de um objetivo comum, e que se tornaram eficientes em enviar e receber o meme de *missão*, tinham um DNA mais apto do que aqueles que não desenvolveram tais aptidões.

— **Problema.** Identificar uma situação – como a falta de alimento, a competição por parceiros potenciais e assim por diante – como um problema a ser resolvido tornou cada indivíduo mais bem equipado para sobreviver e acasalar-se.

— **Perigo.** Em particular, o conhecimento sobre perigos potenciais, mesmo sem a implicação de crise imediata, era algo de grande valor. O conhecimento dos lugares onde os predadores caçavam, ou nos quais a água estava envenenada, era algo que aumentava muito as chances de sobrevivência.

— **Oportunidade.** A evolução dos seres humanos foi muito beneficiada pela capacidade de agir rapidamente, de modo a não deixar escapar qualquer vantagem que a eles se apresentasse – historicamente, alimento, presas ou parceiros para acasalamento.

Atualmente, todos esses memes estão conosco em grande número. Seria surpreendente se não estivessem, uma vez que, nos termos da escala evolutiva do DNA, só bem recentemente a evolução do nosso cérebro nos dotou de consciência e, consequentemente, da capacidade de comunicar grandes quantidades de memes. Hoje, porém, seria muito difícil encontrar em nosso planeta qualquer cultura ou subcultura que não esteja preocupada com crises, missões, problemas, perigos ou oportunidades, ainda que possa haver grandes divergências sobre a natureza dessas questões.

Façamos uma rápida verificação para ver se despendemos uma quantidade excessiva de nossa área de frequência na abordagem desses temas, de mistura com nossos velhos amigos, o medo, o alimento e o sexo: percorra alguns canais de sua TV. Dê uma rápida folheada no seu jornal. No momento em que escrevo este livro, a lista dos *best-sellers* de ficção está cheia de livros de suspense e de romances; e a lista de não ficção traz livros sobre doenças fatais (vírus!), vida sexual melhor, alimentos saudáveis e crises políticas, e um ou outro livro de autoajuda que ofereça uma centelha de esperança. E é provável que as pessoas só leiam *esses* livros por medo dos riscos que vão enfrentar se não os lerem! Sempre achei que o livro *The Doctor's Quick Weight Loss Diet* deve ter vendido um milhão de cópias só com base nos memes existentes em seu título. Que *oportunidade* de ver alguém em quem você *confia* tratar do *problema* de sua *crise* centrada em questões de *comida* e *atração física*!

Para ilustrar a eficácia dos memes *crise*, *missão*, *problema*, *perigo* e *oportunidade*, leia os dois parágrafos abaixo, que contêm descrições precisas de um livro sobre memes. O primeiro parágrafo não contém esses memes:

> O livro *Introduction to Memetics* é uma compilação de ideias sobre a ciência da memética. Cada capítulo resume um diferente tema desse campo. O livro também traz exemplos do impacto causado pela memética na vida das pessoas, apresenta dados históricos e oferece escolhas para o futuro.

O segundo está repleto de todos esses cinco memes:

> O livro *Vírus da Mente* expõe a crise iminente da nova e perigosa tecnologia conhecida como *memética*. O que vem a ser isso, e como podemos nos proteger contra seus efeitos nefastos? Nossa única chance é que todos leiam *Vírus da Mente* antes que seja tarde demais!

Uma reação comum seria pegar no sono na metade do primeiro parágrafo e ficar muito mais atento ao segundo. Você tem pouco controle sobre essa tendência: seu cérebro está programado para reagir assim. Talvez não tenha notado um certo *ceticismo* se insinuando enquanto lia o segundo parágrafo. O meme estratégico do *ceticismo* protege o conjunto dos memes que sua mente abriga em maior ou menor grau. Infelizmente, ele rechaça por igual tanto os memes benéficos quanto os prejudiciais.

Ativando nossos botões

Preste mais atenção agora, porque as coisas vão se complicar um pouco. Lembre-se: nosso cérebro não foi criado para nenhum fim específico; ele resultou de uma série incontável de soluções improvisadas ocorridas na seleção natural, com elementos distintos submetidos a testes, reforçados, enfraquecidos e combinados até que algo de interessante ocorreu e fez com que os genes responsáveis por tal coisa começassem a se reproduzir melhor do que os outros.

Foi assim que nosso cérebro (e o dos outros animais) evoluiu de modo a ficar muito atento às informações relativas a perigo, alimento e sexo. E, quando a evolução dos memes começou a decolar, os que foram bem-sucedidos inicialmente foram aqueles associados a perigo, alimento e sexo, entre outras coisas. Entre outras coisas? Sim, porque nosso cérebro tem a tendência natural de ficar atento a algumas outras coisas também. Rir e bocejar, por exemplo, são comportamentos contagiosos – nosso cérebro tende a reproduzi-los sempre que ocorrem ao nosso redor.

Contudo, quase todas as coisas às quais nosso cérebro se mantém atento evoluíram com a finalidade de manter nossa sobrevivência e reprodução. A complexidade surge porque a evolução genética simplesmente não parou no ponto em que estávamos preparados para perceber um tigre correndo em nossa direção, um alimento comestível ou uma pessoa do sexo oposto piscando para nós.

> A evolução avançou naturalmente, selecionando uma grande variedade de maneiras inteligentes, furtivas e indiretas de evitar o perigo, encontrar alimento e cortejar parceiros potenciais.

Antes da consciência, não tínhamos como entender essas estratégias em termos lógicos ou racionais, mas certamente tínhamos sentimentos, instintos e impulsos, e acreditamos que outros animais também os tinham.

Todos os animais têm quatro impulsos instintivos primários: lutar, fugir, alimentar-se e acasalar-se. Portanto, além de prestar atenção ao perigo, alimento e sexo, nosso cérebro foi equipado com duas maneiras de lidar com o perigo e outras duas para lidar, respectivamente, com alimento e sexo, sem a necessidade de pensamento consciente. Para funcionar, esses impulsos ativam partes apropriadas do nosso cérebro que, na ausência de nossa intervenção consciente, nos levarão a satisfazer a necessidade em questão. Mesmo que, por nossa intervenção consciente, nos abstenhamos de agir por impulso, perceberemos facilmente a existência e a atuação de tudo isso. Na verdade, temos nomes para os sentimentos específicos que acompanham os impulsos de lutar, fugir, alimentar-se e acasalar-se: *raiva, medo, fome* e *lascívia*.

Esses quatro sentimentos são uma presença tão forte em nosso cérebro que, por mais civilizados que possamos ser, em certas ocasiões percebemos que alguma coisa ou alguém está "ativando nossos botões" – dizendo ou fazendo algo que ativa em nós um desses sentimentos básicos. A associação fundamental remete, aqui, ao conceito de raiva, mas temos botões que, quando ativados, podem produzir sentimentos de medo, fome e lascívia com a mesma intensidade. Como seres humanos civilizados, certamente sabemos da inconveniência de ceder aos impulsos e *agir* quando esses botões são acionados, mas é muito, muito difícil deixar de *ficar atentos* quando isso acontece. E onde há atenção, há memes.

A ideia de prestar atenção desempenha um papel fundamental no entendimento dos memes. Um meme ao qual muitas pessoas prestam atenção será mais bem-sucedido do que outro que passe despercebido pela maioria. Assim, ao longo dos milhões de anos que foram necessários à ocorrência dos aspectos essenciais da evolução genética, não nos surpreende constatar que a maioria dos animais – nós, inclusive – apresenta a tendência genética de prestar atenção às coisas que foram importantes para fazer de nós o que somos hoje: perigo, alimento e sexo.

Em nossa busca por vírus mentais, portanto, os primeiros candidatos serão situações que ativam um ou mais desses quatro botões – raiva, medo, fome e lascívia – e que, ao fazê-lo, chamam nossa atenção, nossa preciosa atenção, para um uso de nossa consciência do qual certamente abriríamos mão após uma reflexão mais profunda.

Consciência

O aperfeiçoamento da comunicação teve enorme valor de sobrevivência na evolução dos seres humanos. Contudo, a inovação que nos torna humanos é a *consciência*. Trata-se da mesma inovação que faz de nós um meio tão maravilhoso para a evolução dos memes. De início, a consciência deve ter servido ao mesmo propósito de todos esses outros mecanismos cerebrais: ajudar nosso DNA a fazer cópias de si mesmo graças a nossa sobrevivência e reprodução. De que maneira a consciência ajudou? Não é difícil especular. Aqui estão algumas ideias:

- Favoreceu a melhor comunicação e cooperação entre as pessoas nas questões relativas a alimentação e autodefesa.
- Permitiu que se planejasse o futuro.
- A capacidade de resolver problemas tornou mais fácil encontrar alimento e parceiros para acasalamento.
- A maior capacidade de entender o mundo levou a um sucesso cada vez maior em todos os aspectos da vida.

É importante compreender quais são as prioridades do cérebro, pois elas se encontram na base dos nossos pensamentos.

> Os pensamentos profundos que temos e os modelos intelectuais elegantes que criamos são, todos, improvisados a partir dessas avançadas funções cerebrais de sobrevivência e acasalamento, as quais, por sua vez, se formaram com base em soluções improvisadas obtidas a partir das funções primitivas de sobrevivência e acasalamento – medo, raiva, fome e lascívia.

Botões de importância secundária

Será que a evolução genética parou por aí, a partir desses quatro impulsos primários? Não, a evolução seguiu seu curso. Nosso cérebro desenvolveu incontáveis estratégias secundárias para nos tornar melhores não apenas nos quesitos de sobrevivência e reprodução, mas também no da satisfação dos quatro impulsos de primeira classe. Eis aqui alguns impulsos instintuais secundários que algumas pessoas parecem ter e que, no conjunto, oferecem aos memes excelentes oportunidades de uso em benefício próprio.

— **Entrosamento.** O ser humano é gregário – isto é, gosta de companhia. Há várias razões evolutivas para a existência desse impulso, inclusive a segurança nos números, as economias de escala e, simplesmente, a presença de mais parceiros potenciais. Os memes que dão às pessoas o sentimento de pertencerem a um grupo têm uma vantagem sobre aqueles que não o fazem.

— **Distinção pessoal.** O impulso de fazer alguma coisa nova, original ou importante, oferece a um indivíduo maiores possibilidades de encontrar alimento ou abrigo, além de levá-lo a destacar-se entre os demais como um parceiro potencial. Qualquer meme que faz uma pessoa sentir-se notável, especial ou importante, ocupa uma posição vantajosa na evolução memética.

— **Dedicação ao próximo.** Uma vez que os humanos compartilham a grande maioria de seu DNA com todos os seus semelhantes, faz sentido que tenhamos desenvolvido um impulso de nos preocuparmos com o bem-estar dos outros.[25] Os memes que tiram proveito da generosidade de outras pessoas também levam vantagem na batalha por uma parte de nossa mente.

— **Aprovação.** O impulso de fazer o que é aprovado pelos outros, ou por você mesmo. À medida que os animais e os humanos evoluíram, formando sociedades, os indivíduos que desempenhavam seus papéis, quaisquer que fossem, foram mais competentes em perpetuar seus genes e, talvez, os genes compartilhados por outros membros de sua comunidade, do que aqueles que não seguiam as regras do jogo. Os memes bem-sucedidos ligam-se ao impulso das pessoas de obter aprovação e tiram proveito da culpa, vergonha e consternação que advêm quando isso não acontece.

— **Obediência à autoridade.** Era do interesse genético de um indivíduo – isto é, do interesse de seu DNA – reconhecer a autoridade de alguém mais poderoso ou sábio do que ele. A adesão à autoridade aumentaria as chances de sobrevivência e replicação de seu DNA, ao passo que a oposição a ela poderia resultar em sua morte ou em seu abandono pelo grupo.

---

25. De fato, tendo em vista que compartilhamos grande parte do nosso DNA com os mamíferos, é natural que nos preocupemos com *eles*. Seria interessante encontrar um estudo que estabelecesse uma relação entre o quanto as pessoas se preocupam com diversas espécies animais e que quantidade de DNA essas espécies têm em comum com os humanos. Aposto que cães e gatos superariam os chimpanzés, apesar do fato de estes compartilharem mais DNA conosco. Por quê? Ver p. 192.

O funcionamento desses memes secundários é semelhante ao dos memes essenciais: você tem algum tipo de *sentimento positivo* quando faz aquilo que o impulso o induz a fazer, ou um *sentimento negativo* quando deixa de fazê-lo. Esses sentimentos secundários frequentemente não são tão nítidos quanto a raiva, o medo, a fome e a lascívia, e nem sabemos se todos têm o mesmo tipo de sensações em decorrência do mesmo tipo de impulsos. Não obstante, as pessoas que têm o impulso de entrosamento ou de distinção pessoal sabem do que estou falando. O importante é que:

> As pessoas podem ter impulsos secundários associados a diferentes sentimentos fortes, e os memes que ativam esses sentimentos têm uma vantagem evolutiva.

Em resumo, somos mais atentos aos memes que acionam nossos botões porque isso faz parte de nossa natureza. Nossa tendência a dedicar uma atenção especial a esses memes torna-os mais passíveis de replicação e de incorporação à nossa cultura. Os memes que acionam nossos botões essenciais e secundários têm uma vantagem evolutiva sobre aqueles que não o fazem, ainda que estes últimos possam ser mais bem definidos ou deem maior sustentação à nossa qualidade de vida. Lembrem-se: a seleção natural não tem nada a ver com *qualidade* de vida; interessa-lhe apenas a *quantidade* de replicações.

Assim como o DNA faz cópias de si mesmo quando o organismo por ele gerado sobrevive e se reproduz, os memes se multiplicam quando o comportamento que eles provocam atrai atenção. Acionar nossos botões é uma excelente maneira de atrair atenção para um meme, de modo que os memes que nos aborrecem, seduzem, enfurecem ou apavoram tendem a se tornar muito mais difusos.

Memes mais aptos

A evolução dos memes ocorreu – e continua a ocorrer – rapidamente. Pode-se dizer que eles começaram a evoluir no exato instante em que nos tornamos capazes de copiá-los. Em sua evolução, afastaram-se daqueles tipos básicos que nosso cérebro foi criado para disseminar, e aproximaram-se daqueles que, por qualquer razão, se disseminavam melhor – eram memes mais aptos. Os memes evoluíram por intermédio de "organismos" culturais no meio ambiente da sociedade das mentes humanas, assim como o DNA evoluiu por intermédio de organismos no meio ambiente da Terra.

Além dos memes associados à sobrevivência que ainda estão conosco, existem alguns outros tipos que não parecem particularmente voltados a ajudar ou prejudicar nossa sobrevivência, mas que, por sua própria natureza, são aptos a propagar-se rapidamente – trata-se de memes cuja aptidão decorre simplesmente do fato de serem variações da ideia *Espalhe esse meme*:

— **Tradição.** Um meme estratégico para dar continuidade ao que se fez ou àquilo em que se acreditou no passado é automaticamente autoperpetuador. Não importa se a tradição é boa ou má, importante ou irrelevante. Vamos dizer que dispomos de dois serviços comunitários para adultos, o Kangaroo Club e o Slug Club.[26] O estatuto social do Slug Club enfatiza a tradição – reuniões nas manhãs de sábado, um breve ritual de esvaziar os saleiros antes do almoço e assim por diante; o Kangaroo Club enfatiza a novidade e a variedade. Em vinte anos, o meme *tradição* do Slug provavelmente ainda existirá, junto com o meme *Reuniões nas manhãs de sábado* e o meme *Esvaziar o saleiro*. Os memes originais do Kangaroo terão desaparecido por conta da variedade.

Uma vez que uma tradição tem início, ela segue em frente automaticamente, até que alguma coisa mais poderosa a interrompa. As pessoas infectadas com os memes *tradição* são programadas para "*repetir* esse meme no futuro e *difundir esse meme* entre as gerações futuras!". As tradições têm vida longa.

— **Evangelismo.** Qualquer meme que inclua explicitamente sua própria propagação entre outras pessoas tem uma vantagem adicional sobre outros memes. O evangelismo se associa frequentemente ao meme *missão*, tornando-o ainda mais poderoso. Não faz muita diferença se a coisa evangelizada é verdadeira ou falsa, boa ou má; o evangelismo funciona tão bem

---

26. O canguru (*kangaroo*) é um animal muito rápido – algumas espécies conseguem alcançar quase 60 quilômetros por hora –, de onde sua associação à novidade na sequência do texto; a lesma (*slug*), por sua notória lentidão, é associada à tradição. (No sexto livro da série Harry Potter há um clube chamado *Slug Club*, criado pelo professor Horace Slughorn, mas nesse caso é um clube de elite do qual participam bruxos com altos cargos no mundo da magia ou pessoas muito famosas, como o próprio Harry Potter.) (N. do T.)

que se tornou um dos memes mais predominantes em nosso planeta. O evangelismo nos diz para *"difundir esse meme* com o máximo empenho!"

Também existem memes que se instalam com toda força na mente das pessoas e são extremamente resistentes ao ataque:

— **Fé.** Qualquer meme que implique a crença cega nele próprio não pode jamais ser banido de um sistema de crenças por qualquer ataque ou argumentação. Ao lado do *evangelismo*, a *fé* cria um poderoso invólucro capaz de comportar qualquer tipo de conteúdo.

— **Ceticismo.** Questionar novas ideias é um meio de defesa contra novos memes. Sendo o contrário da *fé*, o *ceticismo* na verdade exerce um efeito muito semelhante sobre a mente em que ele foi programado. Assim como os fiéis, os céticos são resistentes a novas ideias. Um fiel e um cético podem ficar discutindo por toda a eternidade sem nunca aprenderem o que quer que seja.

Outros memes são aptos devido à natureza da comunicação. Imagine um grupo de pessoas fazendo o jogo do "telefone". Um dos participantes dá início ao jogo, sussurrando uma frase no ouvido do participante seguinte. Este segreda o que ouviu ao próximo participante, que dá continuidade ao processo até que a mensagem, geralmente irreconhecível, de tão adulterada, finalmente retorna àquele que lhe deu origem – e que cai na gargalhada ao perceber as transformações pelas quais ela passou. Temos aí a evolução de um meme num microcosmo! Que tipos de memes sobrevivem às dificuldades desse tipo de experiência?

— **Familiaridade.** Palavras ou frases incomuns logo se tornam familiares: num jogo desse tipo, *"pâté de foie gras"* poderia transformar-se rapidamente em algo como "patedê fugrá". O conhecido se espalha com mais rapidez do que o desconhecido, pois, como as pessoas têm memes distintivos para as coisas que já conhecem, conseguem percebê-las mais claramente.

— **Clareza de sentido.** Os memes que fazem sentido se espalham mais rapidamente do que os incompreensíveis. As pessoas tendem a aceitar explicações inexatas que fazem mais sentido, em detrimento daquelas que, apesar de mais corretas, são de difícil entendimento. Vemos isso acontecer o tempo todo quando citações famosas são deturpadas ao longo da evolução: a música tem encantos que acalmam a fera selvagem ou o coração cruel? O dramaturgo William Congreve referiu-se à crueldade de coração.[27]

Meu exemplo favorito de evolução memética por meio do jogo universal do "telefone" é uma citação de Emerson, extraída de seu ensaio *Self-Reliance*: *"A foolish consistency is the hobgoblin of little minds"*. ("A coerência tola é um demônio que ronda as mentes medíocres".) Essa frase costuma ser tão deturpada que, num livro que tenho sobre erros comuns em citações e fatos, o autor *comete um erro de citação ao pensar que está corrigindo a citação de Emerson!*[28]

A citação de Emerson chama atenção para o perigo de se cair na *Armadilha da Verdade*. O demônio que ronda as mentes medíocres – aquilo que impede que as pessoas busquem tirar o máximo proveito de suas vidas – está favorecendo a programação memética aleatória que você recebeu, desde que veio ao mundo para levar sua vida como bem lhe aprouver. A compreensão da memética lhe oferece uma oportunidade de examinar, em seu interior, que programas estão sendo executados e, dependendo do que decidir, você poderá então se reprogramar com força e lucidez absolutas, dando à sua vida o rumo que achar melhor.

Aí então, é claro que você terá de examinar que programas estão dirigindo sua avaliação da maneira como foi programado, que programas estão controlando o que você pensa que quer e, depois, que programas estão comandando seus motivos para se reprogramar, e...! Logo, você estará mergulhado nos domínios da filosofia. A ciência da memética não traz consigo um juízo de valor sobre o modo como você *deve* viver sua vida; ela apenas lhe dará o grande poder de vivê-la como achar melhor. E de maneira consciente.

---

27. Em sua peça The *Mourning Bride* ("A noiva de luto"), de 1697, o dramaturgo inglês William Congreve escreveu que *"Music has charms to soothe a savage breast"*, mas é comum que nas citações apareça *beast* ("fera") em lugar de *breast* ("peito", "coração"). (N. do T.)
28. *1,001 Facts Somebody Screwed Up* ("1.001 fatos que alguém deturpou"), de Deane Jordan (Longstreet Press, 1993). Constrangedoramente, o autor afirma: "Emerson – Ralph Waldo – não disse *'Inconsistency is the hobgoblin of little minds'*. O que ele disse foi *'A foolish inconsistency is the hobgoblin of little minds'*. ('Uma tola incoerência é o demônio que ronda as mentes medíocres.') É bem diferente." De fato.

Apesar de ter sido criada há muito tempo, a teoria da memética – os metamemes da *memética* – tem encontrado dificuldades para propagar-se. Ao escrever *Vírus da Mente*, meu objetivo consiste em agregar o máximo possível de bons memes ao metameme *memética*, de modo que ele possa se difundir com grande rapidez e amplitude. Isso não faz sentido?

Um cérebro antigo, um mundo novo

A memética não é a única ideia científica que não é amplamente conhecida. Muitas ideias desse tipo são de difícil assimilação pelas pessoas. Na verdade, a ciência – inclusive a memética – é apenas um aspecto da cultura moderna que nosso cérebro não está bem preparado para entender. Mas por que deveríamos esperar que nosso cérebro tivesse facilidade para lidar com a cultura moderna? Alguém esperaria que um computador "entendesse" seu próprio programa? Não! A ele cabe apenas *executar* o programa, e não entendê-lo. E nosso cérebro evoluiu não para entender a si próprio, mas sim para desempenhar tarefas muito específicas. É preciso muito empenho para que as pessoas usem seu cérebro para entender a ciência, uma vez que ele não foi criado com essa finalidade!

O "circuito eletrônico" do nosso cérebro levou milhões de anos para evoluir. Durante esse tempo, nosso meio ambiente mudou muito pouco, como podemos comprovar pelo exame de escavações arqueológicas. Só muito, muito recentemente, na escala temporal da evolução genética, nosso meio ambiente começou a mudar tão rapidamente que muitas rotinas cotidianas podiam passar por alterações significativas no período de vida de um ser humano. Para entender os memes, precisamos saber que nosso cérebro, que evoluiu para manter nossa sobrevivência em um mundo relativamente imutável, continua sendo exatamente o mesmo, embora tenhamos transformado nosso mundo muitas vezes desde que evoluímos a ponto de nos tornarmos seres dotados de consciência.

A evolução dos memes seleciona ideias, crenças, atitudes e mitos que mais chamam nossa atenção e que difundimos por toda parte. E, *sem intervenção consciente*, essas coisas a que prestamos mais atenção e difundimos incansavelmente são determinadas por aquela complexa rede de sentimentos e impulsos, anseios e medos, que evoluíram para nos manter vivos e em constante processo de acasalamento.

Na língua inglesa, a expressão *pay attention* ("prestar atenção") é bastante apropriada em seu uso do verbo *pay* ("pagar"). Como somos seres conscientes, a atenção é nosso bem mais precioso. É uma parte de nossa consciência, um fragmento de nossa vida humana. Quando voltamos nossa atenção para alguma coisa, estamos gastando uma parte de nossa vida consciente. Quantos, dentre nós, dirigem sua atenção conscientemente para o que nos é mais importante? Eu, por exemplo, odeio o fato de que minha atenção tende a ser "extorquida" por pessoas e acontecimentos que acionam meus botões de sobrevivência e reprodução, relíquias do meu passado animal. Esses botões fazem com que, inconscientemente, eu desperdice partes significativas da minha vida.

A questão é que perigo, alimento e sexo são prioridades de nossos *genes*, mas não necessariamente nossas prioridades pessoais. Quando você percebe que alguma crise evidente está desviando sua atenção do que lhe é mais importante – uma enorme *pizza* ou uma pessoa atraente que passa, os seus genes estão conspirando para roubar o que você tem de mais valioso: a sua consciência.

As ideias são contagiosas. Elas nos chegam por intermédio do comportamento dos outros, de pequenos fragmentos de cultura que nos cercam. Isso é muito bom quando as ideias são excelentes – quando elas nos ajudam a alcançar nossos objetivos de vida. Como você viu há pouco, o problema é que as ideias se disseminam mais de acordo com o grau de qualidade de seus memes do que com o grau de utilidade para nossa vida ou, até mesmo, seu grau de veracidade.

> Por mais agradável que seja pensar que estamos evoluindo para um mundo melhor, mais civilizado e compassivo, a verdade é que estamos evoluindo para um mundo cheio de memes e vírus mentais com maior capacidade de replicação.

Você já se perguntou alguma vez por que a vida pode ser tão dura? Muitas pessoas têm a fantasia de que uma vida ideal significaria relaxar e só fazer o que nossa natureza nos pede. Bem, odeio ser o porta-voz de más notícias, mas *aquilo que a natureza nos pede* está tão distante da vida moderna que chega a ser irrelevante. Devido à rapidez da evolução da cultura, da tecnologia e da sociedade, nem mais podemos afirmar que *aquilo que a natureza nos pede* nos leva a fazer o maior número possível de cópias de nossos genes. Atualmente, *aquilo que a natureza nos pede* é uma terrível incompatibilidade entre o antigo "circuito eletrônico" de nosso cérebro dos tempos pré-históricos e os desafios e oportunidades totalmente diversos que se nos apresentam no mundo moderno.

Nosso cérebro ainda está programado para prestar atenção a situações que nos eram importantes na pré-história e para gerar sentimentos a elas associados – situações que *só* eram importantes no sentido de que ajudavam nossos genes a fazer o maior número possível de cópias de si mesmos. As ideias que se espalham mais facilmente e, desse modo, permeiam a sociedade, são aquelas que mais facilmente penetram esse nosso velho cérebro da Idade da Pedra. Toda a ciência tem sido um esforço concentrado no sentido de *anular* essa seleção natural de ideias da Idade da Pedra que permeiam nosso cérebro e, em seu lugar, selecionar ideias que sejam úteis, que funcionem e sejam modelos exatos da realidade. Nesse sentido, porém, a ciência está muito à frente do restante da cultura.

A longo prazo

Alto lá... Os memes são uma adaptação evolutiva dos seres humanos. Isso não significa que, por mais loucura que possa haver em seus métodos, podemos ter certeza de que eles atuam sempre em nosso benefício? Não podemos estar seguros de que, no fim das contas, eles vão contribuir para nos adaptarmos cada vez melhor ao nosso meio ambiente? A longo prazo, aconteça o que acontecer com essa história de memes, sempre "daremos um jeito", pois, afinal, as espécies se adaptam automaticamente a quaisquer circunstâncias em que o meio ambiente as coloque. Não é verdade?

Seria muito bom pensar assim, mas as coisas só tomarão esse rumo se o modo de a evolução lidar com elas consistir na eliminação total dos memes, e de nós junto com eles. Os memes têm seu próprio caminho evolutivo. Eles *não* evoluem com a finalidade de manter a replicação de nossos genes. Se você não acredita em mim, pense no fato de que as culturas que consideramos como mais avançadas têm o menor crescimento demográfico, mas o mais eficiente imperialismo cultural. Elas disseminam memes, e não genes.

Tudo bem, quer dizer que a evolução memética não dará, automaticamente, nenhuma contribuição à nossa vida sexual ou ao tamanho de nossa família. Mas pelo menos ela vai contribuir para a nossa sobrevivência, não vai? A longo prazo? Não é isso que dela se espera? Afinal, os memes *vivem* em nossa mente, não é verdade?

Nada disso! À medida que falamos, as informações vão encontrando cada vez mais maneiras de se reproduzirem e sobreviverem. Ideias que, no passado, seriam esquecidas sem deixar o menor vestígio, hoje estão ao nosso alcance a um estalar de dedos, graças aos sistemas de recuperação de informações. Os computadores atuais fazem cópias de segurança automaticamente, reproduzindo todas as informações em si próprios. A corrente por e-mail foi um dos primeiros exemplos de um vírus hospedado tanto por computadores quanto por mentes.[29]

À medida que os computadores forem se tornando mais inteligentes, os replicadores baseados em computador vão se tornar comuns – replicadores mutantes que não apenas disseminam, mas também evoluem. E, quando os replicadores baseados em computador começarem a ultrapassar os memes baseados na mente enquanto repositórios e comunicadores fundamentais de informações, esses novos replicadores talvez passem a exercer mais influência sobre a forma do mundo do que os memes, assim como estes últimos ultrapassaram o DNA como configuradores do meio ambiente global. Talvez os replicadores não baseados em humanos evoluam até ao ponto em que nos tornemos meras sombras em segundo plano, nada além de asteriscos no livro estatístico do universo! E o que aconteceria se começássemos a atrapalhar a vida desses novos replicadores baseados em computador, assim como tantas espécies de replicadores com base no DNA tentaram atrapalhar a nossa e se tornaram espécies em risco de extinção, quando não extintas?

Se realmente sobrevivermos, como será nossa qualidade de vida? Estará evoluindo para melhor ou para pior? Por intuição, alguns poderiam achar que, se simplesmente deixarmos a evolução cultural seguir seu curso natural, todas as ideias antagônicas em política, religião, comércio e ciência, acabarão por fundir-se numa espécie de sistema de livre-iniciativa da mente

---

29. A evolução dessas correntes constitui um fértil campo de estudo em si mesmo. Uma postagem recente num quadro de mensagens eletrônicas na Internet advertia sobre a circulação de uma mensagem que você *não devia ler*, pois continha um vírus. Naturalmente, o autor pedia que as pessoas copiassem e reenviassem a advertência para proteger outras pessoas contra aquele risco. Os usuários mais atentos perguntaram a si mesmos como uma mensagem podia conter um vírus de computador – os computadores precisam executar um programa para se infectarem com um vírus, e não apenas exibir um texto. Porém, por uma semana ou mais, havia cópias da mensagem de advertência por toda parte! Qual mensagem eletrônica continha o vírus?

Assunto: DINHEIRO RÁPIDO

Autor: Anônimo

Siga as instruções abaixo EXATAMENTE, e entre 20 a 60 dias você terá recebido mais de $50.000,00 EM DINHEIRO.

[1] Envie imediatamente $1,00 para os cinco primeiros nomes relacionados abaixo, observando a sequência de 1 a 5. SÓ ENVIE DINHEIRO. (Investimento total: $5,00). Em cada carta, anexe uma mensagem afirmando: "Por favor, acrescente meu nome à sua lista de correspondentes". Inclua seu nome e endereço eletrônico. (Este é um serviço legítimo que você está solicitando, e pelo qual está pagando $1,00.)

[2] Remova o nome que aparece como o número 1 da lista. Faça cada um dos outros 9 nomes subir uma posição (o número 2 se torna número 1, o número 3 se torna número 2 e assim por diante). Coloque seu nome, endereço e CEP na posição de número 10.

[3] Com seu nome na posição de número 10, envie TODO este arquivo para 15 (quinze) diferentes quadros de mensagens eletrônicas. Você pode enviá-lo para a base de mensagens BBS ou para a seção de arquivos. Identifique-o pelo nome DINHEIRO RÁPIDO.TXT e use os comentários descritivos do arquivo para chamar atenção para este arquivo e seu grande potencial para todos nós.

[4] Dentro de 60 dias, você receberá mais de $50.000,00 em DINHEIRO.

Guarde uma cópia desse arquivo para poder usá-lo outras vezes, sempre que precisar de dinheiro. Assim que você enviar essas cartas, estará participando automaticamente da corrente. As pessoas lhe enviarão $1,00 a ser colocado em sua lista de correspondentes. Essa lista poderá então ser alugada a um corretor que poderá ser encontrado nas páginas amarelas de sua localidade, tendo em vista um rendimento adicional regular. A lista ficará mais valiosa à medida que se tornar maior.

OBSERVAÇÃO: Certifique-se de manter TODOS os nomes e endereços que lhe forem enviados, seja por computador ou cópia impressa em papel, mas não descarte os nomes e as notas que as pessoas lhe enviarem. Isso constitui uma PROVA de que você está, de fato, fazendo um serviço, e, caso venha a ser questionado pela Receita Federal ou por outro órgão do governo, terá como lhes apresentar essa comprovação!

Lembre-se: se cada postagem for baixada e se as instruções forem cuidadosamente observadas, cinco membros serão reembolsados por sua participação como Integrante da Lista com $1,00 cada um. Seu nome subirá geometricamente para o topo da lista e, ao chegar à posição de número 5, você estará recebendo milhares de dólares em dinheiro. LEMBRE-SE – ESTE PROGRAMA SÓ NÃO DARÁ CERTO SE VOCÊ NÃO FOR HONESTO – POR FAVOR! SEJA HONRADO... O PROGRAMA FUNCIONA! OBRIGADO.

(lista de nomes deletada)

> A carta abaixo foi escrita por um participante deste programa.
>
> A todos os que tiverem o BOM-SENSO de participar desta oportunidade fácil de ganhar dinheiro: Cerca de seis meses atrás, recebi a postagem anexada em forma de carta. Ignorei-a. Recebi cerca de cinco outras cartas iguais nas duas semanas seguintes. Ignorei-as também. É claro que eu estava querendo participar e que sonhava em ganhar milhares de dólares, mas estava convencido de que tudo não passava de mais uma falcatrua sem a menor condição de funcionar. Eu estava errado! Três semanas depois, vi essa carta postada num quadro de mensagens eletrônicas em Montreal. Gostei da ideia de fazer uma tentativa em meu computador. Não esperava grande coisa porque achava que, se os outros fossem tão céticos quanto eu, hesitariam muito antes de se desfazerem de $5,00. Mas EU COMPRO BILHETES DE LOTERIA TODA SEMANA EM MINHA CIDADE, E A ÚNICA MANEIRA DE COMPROVAR QUE JOGUEI SÃO OS CANHOTOS DOS BILHETES! Esta semana, resolvi que a carta seria minha aposta semanal na loteria. Enderecei os envelopes e enviei $1,00 dentro de cada um, conforme a orientação dada. Passaram-se duas semanas e não recebi nada pelo Correio. No meio da quarta semana, mal pude acreditar no que aconteceu! Não vou dizer que recebi $50.000,00, mas com certeza ganhei mais de $35.000,00! Pela primeira vez em dez anos, consegui ficar livre de minhas dívidas. Fiquei eufórico. Claro que não demorou muito para que o dinheiro acabasse, e é por esse motivo que resolvi usar novamente essa excelente oportunidade de encher os bolsos. SIGA AS INSTRUÇÕES E PREPARE-SE PARA FAZER A FESTA!
>
> Por favor, envie uma cópia desta minha carta junto com as suas para que, juntos, possamos convencer os céticos de que esse programa realmente funciona!

Uma persistente corrente eletrônica via Internet ilustra bem o que é um replicador hospedado tanto por computadores quanto por mentes.

e evoluir para um Estado utópico, um retorno ao Jardim do Éden ou uma chegada ao Nirvana. Essa era a ideia por trás do darwinismo social, uma filosofia política popular na época dos *robber barons*.[30]

Por outro lado, poderíamos assinalar o fato de que a evolução dos memes ocorre com a velocidade do raio se comparada à evolução genética dos seres humanos, e concluir que, não controlada, a evolução memética nos obrigará a dedicar uma quantidade cada vez maior de nossos recursos mentais à replicação de memes. Isso, por sua vez, levaria à preocupação de que vírus mentais de eficiência progressiva evoluíssem, transformando-nos em

---

30. Em tradução literal, "barões assaltantes". A expressão remete aos grandes industriais e megafinancistas da segunda metade do século XIX e do início do século XX, cuja riqueza foi obtida por meios ilícitos e fraudulentos. (N. do T.)

hospedeiros inocentes e infelizes, forçados a dedicar toda a nossa vida a seu serviço. Admitindo-se que, de má vontade, esses vírus mentais nos mantenham vivos e comunicantes, mesmo assim nada exigiria deles que nos ajudassem a aproveitar bem a vida ou nos livrassem dos sofrimentos. A grande massa humana levaria uma vida de desespero impassível.

Para onde a evolução dos memes está nos levando? Para o Nirvana? Para o fogo do inferno? Para lugar nenhum? Haverá alguma coisa que possamos fazer para direcioná-la? Se houver, será que devemos tentar?

Uma chave para a resposta a essa pergunta encontra-se no campo novo e polêmico da *psicologia evolutiva* – o estudo de como e por que nossa mente evoluiu de modo a nos tornar o que hoje somos. Já começamos a explorar a psicologia evolutiva na discussão sobre nossos quatro impulsos primários e a natureza da comunicação. A partir de agora, vamos examinar mais detalhadamente o tema que constitui a essência da psicologia, esse tema que é um dos favoritos dos seres humanos de todos os tempos – o sexo.

6

Sexo:
A raiz de toda
a evolução

"A ciência é muito parecida com o sexo. Às vezes, alguma coisa útil
resulta dela, mas não é bem por isso que a praticamos."

— Richard Feynman

A descoberta mais fascinante do novo campo da psicologia evolutiva é o papel central que o sexo desempenha na formação do comportamento e da cultura modernos. Seguindo um percurso complexo que associa Freud, chauvinismo masculino, puritanismo e a mulher vista como símbolo sexual, a psicologia evolutiva explica a complexidade e a contradição inerentes ao comportamento humano como nunca antes se fez.

Ao ler estas palavras, lembre-se: a psicologia evolutiva diz respeito a tendências – predisposições e "artefatos" históricos que promovem a evolução. Pode ser verdade que os homens são de Marte e as mulheres de Vênus, mas isso não significa que precisamos viver nesses lugares. As pessoas são totalmente capazes de evoluir na direção que lhes parecer melhor. O que você lerá a seguir não é evidência de que há uma preordenação fatalista do futuro das pessoas nem uma desculpa para que elas se comportem como os animais. Ocorre, apenas, que é interessante saber de que modo chegamos onde estamos hoje. E todos nós, sem exceção, chegamos aqui como resultado de acasalamentos bem-sucedidos.

Essa é a ideia incontestável, a semente a partir da qual se desenvolveu toda essa nova e bela teoria:

> Você é o resultado de uma cadeia contínua que atravessa milhares de gerações de machos e fêmeas, todos eles bem-sucedidos em encontrar um companheiro.

Quando vemos as coisas desse modo, será que deve nos surpreender o fato de nossos impulsos sexuais serem tão fortes? Ou de que as pessoas não vacilam em mentir, trapacear e roubar para conseguirem fazer sexo? Alguma surpresa no fato de que senadores dos Estados Unidos arriscam e perdem suas carreiras para fazerem sexo com adolescentes? Ou que mulheres suportem a violência doméstica para não perderem o protetor potencial de seus filhos? Por piores que essas decisões possam parecer quando as consideramos de um ponto de vista exclusivamente racional, nós as tomamos devido a nossas poderosas tendências genéticas no que diz respeito ao sexo.

O tempo todo, desde o início da reprodução sexual, os genes que deram às pessoas – e aos animais, antes delas – uma vantagem de acasalamento sobre seus pares foram aqueles que conseguiram ser transmitidos. Da mesma maneira, a seleção natural foi implacável com os indivíduos que, por escolha ou destino, não foram bem-sucedidos em seus acasalamentos. Seu DNA morreu com eles.

A luta pelo sexo

A luta pelo sexo foi o primeiro campo de batalha na guerra travada pelo DNA para fazer cópias de si mesmo. Para quaisquer criaturas sexualmente reprodutoras – o que nos inclui –, a seleção natural atuou com velocidade incrível para eliminar qualquer DNA que tornasse seu hospedeiro menos passível de ter filhos e para fortalecer qualquer DNA que aumentasse a probabilidade de reprodução de seu hospedeiro.

São incontáveis os modos como o DNA pode influenciar o sucesso do acasalamento de seu hospedeiro, mas o mais comum consiste em realçar o que quer que prenda a atenção do sexo oposto: acentuar o positivo e eliminar o negativo. Tendo em vista que as pessoas mais atraentes vão se reproduzir mais do que o restante, é natural que a atratividade seja selecionada – não apenas a boa aparência, mas toda e qualquer qualidade que atraia o sexo oposto.

> Como resultado da evolução genética, as pessoas evoluem de modo a se tornarem cada vez mais atraentes do ponto de vista sexual.

Bem, isso não é fantástico? Não o deixa vaidoso e cheio de si? Já era tempo de surgir alguma coisa boa dessa história toda de evolução. Basta você se sentar, observar e esperar que lhe apareça o parceiro ideal, uma vez que eles parecem existir numa quantidade infinita! Ah... Se você quiser, interrompa a leitura deste livro por um tempinho e comece a sonhar de olhos abertos. A vida é boa.

Infelizmente, porém, o que é verdadeiro para a raça humana como um todo não se aplica a cada homem e cada mulher deste mundo. Embora a espécie possa estar evoluindo maravilhosamente, só dispomos do nosso quinhão de DNA, e é com ele que temos de nos haver. E esforço é o que não falta! As indústrias que surgiram para aumentar a atração sexual (e a atratividade) das pessoas são colossais: moda, cosméticos, regimes alimentares e academias de ginástica e musculação são apenas algumas das instituições culturais que surgiram para alimentar o empenho das pessoas em se tornar mais atraentes. Longe de substituir nosso atual sistema de reprodução por tubos de ensaio e pela clonagem, estamos cada vez mais apegados a ele: é na reprodução sexual que a sobrevivência dos (genes) mais aptos encontra seu instrumento fundamental.

Portanto, goste-se ou não, muitas das tendências genéticas com que nascemos giram em torno de sexo e reprodução. Vamos agora recuar um pouco e examinar de que modo a evolução genética nos fez chegar ao ponto em que nos encontramos hoje. Estamos no terreno da especulação, já que não dispomos de muitos dados históricos sobre o comportamento humano na pré-história, mas tudo decorre do entendimento do conceito de gene egoísta.

Sexo: Os primeiros tempos

Imagine que estamos nos primórdios da reprodução sexual dos animais. Machos e fêmeas cruzam-se ao acaso, com o parceiro que lhes parecer conveniente. Na verdade, machos tentam acasalar com outros machos, e fêmeas com outras fêmeas, pois ainda não se deram conta da diferença. (Deixei claro que estou me referindo aos primórdios.) Na verdade, estão acasalando com rochas, árvores, cogumelos, outras espécies – com tudo que encontram. O processo é bem semelhante ao dos esporos e do pólen das plantas, que são espalhados pelo vento, que implica a perda da maioria das sementes mas permite que a fertilização ocorra com aquelas que caem no lugar exato em que se encontra uma planta fêmea. Não se trata de um sistema particularmente eficaz, mas funciona.

Com o passar do tempo, os genes dos animais que tendem a ser um pouco mais discriminadores na escolha dos seus parceiros – ignorando rochas, árvores e outras espécies – tendem a ser um pouco mais bem-sucedidos na replicação de si próprios. Ao evoluírem, portanto, os animais se tornam mais discriminadores. Como fazem isso? Lembre-se, esse não é um processo consciente, nem mesmo um processo cuja concepção prevê um aperfeiçoamento contínuo. Trata-se de um projeto aleatório em que predomina uma sucessão de soluções improvisadas. Suponhamos que uma espécie tenha desenvolvido um olfato aguçado como forma de adaptação contra predadores. Os indivíduos que usam esse sentido do olfato para identificar a diferença entre os membros de sua própria espécie e as rochas levam vantagem sobre os demais. Logo, a espécie desenvolverá o olfato para discernir os parceiros de acasalamento, embora seus membros ainda não consigam diferenciar entre machos e fêmeas.

Suponhamos agora que as fêmeas têm um hormônio que falta aos machos, e que esse hormônio, sem nenhuma razão específica, pode ser identificado pelos machos. Os machos que tendem a usar essa informação para se tornarem mais exigentes na escolha de suas parceiras serão mais bem-sucedidos do que aqueles que simplesmente a ignoram, e logo os animais evoluem de modo a se tornarem mais discriminadores ainda.

Como esse processo gradual prossegue ininterruptamente, os machos mais discriminadores têm mais sucesso em sua reprodução e, desse modo, enchem o acervo genético com mais cópias de seu DNA do que os outros.

Muito bem, vamos ver o que acontece com as fêmeas. Agora que o acervo genético está repleto de farejadores consumados dos odores femininos, qualquer fêmea que tenda a produzir *mais* desse odor estará em posição de vantagem sobre as demais no que diz respeito a atrair parceiros de cruzamento. A essa altura, os machos começarão a evoluir de modo a identificar outras diferenças entre machos e fêmeas: coloração, tamanho, forma – *vive la différence!* Os machos mais inteligentes serão mais bem-sucedidos, e o mesmo acontecerá com as fêmeas que enfatizarem esses atributos. Isso nos leva de volta ao ponto inicial de nossa discussão, onde afirmávamos que os indivíduos vão se tornando sexualmente mais atraentes à medida que evoluem.

Mas há também o outro lado da moeda: se forem fisicamente capazes de resistir às investidas de seus parceiros, as fêmeas podem lhes impor padrões cada vez mais rigorosos. Entre os pássaros, é comum ver machos de bela plumagem cortejando fêmeas sem grandes atrativos; nesses casos, as fêmeas ficam mais discriminadoras, e a evolução dos machos os provê de características sexuais mais acentuadas.

É importante lembrar que essa evolução de características sexuais não resulta de nenhum projeto ou concepção, mas apenas da interação entre as forças caóticas da variação aleatória e da capacidade organizadora da evolução. Como um relógio automático, a evolução utiliza os movimentos e as mudanças desorganizadas do meio ambiente para fazer um progresso lento, porém firme e contínuo, a engrenagem que transfere movimento para a corda na direção e velocidade corretas, ao longo da passagem do tempo.

Um dos meios encontrados pela evolução para ser bem-sucedida foi a especialização dos papéis de macho e fêmea, uma distinção conhecida como *diferenciação sexual*. A psicologia evolutiva mostra que, em termos gerais, há diferenças significativas entre os impulsos masculinos e femininos. Quando essas diferenças ficam muito estereotipadas e passam a ser usadas como armas contra os indivíduos, usamos um termo menos amistoso: *sexismo*.

A origem do sexismo

As diferenças psicológicas entre homens e mulheres começaram quando a evolução dos mamíferos os levou a pôr todos os seus ovos em um cesto, por assim dizer: dentro da fêmea. Na verdade, a diferenciação sexual começou ainda antes, praticamente na origem do sexo, quando as fêmeas passaram a produzir óvulos grandes e relativamente caros, e os machos começaram a produzir espermas pequenos e baratos. A diferenciação do comportamento de machos e fêmeas provém do fato de o DNA feminino ter um forte compromisso com cada óvulo fertilizado, nos quais investe pesadamente, ao mesmo tempo em que o DNA masculino não tem nada a perder, e tudo a ganhar, ao dotar seu hospedeiro da tendência a fertilizar toda fêmea à vista, e depois andar a esmo, à procura das que não estão por perto.

Se isso parece uma caricatura banal ou um trecho de uma história em quadrinhos do Zé do Boné (Andy Capp), lembre-se: herdamos muitos de nossos impulsos e tendências dos seres e animais pré-históricos, antes do advento de conceitos como casamento e monogamia. O DNA dos machos que só acasalavam com uma fêmea tinha uma desvantagem terrível: os outros machos nas imediações, que estavam transmitindo o máximo possível de seu DNA, teriam uma descendência muito maior. Sem considerar quaisquer outros fatores, a evolução dos machos levou-os a se reproduzirem o máximo possível. Lembre-se: tudo gira em torno do DNA.

As fêmeas, por outro lado, que em seu período de vida só têm algumas probabilidades de transmitir seu DNA e muitos pretendentes ávidos por cruzar com elas, tornaram-se um pouco mais seletivas ao longo de sua evolução. De que modo elas selecionavam? Alguns fatores eram importantes. Primeiro, elas queriam um macho com um "bom" DNA, seja lá o que isso signifique. Talvez significasse um corpo forte e saudável, que seria transmitido para seus descendentes e lhes daria, assim, uma maior probabilidade de sobrevivência. Também poderia significar a posse de determinado DNA em comum com elas, como o comprova a semelhança de características corporais ou comportamentais, uma vez que isso duplicaria as probabilidades de os descendentes terem esse DNA.

Em segundo lugar, elas queriam um parceiro que investisse tempo e recursos na prole enquanto ela fosse imatura e vulnerável, o que também aumentaria suas chances de sobrevivência. Não era essencial, por certo, que o pai genético fosse aquele que fica por perto e cria os filhos; na verdade, a situação ideal para uma fêmea pré-histórica talvez fosse ter uma espécie de "machão" dotado de bons genes como pai biológico e um "marido caseiro" que aceitasse criar os filhos, desde que ela fosse suficientemente esperta para induzir o parceiro a ter esse duplo comportamento.

A defesa, portanto, ficaria a cargo do macho. Tendo em vista as prioridades das fêmeas, a evolução dos machos seguiu uma de duas direções: ou eles ficariam mais fortes e mais bonitos, ou se tornariam convincentes para o papel de marido e pai em potencial. Embora a atividade sexual intensa trouxesse benefícios para ambos, o "machão" poderia ser bem mais decidido a esse respeito, inclusive dominando fisicamente as fêmeas relutantes, pois sua descendência teria maiores probabilidades de sobreviver mesmo

♦ 118 ♦

que eles não estivessem por perto. Em sua evolução, porém, os machos do tipo "marido caseiro" tornaram-se eficientes em encontrar fêmeas que não fossem infiéis. Eles até podiam dar preferência a fêmeas menos atraentes ou, pelo menos, as que não tivessem atrativos para o "machão", a fim de aumentar suas probabilidades de serem pais biológicos. Eles também queriam fazer o máximo de sexo possível, mas precisavam ser um pouco mais sorrateiros – grandes e fortes, os "machões" seriam um páreo duro em termos de competição, e as fêmeas não se deixavam impressionar muito por um macho que já estava comprometido com "outro alguém".

Intervalo!

Uma pausa para dois lembretes:

1. Estou falando sobre tendências gerais na evolução, e não sobre indivíduos específicos. Indivíduos específicos podem ter *estratégias de nicho*, que discutirei mais adiante neste capítulo. Nem todos são assim! As pessoas se comportam de maneiras diversas e são atraídas por diferentes tipos de parceiros, em circunstâncias distintas. Que dizer, então, dos homossexuais? (Não há consenso entre os cientistas sobre como a evolução pôde produzir homossexuais, mas arriscarei um palpite mais adiante, neste capítulo também.)
2. Tudo isso acontece *inconscientemente*. É bem possível que as pessoas leiam este capítulo e, depois de cada página, digam a si mesmas: "Isso é ridículo! Não penso desse jeito! Ela não pensa assim! Ele não pensa assim!"

> Nada disso diz respeito ao pensamento. Todo esse processo engenhoso e improvisatório da seleção de parceiros acontece inconscientemente. O resultado do cálculo inconsciente é que você tem *sentimentos de atração* por alguém.

Sem dúvida, se o fato de você ter determinados pensamentos aumentasse as suas probabilidades de acasalamento, a evolução teria optado por dotá-lo desses pensamentos. Não há, no universo, nada mais complicado do que esse processo de seleção sexual que evoluiu ao longo de milhões de gerações, até incorporar todas as soluções improvisadas eficazes que surgiram em seu caminho.

De volta à evolução do sexo

Depois de todo esse imensurável período de tempo, o papel do sexo torna as coisas ainda mais difíceis e complexas. Esses dois papéis – o "machão" e o "marido caseiro" – dividem-se em muitos papéis secundários, com as hierarquias de dominação dos machos, as disputas territoriais das fêmeas e o crescente predomínio de todo tipo de trapaça e subterfúgio, tudo isso por um só motivo – a coisa funciona. Os comportamentos que evoluíram em torno do sexo, até o passado muito recente em que os memes entraram em cena, devem suas características à sua capacidade de transmitir DNA. Na dura realidade da evolução genética, não havia preocupação com amor, sensibilidade ou beleza; a única coisa que importava era a quantidade de seus descendentes, que também iriam se reproduzir.

E agora, a próxima "bomba". Um paradigma comum que as pessoas têm sobre a vida coloca o sexo como uma parte limitada – quando não confusa – de uma grandiosa cultura baseada em princípios morais, valores, tradições e direitos de origem divina.

> Para a memética, todos os valores, princípios morais, tradições e ideias relativas a Deus e aos direitos são o resultado da evolução dos memes. E essa evolução é guiada por nossas tendências genéticas, as quais, por sua vez, atribuem ao sexo um papel dominante.

O sistema hierárquico de dominação masculina, às vezes chamado de *patriarcado*, é um exemplo perfeito do que acabei de afirmar. Algumas escritoras feministas têm exortado as mulheres a não aceitarem esse sistema, e o fazem por boas razões: a coisa toda evoluiu de modo a dar mais eficiência à transmissão do DNA do macho. Haverá nisso alguma tentativa de criar uma espécie de "sistema econômico"?

Por que os homens são tão obcecados pelas relações de dominação, tão obstinados em saber quem está acima ou abaixo deles na hierarquia do poder? A melhor teoria é que isso foi uma adaptação destinada a saber quais machos tinham direitos sexuais a quais fêmeas, sem a necessidade de lutas constantes para determinar esse predomínio, uma vez que essas lutas não eram proveitosas para nenhuma das partes. Por esse motivo, os machos parecem ter um sexto sentido que lhes diz qual é sua posição relativamente a outros machos, em qualquer situação. A típica impressão de *status* das fêmeas se baseia mais na atratividade ou popularidade do que na predominância.

Em sua maioria, tanto as empresas quanto os governos, as forças armadas e até mesmo da Igreja Católica são constituídos como hierarquias explícitas – sabe-se perfeitamente bem quem se reporta a quem e quem dá ou recebe ordens. Na superfície, atualmente essas hierarquias organizacionais têm pouco a ver com o acesso às fêmeas, mas o comportamento e os sentimentos dos homens que atuam nessas instituições ainda são os mesmos. A explicitação da hierarquia evita muitos confrontos cara a cara por cargos e posições; contudo, pode ser extremamente frustrante para homens cujo cérebro evoluiu de modo a permitir que eles façam o possível para subir na hierarquia – mas que não conseguem ascender profissionalmente.

Mas espere aí! Não é verdade que alguns homens (e mulheres) gostam do poder pelo poder? Eles não apreciam o controle que isso lhes permite exercer sobre seu destino, a liberdade de viver com bem entendem e – bem, aquela coisa toda da *corrida pelo poder*? Sim, tudo isso é verdade. Mas o que *explica* essa corrida pelo poder é o fato de a evolução do nosso cérebro nos ter dotado de um "circuito eletrônico" que nos faz ansiar por esse poder.

> Ao longo da evolução, os homens que apreciavam o poder e lutavam por ele, por uma posição superior na hierarquia dominante, empenhavam-se mais em obtê-lo e, por isso mesmo, *conseguiam mais parceiras!*

Além de conseguirem mais parceiras, eles também dispunham de mais recursos para oferecer a seus filhos, aumentando *suas* probabilidades de se reproduzirem. A força mais inexorável na evolução genética – a reprodução sexual – rejeitava os machos que *não* tinham gosto pelo poder. Eles se reproduziam menos, seus descendentes não tinham boas perspectivas de reprodução e seus genes eram eliminados à medida que os genes responsáveis pela ânsia pelo poder iam se tornando mais predominantes. Os homens não pensam, conscientemente, *Ah, é melhor eu lutar pelo poder e exibi-lo ostensivamente, pois assim poderei acasalar-me com mais fêmeas.* A evolução levou-os a buscar o poder e a exibi-lo instintivamente.

O efeito civilizador das mulheres

Ao longo da história, enquanto os machos se empenhavam em dirigir a cultura para a expansão, a conquista e um poder cada vez maior, as fêmeas representaram a chamada *força civilizadora*, lutando por estabilidade e segurança. Esses impulsos são desdobramentos diretos das diferentes prioridades dos genes masculinos e femininos: os masculinos tendem a vencer ao estimularem seus hospedeiros a acasalar com o maior número de fêmeas possível, enquanto os femininos tendem a vencer ao dotarem seus hospedeiros da tendência a estabelecer um ambiente seguro e estável onde possam criar sua prole.

Por quê? Porque os machos investiam relativamente menos tempo e energia com um feto específico, enquanto as fêmeas não podiam produzir mais do que um ou dois fetos por ano, e precisavam proteger seu capital genético. Os machos faziam algum investimento em qualquer filho sobrevivente, tendo em vista sua reprodução? Com certeza. O investimento deles era tão grande quanto o das fêmeas? Não, quando sua posição na hierarquia dominante era alta o suficiente para que eles fecundassem todo um grupo de parceiras. E esses homens eram aqueles que transmitiam a maioria dos genes. Para protegerem seu investimento, portanto, cabia às fêmeas estabelecer, para os machos, certos padrões de comportamento aceitáveis.

> Como os genes femininos tinham mais a ganhar ao serem exigentes com os parceiros, a evolução fez com que geralmente coubesse às mulheres a escolha dos parceiros. Os homens precisavam competir entre si para serem escolhidos.

Portanto, as mulheres podiam ser muito mais seletivas do que os homens. Elas podiam testá-los para descobrirem se eles levariam a sério o relacionamento. Ao resistirem enquanto um homem não investisse uma quantidade substancial de tempo e recursos, elas diminuíam a possibilidade de que seu pretendente estivesse apenas brincando com seus sentimentos. Elas aumentavam a probabilidade de que o "cara" estivesse, de fato, desempenhando o papel de marido/pai e não apenas atrás de uma aventura inconsequente.

Se tudo isso lhe parece terrivelmente frio e calculista, lembre-se uma vez mais: esse "teste com os machos" não é *necessariamente consciente* por parte da fêmea. A evolução levou as coisas a este patamar: os genes que favoreciam essa tendência de testar os machos foram transmitidos com sucesso, ao contrário do que aconteceu com os outros genes. O resultado é que *parece conveniente* ter um certo grau de certeza sobre as intenções de um homem antes de acasalar-se com ele.

Infidelidade

Não quero dar a impressão de que conseguiria descrever, exata e completamente, os papéis sexuais de homens e mulheres, o que seria impossível ainda que eu dedicasse o livro inteiro ao assunto. Os papéis convencionais de "machão", marido/pai e testadora de pretendentes descrevem algumas das modalidades básicas de comportamento entre homens e mulheres. Na evolução, porém, vale tudo! Na verdade, é de se esperar que a evolução de determinados indivíduos os leve a explorar, manipular, mentir, trapacear e roubar, devido à busca desenfreada de seus genes pela reprodução de si mesmos.

Um dos tipos dessa manipulação é o acasalamento furtivo. Para os machos, essa prática frequentemente assume a forma de sexo extraconjugal. É interessante observar que não há muita razão genética para as fêmeas se aborrecerem com isso, a não ser a possibilidade de que o homem se apaixone pela outra mulher e abandone a esposa e a família.[31]

Para as fêmeas, a traição pode significar que elas foram fecundadas por um "machão" com melhores genes, sem que a traição chegue ao conhecimento do "marido caseiro". Essa vitória é bem menos significativa para os genes da fêmea do que para a traição por parte do macho, uma vez que só acarreta um ligeiro aumento potencial da sobrevivência da criança e, além disso, ela ainda correrá o risco de ser abandonada pelo marido. Não se deve esperar, portanto, que o impulso tenha intensidade semelhante. A triste conclusão é que a recompensa e, portanto, o impulso, são bem maiores no

---

31. David Buss discute vários estudos em seu livro *The Evolution of Desire* (Basic Books, 1994), nos quais se mostram diferenças surpreendentes entre o que leva ao ciúme no homem e na mulher. Em um estudo do próprio Buss, 60% dos homens afirmam preferir que sua parceira desenvolva uma profunda ligação emocional com outro homem, em vez de fazer sexo extraconjugal. Por outro lado, 83% das mulheres afirmam preferir a infidelidade sexual à emocional.

caso da traição praticada por homens. Para eles, cada nova fecundação significa mais um descendente – outro provável portador de genes –, quase sem custo algum para o pai.

Outro intervalo: os "motivos" evolutivos

Intervalo, intervalo, intervalo! As pessoas que têm casos extraconjugais geralmente *não querem nem ouvir falar* em gravidez, certo? Como posso dizer que a razão de ser da traição é ter mais bebês, quando sabemos que as pessoas não querem saber de bebês como resultado de suas aventuras extraconjugais?

Repetindo outra vez: o truque está em não perder de vista que há uma diferença entre nossos pensamentos conscientes da atualidade e as forças da seleção natural sobre o DNA nos tempos pré-históricos. A tendência *inconsciente* de ter essas aventuras em certas circunstâncias está embutida em nossa mente como resultado da evolução – como resultado do fato de que nossos ancestrais que tinham essa tendência se acasalaram para *nos* terem! Apesar dos princípios morais, valores ou ideias correntes em nossa época, estamos presos a essa programação pré-histórica que faz com que nos sintamos atraídos por outras pessoas, que fiquemos apaixonados ou loucos de amor por elas. Como resultado da seleção natural, temos impulsos sexuais incrivelmente fortes.

Depois que a evolução nos proporcionou esses impulsos, novos usos obtidos a partir de soluções improvisadas foram desenvolvidos a partir deles. Por exemplo, os estudos antropológicos sugerem que um dos principais objetivos da infidelidade feminina não é engravidar, mas obter outros favores – como mais carne para seus filhos – do "machão". De modo oposto, é por isso que esse indivíduo sai à caça. Não porque seja uma maneira eficiente de obter proteínas (e não é mesmo – a caça em grupo é muito mais confiável), mas porque uma boa "pontuação" lhe permite trocar carne por sexo por onde quer que ele passe.

Além disso, há também a impossibilidade de impedir que, em seu tempo livre, as pessoas façam sexo simplesmente pelo prazer de fazê-lo. Uma vez que a seleção natural tornou a reprodução sexuada tão prazerosa, não é de se estranhar que o sexo pelo sexo, apesar de um pouco menos prazeroso, continue sendo uma atividade bastante apreciada, desde que não interfira na sobrevivência ou na reprodução.

A evolução da infidelidade

À medida que as táticas e contratáticas das estratégias de acasalamento evoluíram, os infiéis passaram a trair cada vez melhor, e os parceiros ficaram cada vez mais eficientes em detectar ou impedir esse comportamento. Contudo, as consequências genéticas são tão grandes que a infidelidade continua sendo um fator importante no modo como os genes são transmitidos.

Simular um papel é outro modo de aumentar as probabilidades de compensação genética. Não é fácil fazer de conta que se é um "machão" quando há homens mais dominantes nas imediações, pois eles vão tentar rapidamente colocar o impostor em seu devido lugar, mas é incomum que, ao se dar conta de que o macho mais dominador é ele, um homem resolva se fazer de "valentão" para ser geneticamente vitorioso.

A simulação do papel de marido/pai oferece maiores probabilidades de criatividade. A artimanha mais comum para um marido é fingir que ele ainda não é casado e, desse modo, conseguir outra oportunidade de acasalamento. Para os solteiros, o truque clássico consiste em fazer juras de amor e envolvimento eternos, mas cair fora depois de conseguir algumas transas. Sem dúvida, há vantagens para as mulheres que a evolução as tenha tornado desconfiadas e capazes de descobrir esse tipo de comportamento, o que nos permite esperar, uma vez mais, que as estratégias de "impostor" e "detetive" tenham se aperfeiçoado ao longo do tempo.

É por isso que as danças de acasalamento das aves costumam ser tão demoradas, levando ambas as partes à exaustão. A fêmea "sabe" (no sentido evolutivo) que nenhum macho "casado" chegará a esse extremo unicamente por conta de uma aventura tão passageira, que põe em risco a estabilidade de sua verdadeira família, e por esse motivo ela o põe à prova para saber se ele é realmente "solteiro", levando-o a despender quase toda a sua energia.

O recurso à estratégia de nicho

Se todos tivessem exatamente a mesma estratégia de acasalamento, as pessoas menos atraentes sairiam sempre perdendo – jamais se acasalariam. Portanto, alguns pretendentes desenvolveram estratégias de nicho capazes de atrair menos parceiros potenciais, mas parceiros que não eram objeto de uma forte competição. Eles conseguiam uma menor fatia de mercado de um mercado já em si menor, mas, acima de tudo, a estratégia de nicho aumentava muito a probabilidade de transmissão de seus genes.

As estratégias de nicho para fins de acasalamento estão na origem do provérbio "Gosto não se discute". Enquanto a maioria dos homens corre atrás de mulheres com menos de 30 anos, as quais, geneticamente, têm maiores probabilidades de gerar descendentes, outros homens preferem mulheres mais velhas. Embora a maioria sinta atração por indivíduos com traços faciais semelhantes, o que indica semelhança de DNA, há muitos que preferem parceiros de aparência exótica. Embora a maioria das fêmeas teste seus pretendentes antes de fazer sexo com eles, algumas são extremamente promíscuas, o que talvez leve sua prole a adquirir pelo menos alguns recursos de uma boa quantidade de possíveis pais. Essas estratégias de nicho são abordagens indiscriminadas, e seu objetivo consiste em disseminar a maior quantidade de DNA possível.

Costumes e hipocrisia

Uma das maneiras de o DNA aumentar suas probabilidades de vitória no jogo da reprodução humana, além de fazer tudo que for possível para levar seu próprio hospedeiro a se reproduzir, consiste em tornar mais difícil a reprodução dos outros. Nos tempos pré-memes, machos poderosos podiam intimidar fisicamente outros machos e ficar com as fêmeas para eles. Os machos em posição inferior na escala de dominação teriam maiores probabilidades de transmitir seu DNA ao fingirem respeito pela santidade do harém dos machos dominantes, mas, sem que ninguém soubesse, aproveitar toda e qualquer oportunidade de acasalamento que cruzasse seu caminho. Estudos mostram esse tipo de comportamento entre os chimpanzés.

Quando os memes entraram em cena, para os machos tornou-se interessante, do ponto de vista genético, transmitir memes capazes de reduzir as probabilidades de acasalamento de outros machos. Era do interesse do DNA feminino transmitir memes que estimulassem comportamentos apropriados por parte de seus pretendentes. Era do interesse dos avós transmitir memes que resultassem na criação bem-sucedida de seus netos. E foi assim que surgiram os conceitos de *hábitos e costumes sexuais*.

Os hábitos e costumes sexuais são as regras do jogo, por assim dizer. São memes estratégicos que dizem *Não faça isso que você está querendo fazer*. Eles impedem que você se acasale com determinado tipo de parceiro potencial. As pessoas são programadas com eles ao longo de sua educação.

♦ 126 ♦

> O interessante a respeito dos hábitos sexuais é que o fato de ter sido programado com um deles pode significar, na verdade, que você talvez passe a ter um comportamento contrário aos interesses do seu DNA egoísta.

É fácil saber o que seu DNA quer: basta observar por quem você se sente sexualmente atraído. Isso lhe dará uma boa indicação de que, em termos genéticos, acasalar-se com essa pessoa seria conveniente para a transmissão do seu próprio DNA.

Algumas das primeiras proibições sexuais bem conhecidas – aquelas dos Dez Mandamentos – se encaixam perfeitamente nesse modelo. Dois desses mandamentos proíbem um homem de fazer sexo com a mulher do próximo, e até mesmo de cobiçá-la. Os homens que fazem esse grande investimento em um lar e em uma família, mas que acabam sendo enganados,[32] têm muito a perder no jogo evolutivo, razão pela qual é de se esperar que alguns dos memes por eles transmitidos desestimulem outros homens a ter casos extraconjugais com as esposas deles.

Contudo, a observação estrita dos hábitos sexuais faz você se comportar de acordo com os interesses do DNA de *todas as outras pessoas*, menos com os seus. Portanto, a estratégia ideal do gene egoísta, antes de as pessoas se conscientizarem da possibilidade de que o único objetivo de sua vida não precisaria ser a transmissão de seu DNA, consistia em participar da difusão desses hábitos e costumes, mas também em ignorá-los em segredo sempre que surgisse uma oportunidade de acasalamento contrário às normas. Aí está a explicação evolutiva da hipocrisia. É de se esperar que a maior parte do comportamento hipócrita esteja associada ao sexo, pois é vantajoso para o DNA de todos que, ao mesmo tempo, as pessoas disseminem memes antissexo e sejam suficientemente egoístas para ignorá-los.

De planetas diferentes

Embora às vezes pareça que homens e mulheres não são do mesmo planeta, dada a nossa dificuldade de entendimento mútuo, todas as diferen-

---

32. No original, *cuckolded* (particípio passado do verbo *cuckold*, "enganar o marido", "cornear"). Na raiz desse verbo encontra-se a palavra *cuckoo* ("cuco"), uma ave que costuma depositar seus ovos nos ninhos de outras aves, para que elas os choquem. (N. do T.)

ças básicas provêm dessa guerra dos sexos sobre a qual acabei de falar. Em geral, os homens tendem a interessar-se pelo poder, por sua posição na hierarquia e pelo apego às oportunidades de fazer sexo tão prazerosamente quanto possível. É comum que eles se sintam mais atraídos por mulheres com o máximo potencial reprodutivo – pelas jovens e saudáveis. Outra de suas características é serem possessivos em relação a suas mulheres, prevenindo-se contra a infidelidade conjugal.

A psicologia evolutiva ajuda a explicar por que as pessoas são hipócritas em relação ao sexo. Embora o hipócrita espalhe memes que ajudam a reduzir a promiscuidade alheia, como *O adultério é um erro*, ele se aproveita de todas as oportunidades de acasalamento contra as quais costuma vociferar. O DNA das pessoas que agem assim espalha-se mais rapidamente do que o DNA de gente honesta.

Em geral, as mulheres tendem a valorizar a segurança, o compromisso e os homens que se dispõem a investir nelas. Os homens pelos quais elas mais se sentem atraídas são de dois tipos: o forte e poderoso, e o abnegado e generoso. As mulheres também vivem de olho em seus maridos para evitar que eles as troquem por outras, e estão sempre atentas a qualquer indício de que um homem possa estar perdendo o interesse por elas. Confirmadas as suspeitas, elas dão tudo de si para reverter a situação.

Você já se perguntou por que os homens não conseguem tirar os olhos de mulheres atraentes? Em termos evolutivos, para eles tornou-se importante avaliar e reagir rapidamente às oportunidades de acasalamento. Pelo mesmo motivo, os homens se excitam rapidamente com estímulos visuais, o que explica por que a pornografia é tão mais popular entre eles do que entre as mulheres.

> Os homens tentam naturalmente impressionar as mulheres com sua força e poder. E a coisa funciona.

Você nunca quis saber por que uma mulher fica contrariada quando um homem fica uma semana sem lhe telefonar? Para ela, isso põe em risco a segurança e a estabilidade do relacionamento do dia a dia, pelo qual ela foi geneticamente programada a ansiar, e seus mecanismos de defesa entram em ação. Mesmo quando madura e segura de si, é provável que uma mulher também se sinta contrariada – está em jogo um dos mais poderosos sentimentos primitivos de seu sexo.

> As mulheres testam naturalmente os homens, para terem certeza de que eles estão, de fato, comprometidos com elas, e não apenas fingindo estar. E a coisa funciona.

Nos últimos séculos, esses papéis sexuais foram extremamente influenciados pela evolução dos memes, e então encontramos homens e mulheres menos bem-sucedidos em reproduzir-se, mais frustrados em suas relações e mais confusos em termos gerais, tudo a partir do momento em que as sociedades primitivas – aquelas em que nossa evolução nos levou a viver – foram superadas por forças culturais incrivelmente complexas e poderosas. Porém, esses impulsos que se desenvolveram em nós permanecem conosco, e os vírus da mente tiram vantagem da situação; ficamos presos a eles.

Hoje, culturas diferentes desenvolveram conjuntos de hábitos e costumes sexuais diferentes, o que resultou em diferenças de comportamento entre homens e mulheres. Na Suécia, uma social-democracia em que as mulheres têm grande independência econômica, encontramos um alto grau de liberdade sexual entre elas. Como sua segurança não depende dos homens, as suecas não se preocupam muito em testar o comprometimento e a generosidade de seus parceiros potenciais. O resultado é uma maior promiscuidade entre as mulheres: um estudo mostrou que, em comparação com o que ocorre em outras culturas, os homens suecos não atribuem grande valor à virgindade de uma parceira potencial. Por outro lado, esses mesmos homens estão entre os menos violentos de qualquer cultura: com a maior disponibilidade de mulheres, eles não precisam adotar o comportamento arriscado e violento que caracteriza o "cabra-macho" e provém de um impulso genético de subir na hierarquia e, desse modo, ter mais acesso às mulheres. Não é necessário impor punições duras por crimes violentos.

Na Arábia Saudita, onde a repressão sexual é muito forte, encontramos uma situação oposta. As mulheres são extremamente dependentes dos homens para sua segurança econômica. Para elas, o acesso ao sexo é uma interdição quase absoluta. Para os homens, a virgindade de suas parceiras potenciais é um requisito fundamental. O índice de violência é alto – um remanescente dos tempos pré-históricos, quando a adoção desse comportamento aumentava as probabilidades de acasalamento de um homem –, e a punição por crimes violentos é muito rigorosa em relação a isso.

> O acesso ao sexo é a força motriz por trás de muitos aspectos culturais.

Por meio de uma cadeia de causa e efeito, a disponibilidade de fêmeas para os homens se acasalarem pode moldar os hábitos e costumes predominantes, a quantidade de violência e as leis e castigos impostos por uma cultura. Houve uma mudança nos costumes sexuais norte-americanos, desde a era do amor livre dos anos 60, quando um grande número de mulheres nascidas durante o período do *baby-boom* "tomaram as rédeas" da própria sexualidade, até o medo da AIDS nos anos 90, quando as mulheres jovens foram advertidas e orientadas a "dizer não" e a se absterem de sexo. Essa mudança foi seguida por um aumento dos crimes violentos entre os homens, como seria previsível a partir desse modelo.

Botões sexuais

Voltemos agora àqueles nossos botões que resultam do impulso sexual e dos papéis a ele associados. Os três primeiros são, em essência, masculinos, e o segundo grupo de três diz respeito basicamente às mulheres; contudo, a natureza improvisatória da evolução e a importância das estratégias de acasalamento de nicho parecem misturá-los de vez em quando, e não é raro encontrarmos homens com botões "femininos" e mulheres com botões "masculinos". Afinal, somos todos membros da mesma espécie!

— **Poder**. Os homens são particularmente atentos às oportunidades de adquirir poder. Isso inclui o controle do território, seja este um espaço físico ou conceitual, como o mercado de software ou o Senado dos Estados Unidos. Na pré-história, isso os tornaria mais atraentes às mulheres. Embora as mulheres pré-históricas pudessem buscar o poder para aumentarem sua capacidade de sobrevivência, sua atratividade baseava-se fundamentalmente na juventude e na saúde – seu potencial de reprodução –, de modo que a seleção não as pressionava tanto a desenvolverem um *botão* do poder.

— **Dominação**. Os homens se preocupam com a posição que ocupam na hierarquia dominante. Na pré-história, uma posição hierárquica superior daria acesso às mulheres sem necessidade de uma luta física, algo muito dispendioso para ambos os pretendentes. As mulheres precisavam menos desse impulso, pois eram elas que faziam as escolhas.

— **Janela de oportunidade**.[33] Em termos de DNA, os homens tinham pouco a perder e muito a ganhar se aproveitassem ao máximo as oportunidades de acasalamento que se lhes apresentavam. Essa capacidade de identificar uma janela de oportunidade também se aplica a outras áreas. ("Se você fizer seu pedido antes da meia-noite, ganhará uma faca Ginsu de presente!")[34] No caso das mulheres, como cada filho é um investimento de nove meses, elas preferiram desenvolver a paciência.

— **Segurança**. As mulheres buscam segurança. Na pré-história, esse impulso aumentava a probabilidade de sobrevivência de seus filhos, bem

---

33. No original, *window of opportunity*. Expressão usada, entre outros, pelos neurobiologistas para designar as probabilidades de desenvolvimento de cada atividade na vida da criança. Quando bem aproveitadas, fixam-se na mente para sempre, e são eliminadas quando mantidas inertes. (N.do T.)

34. Alusão a um dos mais famosos anúncios de TV dos anos 70, conhecido como o primeiro infomercial. (N. do T.)

como a de sua própria reprodução. É interessante observar que quase todos os programas governamentais voltados para o financiamento da segurança foram aprovados num período relativamente breve, ou seja, desde que as mulheres conquistaram o direito ao voto. Embora os homens também valorizem a segurança, eles são mais propensos a enfrentar situações de risco que possam fazê-los subir na hierarquia.

— **Compromisso**. As mulheres são atraídas pelos homens que lhes parecem comprometidos com elas – que estão quase sempre por perto. Para criar fidelidade à marca, a propaganda é implacável no uso desse botão. A evolução desenvolveu, no homem, o interesse pelo acasalamento com uma grande variedade de mulheres.

— **Investimento**. As mulheres têm grande apreço pelos homens que nelas investem. Isso é o que torna tão florescente a indústria e o comércio de flores. Como os homens podem contar seguramente com a tendência feminina universal de cuidar dos filhos, sua evolução não os levou a procurar essa característica nas mulheres.

A reprodução sexual é a força principal por trás da evolução genética. Desenvolvemos instintos e tendências que favoreceram o máximo sucesso no acasalamento antes mesmo de nossa cultura começar a evoluir. E agora aqui estamos, em pleno século XXI, e ainda ligados à época em que vivíamos em cavernas. Não admira que, nas livrarias, a seção de livros de autoajuda esteja abarrotada de títulos!

O futuro do sexo

Todos esses instintos e impulsos evoluíram para aumentar a probabilidade de as mulheres engravidarem e terem filhos. Porém, como já afirmei, nossos pensamentos conscientes costumam seguir a direção contrária! Os homens só querem saber de sexo, certo? Eles não querem que as mulheres engravidem. Num modelo desses, por que as pessoas fazem controle de natalidade? Por que os homens fazem vasectomia? *Não* é para dar força ao DNA!

A resposta é:

> Os milhões de anos de evolução genética que produziram esses instintos não levaram em conta nossa descoberta de que fazer sexo poderia não significar, necessariamente, engravidar.

Jogamos um balde de água fria – melhor seria dizer uma camisinha – em todo o empenho do DNA. Descobrimos como fazer sexo sem ter bebês, e o resultado foi que o ato de acasalar deixou de ser a recompensa genética que foi durante milhões de anos. Nossos instintos ainda pensam que acasalamento é igual a reprodução, e é por isso que nossos impulsos sexuais ainda são tão fortes.

Hoje, porém, tudo mudou. Agora, o que realmente beneficia nosso DNA egoísta é o impulso de *fazer um bebê*: a opção de ter um bebê. Nas gerações futuras, por meio da evolução genética, essa opção se tornará cada vez mais imperiosa. Se fôssemos, *de fato*, adeptos do controle de natalidade e da eliminação de toda e qualquer gravidez não planejada, o impulso sexual, que atualmente é inútil, chegaria até mesmo a atrofiar-se.

No que me diz respeito, porém, eu não contaria com isso. A seleção natural é extremamente rápida em castigar a falta de reprodução. Hoje, quando muitos governos garantem a saúde e o bem-estar de todas as crianças, é de se esperar que o segmento da população que mais cresça seja aquele cujos membros ignoram o controle de natalidade. Isso inclui as pessoas que pensam que têm bons genes e querem reproduzi-los, mas também inclui os irresponsáveis e os incultos. Algumas religiões também proíbem o controle de natalidade: uma estratégia geneticamente vencedora!

> Gostemos ou não, temos poucos anos de vida, e o DNA dos que tendem a não gerar descendentes desaparecerá em breve. As pessoas que têm poucos filhos serão sobrepujadas pelas que têm muitos.

Portanto, se vivêssemos de modo puramente instintivo, nossos impulsos nos levariam a aumentar as probabilidades de transmissão do nosso DNA, o que não ocorre quando se vive de acordo com a programação dos costumes sociais. Que dizer das pessoas que não têm filhos? Os homossexuais, por exemplo? Como a homossexualidade pode sobreviver à seleção natural? Essa é uma das questões mais difíceis que os biólogos evolucionistas têm de enfrentar ao aplicarem o darwinismo aos seres humanos.

Uma das teorias afirma, simplesmente, que a evolução ainda está em pleno curso. Como faz pouco tempo que os memes se tornaram mais importantes do que os genes, nosso DNA ainda não estaria "bem-informado" sobre esse fato. Se a premissa estiver correta, não há dúvida de que ele se atualizará em breve, e poderemos contar com um aumento do índice de natalidade em toda a população.

Outra possibilidade é que os indivíduos sem descendência teriam se tornado escravos genéticos daqueles que os têm. Os que geram filhos teriam disseminado uma combinação certa de memes e nos infectado com os vírus mentais adequados, o que nos teria levado a trabalhar resignadamente, empenhados em fazer deste mundo um lugar melhor para os filhos *deles*. Essa é uma possibilidade, desde que vejamos a vida do ponto de vista da propagação de DNA.

Mas a vida não precisa, necessariamente, girar em torno da propagação de DNA.

> Todos esses botões e tendências podem ser identificados e superados. A vida pode ser algo muito mais grandioso. Porém, se não entendermos o modo como estamos programados, não poderemos começar a nos programar para os objetivos que norteiam nossa vida, sejam eles quais forem.

A evolução complexa e diversificada de nosso impulso sexual nos fornece muitos dos poderosos botões e tendências que os vírus da mente usam para nos programar. O impulso número dois, logo atrás do sexo, é a sobrevivência. É aí que vamos procurar o próximo conjunto de botões explorados pelos vírus da mente.

◆ ◆ ◆

7

Sobrevivência e medo

*"Discutiremos agora, um pouco mais detalhadamente,
a luta pela vida."*

— Charles Darwin

Na pré-história, a melhor maneira de continuar vivo era ter uma relação boa e saudável com duas coisas: alimento e perigo. A parte do nosso cérebro que a evolução tornou atenta ao perigo foi muito útil numa época em que tantas ameaças rondavam nosso dia a dia. Fico imaginando em que momento, depois da invenção da linguagem, o primeiro espertalhão terá feito o primeiro otário perder tudo que tinha ao lhe dizer uma mentira sobre algum perigo iminente: "Ei, Og! Mim viu tigre-dentes-de-sabre caverna comida tua! He-he-he..."

Vários mitos e religiões contêm algum tipo de ameaça de retaliação de seu deus ou de seus deuses, e suas doutrinas advertem sobre os riscos que as pessoas correm quando fazem coisas proibidas. Por quê? Porque os memes associados ao perigo são aqueles aos quais ficamos atentos! Ao longo do desenvolvimento das tradições orais, nosso cérebro foi programado para intensificar os perigos e atribuir-lhes importância crucial.

Repetindo mais uma vez: a evolução dos memes deslanchou a partir do instante em que a comunicação dos perigos passou a fazer parte das nossas relações pessoais. Hoje, quando praticamente não há mais ameaças cotidianas à nossa sobrevivência, descobrimos que nossa vida ainda está cheia de memes associados à noção de *perigo*. Quanto mais perigosos, mais atentos ficamos a eles. Basta pensar em toda a nossa preocupação com os seguros contra perdas e danos e no gosto generalizado pelos filmes de terror – sem contar a dimensão das indústrias que alimentam essas coisas. Há filmes que tratam exclusivamente da questão da segurança, e alguns até que funcionam bem, mas quem está a fim de assisti-los? No ensino médio, fiz um curso sobre segurança no trânsito e o filme mais eficiente que passaram chamava-se *Morte Mecânica*. Ao contrário dos outros filmes que enfatizavam a segurança ao volante, todos muito chatos, *Morte Mecânica* mostrava vários acidentes sangrentos, com requintes de detalhes sobre o que pode acontecer aos motoristas irresponsáveis. Acho que só vi esse filme uma vez, mas foi o único que me ficou na lembrança, talvez porque só o perigo conseguisse desviar minha atenção das prioridades normais de um aluno do ensino médio: comida e garotas. Perigo, alimento e sexo.

A evolução do medo

Como a evolução enfatizou a segurança, temos um pouco mais de medo do que seria preciso. *Por que* a evolução enfatizou a segurança? Simples: a segurança era um fator crucial para a reprodução. Com segurança, continuaríamos vivos e provavelmente nos reproduziríamos; sem ela, nem uma coisa nem outra. A evolução genética nunca esteve interessada em nossa qualidade de vida, mas apenas no número de nossos descendentes. Naturalmente – no sentido *literal* do termo –, ao longo da seleção natural a segurança tornou-se um impulso cada vez mais importante para nós e para os outros animais. Como acontece com nossos outros impulsos, a segurança também tem um sentimento associado a ela: o medo.[35]

---

35. Há outro impulso associado à segurança, que chamarei de *repulsa*. Em mais um exemplo da natureza improvisatória da evolução, e por nenhum motivo especial, sentimos repugnância diante de certos perigos e medo diante de outros. Eu diria que a repulsa é um mecanismo mais simples e primitivo do que o medo. E digo isso porque as coisas que nos repugnam são perigos muito antigos, como, por exemplo, os corpos em estado de decomposição visível, os odores fétidos e o sabor de veneno. A natureza desenvolveu separadamente muitos impulsos associados à segurança: até os organismos unicelulares mais primitivos tendem a se afastar dos ambientes hostis e a procurar os mais propícios.

O medo é extremamente adaptável a qualquer situação que se apresente. O fato de que uma pessoa pudesse ficar apavorada se tivesse de caminhar pela mesma rua escura que inspirou Gene Kelly a cantar na chuva[36] mostra que os medos específicos estão longe de ser universais entre os seres humanos. Na verdade, tendo em vista que eu entrava em pânico sempre que precisava falar em público, e agora tomei muito gosto pela coisa, posso afirmar com toda convicção que os medos mudam, inclusive durante a vida de uma só pessoa.

> O medo humano é gerado por instintos "hardware" que observam a vida pelas lentes de uma programação memética "software". Essa programação é formada por todos os memes distintivos, estratégicos e associativos que foram transmitidos a você por tudo que já passou, ouviu e pensou, ou que lhe foi ensinado.

Do ponto de vista genético, há um salto inacreditável no fato de que nós – e qualquer outro animal que tenha essa capacidade – nos protejamos contra perigos dos quais só tomamos consciência depois de nosso nascimento e da fixação de nossos genes.

Imaginemos qual terá sido o processo genético que resultou na evolução do medo: digamos que temos dois animais pré-históricos, Spot e Rover, que descobriram como comunicar o conceito de *perigo*. Spot viu um tigre numa caverna distante. Ao fugir a toda velocidade, já perdendo o fôlego, ele passa por Rover e diz: "Amigo Rover – *uf, uf* – há perigo – *uf, uf* – naquela caverna". No mesmo instante, Rover passa a agir como o faria se ele tivesse *visto* um tigre, e sai em disparada. Isso reduz a probabilidade de que ele venha a ser comido, o que nos permite dizer que temos aí uma adaptação evolutiva favorável. A propósito, o simples fato de ver Spot correndo feito louco já pode ser suficiente em termos de comunicação.

Toda essa correria, porém, é um desperdício de energia que vai deixar Spot exausto e com fome, e ele vai precisar comer. O pobre Spot provavelmente agiu melhor do que seus antepassados, que não tinham a menor capacidade de pressentir perigo, mas esse comportamento ainda pode ser aperfeiçoado.

---

36. Alusão ao filme *Singin' in the Rain* ("Cantando na Chuva"), de 1952, do qual Gene Kelly também foi diretor. (N.do T.)

A companheira de Spot tem seis filhotes, e um deles – Spot Jr. – reage de modo ligeiramente diverso: sua percepção do perigo torna-se até mais aguda, mas ele só sairá correndo se houver bons motivos. Tendo em vista que ele obtém a mesma vantagem de Spot sem ter de pagar o preço da exaustão, da fome e da sede, que o tornam mais vulnerável a um ataque, com o passar do tempo os genes predominantes serão os seus.

O tempo passou, os genes evoluíram e nós temos várias sensações que associamos prontamente ao medo. Essa consciência mais aguçada de um medo não muito claro é chamada de *ansiedade*. O velho e bom *medo* é associado a um perigo do qual nosso instinto nos diz para fugir. Ao contrário disso, se nossa reação for ficar e lutar, sentimos *raiva*. E há também as misturas e nuances desses sentimentos, todas com seus próprios nomes: nervosismo, preocupação, desconfiança, apreensão etc. Assim como os esquimós têm muitas palavras para definir *neve*, a riqueza de nosso vocabulário associado ao *medo* exemplifica o fato evolutivo de que o conceito é crucial para nossa vida. Como se fosse preciso provar.

O que deu errado?

Por que o medo – essa maravilhosa, complexa e adaptável reação ao perigo – se transformou num fardo tão pesado para a vida moderna? Por que tantas pessoas fazem terapia, tantas *mais* leem livros de autoajuda e, o que é mais lamentável, por que um número *ainda maior* delas ainda vive num desespero silencioso, tudo isso porque sua vida está cheia de um medo desnecessário? Por que nossas reações ao perigo, que nos foram tão úteis durante o longo período de nossa evolução genética, de repente se volta contra nós e se transforma na pedra no caminho da concretização de todo o nosso potencial na vida?

O assunto é complexo, e talvez rivalize com o sexo em seu onipresente entrelaçamento com a tessitura de nossa vida. Há, porém, um fio comum a uni-los: o meio em que hoje vivemos está tão distante dos milênios durante os quais nossos genes evoluíram, que o mecanismo de medo/raiva/perigo não dá mais conta do recado.

Hoje, nossa vida gira em torno de trabalho, sociedade e ideias – e não de leões, tigres e ursos. Mas as pessoas tratam o fracasso cultural como se este fosse tão prejudicial quanto o colapso físico – o fato de ser comido! As reações e emoções instintivas que a evolução nos legou são, sem dúvida alguma, ruins para qualquer pessoa interessada em algo além da sobrevivência. Esse é um terreno no qual o truísmo "Confie nos seus instintos", do repertório de truísmos da Nova Era, nos deixa a ver navios.

> O sucesso na vida depende da perseverança diante do fracasso, mas nossos instintos associados aos riscos culturais nos fazem seguir exatamente a direção contrária.

Em grande parte, o ambiente em que hoje vivemos é uma invenção da nossa mente. Nossos sensores do medo perderam o rumo! Imagine que a parte de nossa mente que produz o medo seja algo como um leitor de código de barras de um supermercado instalado em nossa cabeça. Ao ver alguma coisa que lhe parece assustadora, ele começa a funcionar e mostra um preço – a intensidade de nosso medo diante de qualquer situação. Há um milhão de anos, os *scanners* funcionavam perfeitamente: tudo que víamos tinha um código de barras impresso com total nitidez. Porém, as situações que os *scanners* foram criados para identificar deixaram de existir – hoje, nosso código de barras é usado para gravatas listradas, telas de Jackson Pollock e espetáculos de luzes psicodélicas. E é maravilhoso que continuemos a ser bem-sucedidos nisso também!

Na verdade, nem tão bem assim. Vivemos numa época de grandes tensões e confusões. Qualquer pessoa que já tenha pensado em "largar tudo isso" assim o fez por ter sentido o apelo de voltar para um meio ambiente mais simples e menos confuso: aquele ao qual nossos sentidos foram criados para atribuir sentido.

Medo e afinidade

Não ficamos especialmente atentos só aos perigos que nos ameaçam. Como nossos genes são compartilhados por nossos parentes, nossa atenção também se volta para as situações em que possamos ajudá-los sem que isso nos custe muito. Chamamos esse comportamento de *altruísmo*, e é interessante observar que a sociedade parece sorrir para o altruísmo com a mesma intensidade com que fecha a cara para a satisfação excessiva dos próprios desejos. Contudo, ambos evoluíram a partir da sobrevivência dos genes mais aptos. Apresento a seguir alguns memes que acionam os botões associados ao altruísmo:

— **Ajudar crianças.** A melhor coisa que você pode fazer para os seus genes egoístas, além de sobreviver e reproduzir-se, é ajudar seus filhos ou outras crianças que compartilham esses genes a se reproduzirem também. Os cientistas ainda estão longe de concluir suas pesquisas sobre o comportamento humano em relação às crianças, que vai desde a ajuda a crianças de outras raças até ao assassinato dos próprios filhos. Em termos gerais, porém, muitas pessoas têm o instinto de *ajudar crianças*.

— **Diz-me com quem andas...** Os grupos humanos que têm os mesmos genes e permanecem unidos, protegendo-se mutuamente, apresentam melhores probabilidades de sobrevivência e de impedir que seu acervo genético seja enfraquecido por estranhos.

Até que enfim, alguns memes legais! Afinal, não é verdade que *não* somos criaturas abomináveis e vis? Porém, o fato de os genes terem evoluído de modo a cuidar mais de si próprios do que de pessoas específicas tem também o seu lado sinistro. Que dizer dos memes abaixo?

— **Racismo.** A exclusão, ou mesmo a luta contra pessoas cujos genes são muito diferentes dos nossos – o lado desagradável do meme *diz-me com quem andas* – tem o efeito de preservar o *status quo* e o acervo genético. O segmento mais influente da sociedade norte-americana atual rejeita esse comportamento que, até o século XX, era muito bem aceito pela maioria das culturas expostas a outras raças.

— **Elitismo.** Qualquer grupo de pessoas que compartilhe e aja de acordo com a crença de que merece mais recursos, privilégios ou cuidados do que outros grupos tem maiores probabilidades de sobreviver e propagar seus genes em tempos de penúria.

Ajudar crianças, diz-me com quem andas, racismo e *elitismo* são memes que acionam nossos botões. Ao lado dos memes de *crise* e *perigo*, bem como de outros mais complexos, em cuja base encontra-se o medo, e que vou discutir ainda neste capítulo, esses memes "acionadores" são excelentes candidatos à apropriação pelos vírus da mente, para então usá-los com êxito quando for preciso chamar nossa atenção e romper o cerco de nossas defesas. E o perigo não precisa ser real – basta pensarmos que é.

Para ser bem-sucedidos no mundo moderno, precisamos ignorar nossos sentidos até certo ponto e viver de acordo com os costumes, ideias e crenças que só existem em nossa mente. A reação de medo, porém, parece ser o instinto mais difícil de ignorar. Daí vem o sucesso dos memes que ativam uma reação desse tipo, bem como a atenção que lhe dispensamos. Apresentarei a seguir alguns exemplos de como os memes evoluíram de modo a tirarem proveito de nossos botões associados ao medo.

Salvem as Crianças!

antes que seja tarde demais...

As crianças do mundo inteiro estão em perigo! Sem um bom conhecimento da memética, elas ficam suscetíveis à infecção por *vírus mentais* – infecções que podem, *literalmente*, *destruir* sua qualidade de vida.

O que você pode fazer para ajudar? Ensine-lhes a memética. Mas não há tempo a perder. Sua ajuda é necessária *agora*. Se você conhece crianças em idade escolar, não espere que outra pessoa resolva ajudá-las. Seja o primeiro amigo com o qual elas podem contar. Seja importante para a vida delas e a das próximas gerações. Invista no futuro dessas crianças, mas faça-o agora. Dê hoje mesmo, a cada uma, um exemplar de *Vírus da Mente*.

Ao criarem algo como um "perigo" cultural, os publicitários conseguem, pelo menos, levar as pessoas a prestar atenção aos seus anúncios. Os vírus da mente frequentemente incluem memes indutores do medo.

A psicologia do jogo

Quando eu estava começando a me interessar pelo modo como a mente funciona, um dos temas que mais me fascinaram foi a psicologia do jogo. Por que as pessoas jogam contra a casa se já sabem muito bem que a vantagem é sempre dela? Ou, mais especificamente, como posso ganhar dinheiro aproveitando-me do fato de que outras pessoas às vezes fazem más apostas?

O segredo é que os instintos do jogador têm origem nos tempos pré-históricos e lhes dão maus conselhos num mundo deliberadamente criado para enganá-los. Eis alguns desses instintos falsos:

◆ 141 ◆

— **Aposta com poucas probabilidades de vitória**. Na pré-história, empenhar-se numa atividade de baixo risco e alta recompensa, como a busca de alimento, era uma atitude benéfica para a sobrevivência, mesmo que a recompensa só aparecesse de vez em quando. Nos jogos de azar com prêmios enormes, como a mega-sena, as probabilidades reais podem ser absolutamente insondáveis. Mesmo assim as pessoas jogam, devido ao baixo risco e à alta recompensa.

— **Seguro barato**. Outro meme de baixo risco e alta recompensa é o "seguro barato". Isso significa fazer um pequeno esforço a fim de diminuir a probabilidade de situações de risco, como camuflar a entrada de sua caverna antes de ir dormir. Na época em que eu jogava *blackjack*,[37] ouvi muitas vezes o conselho habitual para sempre "comprar um seguro" – fazer uma aposta adicional de que o *dealer*[38] tem um *blackjack* – quando você mesmo tem um. Analistas do jogo mostram que o seguro é uma aposta ruim, com ou sem *blackjack*; porém, o meme *seguro barato* faz com que ele se torne intuitivamente atraente.

— **Contar com a sorte**. Na vida, apesar das afirmações em contrário de certas propagandas de fundos mútuos, o desempenho passado costuma ser um bom indicador de resultados futuros. Se os cervos se reuniram perto da fonte de água todas as madrugadas na última semana, há boas probabilidades de que voltem a fazê-lo amanhã. Na maioria dos jogos de azar, porém, cada lance é totalmente independente do passado. As boas fases não passam de acontecimentos casuais, mas as pessoas jogam como se elas tivessem alguma importância.

— **Nadar contra a corrente**. Num maravilhoso exemplo da incoerência intrínseca à raça humana, algumas pessoas desenvolveram o instinto de contrariar as opiniões ou tendências predominantes, rejeitando os pontos de vista da maioria. Em termos de sobrevivência, é fácil ver como esse comportamento pode ter sido vantajoso para se encontrar alimento ou parceiros, uma vez que a competição individual diminui automaticamente; nos

---

37. Jogo de cartas conhecido em português como vinte-e-um. O termo também pode significar "valete preto", tanto o de espadas quanto o de paus. (N. do T.)

38. "Negociante", isto é, a banca ou o cassino. (N. do T.)

jogos de azar ou nos acontecimentos casuais, porém, essa estratégia é tão inútil quanto a de nadar *a favor* da corrente.

— **Ser mesquinho quando tudo vai mal, generoso quando tudo vai bem.** O instinto de sobrevivência, que nos leva a armazenar recursos quando eles são escassos e a ser mais pródigos quando são abundantes, é o extremo oposto da estratégia de administração de dinheiro tida como ideal. Os modelos de computador mostram que você vai demorar mais a ficar sem tostão se apostar mais quando estiver por baixo do que quando tudo estiver correndo bem.

— **Jogar com base em palpites.** Às vezes, tentar uma nova estratégia ou uma abordagem criativa era e continua a ser útil para a sobrevivência. Mas essa utilidade deixa de existir no caso da maioria dos jogos de azar, principalmente no *blackjack*: só existe uma maneira de jogar cada rodada de modo a ter boas probabilidades de ganhar. Os cassinos ganham fortunas com os palpites de jogadores que se afastam dessa estratégia um tanto enfadonha.

Não é que as pessoas joguem mal por conta desses falsos instintos: os jogos de azar **evoluíram** de modo a explorar essas tendências! Os cassinos enriqueceram com os jogos que mais nos enganavam, como o *blackjack*, e então os replicaram. Com o tempo, os jogos mais fracos (como o faraó, um jogo de azar) foram desaparecendo, pois não traziam grandes lucros para a casa.

Expectativa de ganho numa aposta de $10 quando o jogador tem um *blackjack*					
Quantia apostada	Ganho se a banca tiver *blackjack*	Ganho se a banca não tiver *blackjack*	Chances se a banca tiver *blackjack*	Chances se a banca não tiver *blackjack*	Expectativa de ganho total
$ 10 + 0,5	$ 20	$ 20	15/49 =	34/49 =	$ 20,00
(com seguro)			0,31	0,69	
$ 10	$ 10	$ 25	15/49 =	34/49 =	$ 20,41
(sem seguro)			0,31	0,69	

Fazer seguro do *blackjack* só é uma aposta vantajosa se você tiver contado as cartas e souber que há uma quantia incomum das que valem dez pontos. De qualquer modo, porém, o meme *seguro barato* induz as pessoas a fazer a aposta.

Os memes que exploram essas tendências também conseguiram se infiltrar em outros aspectos de nossa cultura. Ficar atento a essas tendências não só favorece suas probabilidades de sucesso como jogador, como também aumenta a qualidade de outros aspectos de sua vida.

Lendas urbanas

É tentador pensar que os mitos, provérbios, lendas e tradições orais são transmitidos ou por conta de sua verdade factual ou de sua utilidade específica para nossa vida – lições, talvez, ou a sabedoria acumulada ao longo dos milênios. Porém, como hoje conhecemos bem os memes, sabemos que as narrativas, os mitos e a sabedoria coletiva que sobrevivem são os que têm – você já adivinhou – bons memes.

Examinemos algumas de nossas modernas lendas urbanas, essas histórias que não morrem por mais que sejam contestadas. E por que não morrem? Porque uma reportagem chata, dessas em que se diz que "nada de interessante ou perigoso está acontecendo no momento", jamais será páreo para uma lenda urbana sanguinária, cheia de memes apimentados! Aqui estão algumas das minhas favoritas, com os botões acionados pelos memes entre parênteses:

Um garoto com leucemia está à beira da morte *[crise]*. Antes de morrer, ele quer entrar para o *Guinness Book of World Records [missão]* como detentor do recorde de recebimento de cartões de pronta recuperação *[distinção pessoal]*. Para ajudá-lo *[ajudar crianças]*, basta enviar-lhe um desses cartões *[baixo risco, alta recompensa]*.

Um casal vai a uma venda de garagem e resolve comprar uma cadeira velha por $5 *[oportunidade]*. Quando chegam em casa, o cachorro começa a farejar e arranhar o estofo da cadeira *[perigo]*. Eles examinam o canto rasgado do forro e dentro dele descobrem uma carteira marrom com $38.000,00 em notas de $100 *[baixo risco, alta recompensa]*.

A multinacional Procter & Gamble, que, entre outros produtos na área de bens de consumo, é uma grande fabricante de sopas, vem recebendo, há décadas, cartas de consumidores que ouviram dizer que o logotipo da empresa – um velho numa lua – é na verdade um símbolo satânico *[perigo]*, e que pedem sua substituição imediata *[missão]*.

Ao comer algo num restaurante de *fast-food* (aquele que você adora) *[familiaridade]*, alguém encontrou uma substância desagradável (a que você mais detesta) *[perigo]* na comida (o prato que você mais aprecia) *[alimento]*. Essa pessoa processou o restaurante e ganhou $2 milhões *[baixo risco, alta recompensa]*.

Superstição

Você é supersticioso? Mesmo que não, é provável que se lembre de mais coisas que supostamente trazem boa ou má sorte do que de nomes de presidentes dos Estados Unidos. Admitindo-se, por ora, a hipótese de que essas ideias não encontram eco no mundo real (bata na madeira), por que será que todos nós conhecemos tantas superstições?

Dica: isso tem algo a ver com medo e memes.

A maioria das superstições se baseia no meme de *seguro barato*. Ao custo aparentemente baixo de evitar gatos pretos, ficar em casa numa sexta-feira 13 ou jogar um pouco de sal por sobre o ombro esquerdo – e tem de ser o ombro *esquerdo* – você "paga" um seguro barato contra alguma coisa ruim que pode acontecer.

Algumas superstições incorporam outros memes, principalmente aquele de *contar com a sorte*. Os jogadores de dados querem que um lançador bem-sucedido só pare de lançá-los quando acabar sua maré de sorte. Eles ficam mais alvoroçados a cada vitória determinada pelo acaso. Em geral, os atletas não mudam suas roupas de baixo durante uma maré de sorte. O jogador de basebol Wade Boggs comia frango antes do início de qualquer jogo. Ele diz que, na única vez em que deixou de fazer isso, cometeu três erros defensivos na terceira base. Você pode culpá-lo?

Meu amigo Greg Kusnick, que o leitor já conhece de nossa conversa na lanchonete da Microsoft, onde ouvi falar de memes pela primeira vez, tem o hábito de se levantar cedo e, ao dirigir-se para a porta da rua já para ir trabalhar, passar os olhos pelas manchetes do jornal. Isso mesmo, nada além de passar os olhos. No único dia em que não fez isso, o papa morreu. Claro que o papa já havia morrido bem antes de Kusnick não dar sua olhadinha no jornal, mas os pensamentos racionais pouco têm a ver com a superstição! Nas palavras do próprio Kusnick:

Eu não conseguia evitar a ideia sinistra de que, de alguma maneira, a culpa era minha. Eu tinha deixado de cumprir meu dever (...) e, quando a poeira baixou, o papa estava morto.

As superstições são coisas ruins? Só no sentido de que, se você estiver o tempo todo com sua atenção voltada para gatos e pitadas de sal, poderá perder algumas coisas que realmente valem a pena. Ou, se você atribui sua má sorte àquele espelho que quebrou no ano passado, é provável que não se empenhe devidamente em identificar as verdadeiras causas, o que poderia ajudá-lo a reverter a situação. Talvez você tenha mau hálito!

Como começam as superstições? Cada uma a seu modo. As pessoas fazem brincadeiras a respeito delas, alguém imagina ver um padrão em fatos aleatórios – a origem importa menos do que aquilo que as leva a perpetuar-se.

> As superstições se perpetuam porque possuem uma coisa necessária do ponto de vista de um meme: o componente *seguro barato*, que aciona nossos botões.

Ficamos atentos a elas. E, como o perigo é uma das coisas sobre as quais mais gostamos de falar, vamos transmitindo livremente as nossas superstições. É desse modo que elas se transformam em vírus mentais, desviando nossa atenção, alterando nosso comportamento e nos programando para passá-las adiante.

Talvez eu tenha dado origem a uma nova superstição durante a turnê de lançamento do meu primeiro livro, *Getting Past OK*. Em três cidades diferentes, ouvi um boato de que algumas gangues de rua tinham um novo rito de iniciação. À noite, alguns de seus membros davam umas voltas de carro com os faróis desligados. O primeiro bom samaritano que, com um amigável sinal de luz, os advertisse sobre o fato, seria perseguido e assassinado.

Perigo! Crise! E, sem nenhuma dúvida, *seguro barato*: não envie nenhum sinal de luz e salve a sua pele. Parece que essa história não passou de uma brincadeira, o resultado de uma série de mensagens plantadas por fax em emissoras de rádio e televisão do país, mas ela contém todos os elementos de uma boa lenda urbana ou superstição. Daqui a cinquenta anos, não me surpreenderia ver pessoas evitando dar sinal de luz com o mesmo cuidado com que evitam buracos na pista, embora tenham, quando muito, uma vaga ideia das origens dessa superstição.

Nossa tendência genética a difundir informações sobre situações de perigo nos foi muito útil muito tempo atrás. Uma vez consolidado esse mecanismo, porém, estavam abertas as portas para que as superstições individuais se instalassem em nossa mente.

Há um grande perigo em passar pela vida com essa reverência ultrapassada diante do medo e dos memes a ele associados: tomar decisões erradas com base no medo. Como nossa reação instintiva é atribuir a essa emoção muito mais peso do que ela merece na vida moderna, frequentemente deixamos passar grandes oportunidades.

A superação do medo

Nossa tendência a reagir exageradamente aos "perigos" culturais aplica-se não apenas às superstições, mas também a muitas coisas que tememos em nosso cotidiano: a desaprovação dos outros, a incapacidade de atingir determinado objetivo, a rejeição e assim por diante. Tudo se resume ao fato de que nossos mecanismos de reação ao medo ainda estão ajustados para uma época em que o mundo era cheio de ameaças concretas a nossa sobrevivência e reprodução.

> No passado, havia uma infinidade de motivos para vivermos com medo. Hoje, as coisas não são mais assim.

A superação do medo exige que você se condicione a refletir sempre que estiver com medo, em vez de limitar-se a agir por instinto. O processo mental que aplico a mim mesmo é mais ou menos assim:

Estou com medo. Estarei sob ameaça de algum risco físico? Não. Bem, sempre que decido alguma coisa com base no medo, tomo uma decisão ruim; por isso mesmo, vou pôr esse medo de lado e perguntar a mim mesmo: "Como devo lidar com esta situação?" Tomarei uma decisão consciente, com base no que pode me ajudar a ser bem-sucedido, e não inconsciente, levado por minha reação instintiva de fugir sempre que sinto medo.

Isso parece meio esquisito? Esse processo lógico-reflexivo foi fundamental para que eu superasse meu medo de palco e até passasse a gostar muito de falar em público. Depois de algum tempo, isso virou uma espécie de "segunda natureza", e eu não precisava mais ficar repetindo essas palavras; era como se eu tivesse criado um novo padrão de raciocínio inconsciente – um meme estratégico – que dava conta dos objetivos que eu pretendia atingir, em vez de ficar refém de alguns DNAs pré-históricos. A lógica é uma coisa maravilhosa. Uma verdade evidente, mas quase nunca ensinada em palestras e seminários, é que pensar com lógica e clareza e levar adiante nossos planos são meios infalíveis para ter sucesso na vida.

A evolução genética nos deu a *tendência* de ficar mais atentos a certos memes. Observe que eu disse "tendência", e não "obrigação". Somos capazes de superar conscientemente nossa programação genética e até mesmo, ao longo do tempo, de nos reprogramar de modo a ficarmos inconscientemente atentos a outras coisas, se decidirmos que elas são mais importantes.

Portanto, se o efeito de sua herança genética parou por aí, isso não seria condenável. Você seguiria em frente, fazendo-se de dissimulado sempre que percebesse alguma mudança de foco de sua atenção. Pelo menos, poderia ter a certeza de que, apesar de algum desvio de consciência, você estaria contribuindo com a evolução. Isso pressupõe que você tenha algum outro objetivo na vida, além da mera sobrevivência. Se seu objetivo se resume em sobreviver, você está com tudo – vai sobreviver até o dia da sua morte – e pode parar de ler agora mesmo. A seleção natural vai ou não selecionar os seus genes, conforme lhe parecer melhor. Por falar nisso, se você realmente quer pôr sua vida a serviço dos seus genes, aqui vai uma dica: eles querem que você tenha o maior número possível de descendentes.

Para os que não pensam assim, porém, a coisa não para por aqui. Lembre-se, ainda precisamos lidar com esses vírus da mente. E, agora que sabemos quais são os botões que os memes podem acionar, vamos dar uma olhada no modo como somos programados.

8

Como somos programados

*"Há dois tipos de pessoas no mundo: as que entram numa sala
e ligam a televisão, e as que entram numa sala e a desligam."*

— Raymond Shaw, protagonista do filme *Sob o Domínio do Mal*

Aqui está o capítulo pelo qual vocês todos esperavam. Nele ensinarei tudo que vocês precisam saber para manipular pessoas, usando memes e botões genéticos, para levá-las a fazer exatamente aquilo que vocês querem que elas façam. He-he-he...

Você sabe o que é um meme – um pensamento, uma crença ou atitude em sua mente, que podem ser transmitidos para outras mentes, ou delas para a sua. Você sabe que nós, seres humanos, somos o veículo para a evolução dos memes. Você entende como a evolução funciona por meio da seleção natural – a sobrevivência dos mais aptos. E também já sabe como nossa evolução genética nos dotou de *botões*: tendências a prestar especial atenção a certas coisas – principalmente ao perigo, ao alimento e ao sexo – que nos ajudaram a sobreviver e a nos reproduzir nos tempos pré-históricos.

Agora vem a parte assustadora e desconcertante.

♦ 149 ♦

> Os memes entram em nossa mente sem pedir permissão. Eles se tornam parte de nossa programação mental e influenciam nossa vida sem que nós nem mesmo tenhamos consciência disso.

Neste capítulo, mostrarei como somos programados por novos memes e começarei a discutir o que podemos fazer para impedir a infecção por programações indesejáveis.

Infecção por memes

Somos infectados por novos memes de três modos distintos. Vou apresentá-los agora e, mais adiante, discutirei cada um mais detalhadamente.

— O primeiro modo de infecção é o que ocorre por **condicionamento**, ou repetição. Se ouvirmos alguma coisa sendo repetida muitas vezes, ela se tornará parte de nossa programação. Os publicitários e vendedores sabem disso muito bem. Qualquer bom livro sobre vendas deixa claro que a maioria dos clientes só se decide a comprar algo depois de cinco a sete tentativas do vendedor. É preciso repetir tantas vezes assim para implantar no cliente o meme *Compre-me*.

— O segundo modo ocorre por meio de um mecanismo conhecido como **dissonância cognitiva**. Quando as coisas não fazem sentido, nossa mente luta para *torná-las* compreensíveis e lógicas.

Imagine, por exemplo, que um amigo esteja chateado com você, mas que você não sabe por que ele está assim. Você tem dois memes em conflito – *amigo* e *chateado comigo*. Para resolver o conflito, ou a dissonância, você cria novos memes, reorganizando sua programação memética para que as coisas voltem a fazer sentido. *Ah, ele está chateado porque pagou o almoço nas três últimas vezes*, talvez você conclua. Certo ou errado, você agora tem um novo meme sobre seu amigo e o almoço, e esse meme vai influenciar seu comportamento futuro.

Ouvi dizer que os gênios formulam suas ideias originais mais brilhantes por meio da dissonância cognitiva autoimposta. Como você pode ver, então, esse método de programação funciona particularmente bem com pessoas inteligentes, porque, na verdade, você acredita que o novo meme é ideia sua.

— O terceiro modo como os memes entram em nossa mente consiste em tirar vantagem de nossos botões genéticos à maneira do **cavalo de Troia**. Como vimos, por causa de nossa natureza há certas coisas às quais tendemos a ficar especialmente atentos, como os avisos de perigo, os gritos de crianças e a atração sexual. Somos suscetíveis a feixes de memes que acionam nossos botões em busca de atenção e, depois, introduzem sorrateiramente alguns outros memes junto com eles.

O fato de sermos simplesmente programados por novos memes não é igual a pegar um vírus mental plenamente desenvolvido, mas os vírus mentais recorrem a um desses métodos, ou a todos eles, quando fazem sua invasão inicial de nossa mente. No final deste capítulo, vou juntar tudo e mostrar como esses ingredientes variados se combinam para criar os vírus da mente.

Condicionamento

O condicionamento – a programação por repetição – é a maneira mais fácil de adquirir memes que não acionam eficazmente nenhum dos seus botões. Por exemplo: se você quer aprender francês, ouvirá pessoas falando nesse idioma ao mesmo tempo em que estuda seu léxico. No começo, vai parecer que essas pessoas estão limpando a garganta e gemendo, mas depois de muitas repetições você começará a ser programado com memes distintivos. Logo, começará a distinguir palavras e frases francesas onde antes só parecia haver uma grande falta de sentido.

Lembra-se do ensino fundamental, quando você aprendeu a ler e escrever? Quando precisou decorar a tabuada? Tenho duas lembranças dessa época. Uma delas é o tédio incrível que me dava ficar resolvendo problemas de aritmética o tempo todo. A outra é a enorme frustração de ouvir a professora lendo sempre a mesma página do livro *See Spot Run* ("Spot – Um cão da pesada"). Frustrado ou entediado, pouco interessa: o fato é que o condicionamento por meio de repetição é algo que funciona.

No ensino fundamental, a programação por condicionamento não se restringia a ler, escrever e lidar com números. Jurávamos lealdade à bandeira dos Estados Unidos da América todas as manhãs. E, se existe uma coisa que todo americano nativo sabe muito bem, podemos assim resumi-la: os Estados Unidos são um país indivisível, com liberdade e justiça para todos. Certo?

O patriotismo não nascia espontaneamente em cada um de nós graças a nossa natureza espiritual: éramos programados! E não era apresentado a nós como um argumento racional e lógico: apenas o repetíamos e ouvíamos muitas e muitas vezes, até que de repente, sem mais nem menos, passava a ser uma de nossas crenças, valores ou memes. As pessoas que estão presas há muito tempo podem tornar-se "institucionalizadas" – ficam tão condicionadas à cultura interna da prisão que não querem mais viver em outro lugar. Assim que são libertadas, tentam voltar. Não há porque pensar que o longo condicionamento de um emprego ruim ou de um casamento malsucedido não tenha o mesmo efeito.

É comum programar crianças com crenças religiosas por meio do condicionamento por repetição. Seja qual for a religião, as crianças passam da total ausência de crenças para uma crença muito bem consolidada, ou, pelo menos, tão "consolidada" quanto possível, depois de serem bombardeadas com afirmações sobre a natureza divina de Deus, de Jesus ou de David Koresh. De repente, esses memes tornam-se reais, pois passam a fazer parte da programação delas.

Se você passar muito tempo ouvindo determinadas pregações religiosas, começará a perceber a presença de Deus e de Suas obras onde antes só havia o caos da vida seguindo seu curso. O que antes era acaso passa a ser milagre. O que era sofrimento agora é karma. O que era natureza humana virou pecado. E, seja como for que esses memes religiosos lhe forem apresentados – como a Verdade ou como mitologia alegórica –, o fato é que seu condicionamento será inevitável.

> Por meio da repetição, você pode ser condicionado a adquirir novos memes distintivos que tornarão a realidade diferente a seus olhos, e esses memes ficarão cada vez mais estáveis à medida que novas comprovações forem consolidando seu novo modo de ver as coisas.

Em psicologia, a palavra *condicionamento* frequentemente se refere à implantação de memes associativos. O cão de Pavlov foi *condicionado* a associar o som da campainha a comida saborosa. Quando a Coca-Cola paga milhões de dólares para lhe mostrar jovens em trajes de banho, divertindo-se muito enquanto bebem seus produtos, ela o está *condicionando* a associar boas sensações a suas marcas. A repetição desse comercial cria memes associativos em sua mente, de modo que, ao passar com seu carrinho de compras perto do setor de refrigerantes, você sentirá um impulso irracional de comprar Coca-Cola. É possível superar esse impulso por um esforço de intenção consciente ou pelo fato de outros memes serem mais fortes, mas o impulso faz grande diferença[39] em termos dos lucros da empresa, motivo pelo qual ela gasta tanto dinheiro em propaganda.

Há outro termo para designar o uso da repetição para criar memes estratégicos: *condicionamento operante*. Ver comerciais ou ouvir campainhas implica um comportamento passivo, uma vez que não pressupõe nenhuma atividade ou estratégia. O condicionamento operante ocorre, por exemplo, quando você se comporta de determinada maneira e esse comportamento é recompensado. A recompensa cria e reforça os memes estratégicos.

O exemplo clássico de condicionamento operante é ensinar um rato a percorrer um labirinto. No começo, o rato apenas anda para lá e para cá. Logo, porém, ele descobre que há um pedacinho de queijo escondido em determinado canto – uma recompensa. Rapidamente, o rato aprende a correr diretamente para o queijo, em vez de ficar correndo a esmo.

Usamos constantemente o condicionamento operante com nossos filhos: avaliando seu rendimento escolar, elogiando-os quando eles fazem coisas que nos agradam. A repetição dessas recompensas condiciona as crianças a se comportarem de determinada maneira. Além disso, cria e reforça memes estratégicos que, se formos bons pais e bons professores, serão muito úteis, quando já adultos, na sua busca da felicidade.

Contudo, o condicionamento operante pode ser usado para muitas outras finalidades além da busca da felicidade. Você estará sendo condicionado sempre que estiver passando por situações repetidas nas quais houver uma recompensa por algum tipo de comportamento.

> Se você estiver numa situação em que alguém o recompensa por algum comportamento específico, reflita sobre quais são os memes com os quais o condicionamento operante o está programando. Eles atendem aos seus objetivos de vida?

---

39. Ou, pelo menos, ela *pensa* que faz. Ela pode ser enganada por sua própria programação memética! Leia mais sobre isso no Capítulo 9.

Dissonância cognitiva

Outra técnica de programação consiste em criar ansiedade e depois forçar a volta ao estado de equilíbrio – *dissonância cognitiva*. Por que as táticas compulsivas de venda existem, apesar do desprezo quase geral com que são vistas? Como acontece com qualquer "por quê?" no universo da memética, a resposta é: *porque o meme em questão propaga-se com grande eficiência*. Os vendedores são infectados com o meme *vender, custe o que custar*, e vão à luta sem se questionar se esse é o recurso mais eficaz ao seu alcance. Mas é inegável que, para algumas pessoas, essa tática às vezes funciona.

Para funcionar, esse tipo de venda sob pressão deixa o suposto cliente mentalmente constrangido – em outras palavras, cria um efeito de dissonância cognitiva. Você entra em campo com alguns memes estratégicos que o fazem resistir à compra: talvez algo do tipo *Pense bem antes de tomar qualquer decisão*, ou *Pesquise mais antes de comprar*. O vendedor vai programá-lo com um meme que tornará a compra imediata bem mais atraente: *Se eu não comprar agora, perderei uma oportunidade única*, ou mesmo algo mais simples, como *Se eu comprar agora, o vendedor gostará de mim*.

> Esses novos memes entram em conflito com os que você já tem, e isso cria uma tensão mental. Sua mente quer resolver o conflito e, para isso, cria outro meme.

Há duas maneiras de acabar com a pressão causada pela dissonância cognitiva: comprar ou cair fora. Se você optar pela segunda, é provável que tenha resolvido a dissonância criando um meme do tipo *Esse vendedor é um idiota*. Mas há os que compram, pois criam um meme mais ou menos assim: *Eu realmente quero comprar isso*. Uma vez criado esse meme, ele é seu, e um vendedor esperto saberá reforçá-lo, afirmando-lhe que você tomou uma decisão sábia. É até possível que ele lhe telefone daí a alguns dias, dando-lhe os parabéns pela compra.

A dissonância cognitiva pode ser usada para criar um meme de submissão e lealdade a qualquer autoridade que esteja causando a dissonância. Os trotes a calouros, os campos de treinamento e algumas penitências religiosas ou espirituais submetem pessoas a testes difíceis e podem exigir demonstrações de lealdade antes de eliminarem a pressão. Isso cria um meme associativo entre a demonstração de lealdade e a sensação agradável trazida pelo fim da pressão.

> Com a dissonância cognitiva, as pessoas acabam acreditando que receberam algo valioso, alguma coisa digna de sua lealdade, quando na verdade tudo o que aconteceu é que seus torturadores pararam de torturá-las.

Foi esse o método usado para programar os prisioneiros de guerra e torná-los submissos e leais aos que os capturaram.

Um resultado interessante da pesquisa sobre o condicionamento operante das pessoas é que esse método funciona melhor – cria memes mais fortes – quando a recompensa só é oferecida de vez em quando, e não o tempo todo. Talvez isso aconteça porque o fato de postergar a recompensa acrescenta a dissonância cognitiva ao condicionamento operante. Assim, um programador de memes realmente manipulador vai protelar a recompensa pelo máximo de tempo possível, mesmo que o sujeito da ação tenha um desempenho impecável, por saber que isso criará uma programação mais consistente.

As ramificações dessa pesquisa são interessantes. As pessoas costumam dizer que os professores cujos ensinamentos melhor aproveitaram foram os que avaliavam com mais rigor – aqueles que muito raramente atribuíam conceito A. Um A que só é atribuído de vez em quando reforça o meme *Estude bastante* mais do que um A atribuído a torto e a direito, pois agrega dissonância cognitiva. Os programas de entrevistas e debates vivem cheios de pessoas que continuam presas a relacionamentos que consideram horríveis na maior parte do tempo – é possível que, num relacionamento difícil, o condicionamento e a dissonância da recompensa ocasional reforcem o meme estratégico *Não se separem* mais do que o fariam num relacionamento cujo cotidiano fosse quase sempre agradável!

Cavalos de Troia

O método de programação *cavalo de Troia* primeiro faz com que você fique atento a um meme, e depois introduz furtivamente mais um punhado de memes diferentes. Se você é uma pessoa inteligente e culta, deve estar pensando: *Uau! É preciso ser muito ingênuo para cair nessa!* Vá dizer isso aos troianos.

♦ 155 ♦

Existem vários mecanismos para agrupar todos esses memes. Por exemplo, um cavalo de Troia pode tirar proveito de seus botões instintivos, acionando-os para chamar sua atenção e, em seguida, introduzindo dissimuladamente outras programações. O exemplo mais simples de um cavalo de Troia que age desse modo é uma das verdades absolutas da publicidade: "Sexo vende". Por que sexo vende? Porque o sexo ativa seus botões, chama sua atenção e atua como um cavalo de Troia para outros memes agrupados numa propaganda. Claro que *perigo, alimento, crise, ajudar crianças* e os outros botões também vendem, ainda que não tão bem quanto o sexo. Falarei muito mais sobre isso no Capítulo 9.

Um cavalo de Troia também pode tirar proveito dos memes estratégicos com que você foi programado, e que têm a ver com aprendizagem ou crença. Por exemplo, as pessoas que têm o meme estratégico *Quando confio numa pessoa, acredito no que ela diz* são suscetíveis a uma nova programação memética, proveniente daqueles em quem confiam. As pessoas que têm o meme estratégico *Acredite nas coisas compatíveis com o que digo; duvide de tudo mais* são suscetíveis a uma nova programação memética que parece compatível com o que elas já sabem. Se você foi programado para *acreditar no que X afirma porque é a voz de Deus* – em que X é uma pessoa, um livro ou mesmo uma prática como a meditação –, será muito fácil programá-lo com novos memes provenientes de X.

A técnica mais simples para o agrupamento de memes, muito usada por políticos e advogados de defesa, consiste simplesmente em dizer os memes um em seguida a outro, em ordem decrescente de credibilidade. A consistência das primeiras afirmações parece transferir-se para as que não se sustentam. Por exemplo:

Todos queremos liberdade!
Todos queremos que a democracia não exclua ninguém!
Todos queremos que cada cidadão dos Estados Unidos
tenha a oportunidade de
concretizar o Sonho Americano!
E todos queremos um sistema nacional de saúde
que torne isso possível.

Ora, é um tanto forçado concluir que a administração federal do sistema de saúde tenha algo a ver com liberdade, democracia ou o Sonho Americano, mas a técnica de sobrepor afirmações do modo como vemos acima parece eliminar o ceticismo natural das pessoas.

> Os memes questionáveis, situados na parte final do agrupamento, entram em sua mente alojados no cavalo de Troia dos memes aceitáveis, que ficam na parte inicial.

Agrupar as afirmações desse jeito é uma das modalidades de uma técnica de *Programação Neurolinguística* (PNL) conhecida como *encaixamento*, isto é, a incorporação de memes com o objetivo de tornar as pessoas mais suscetíveis a eles.

Outra técnica de PNL é a *ancoragem*: pegar imagens, sensações ou sons e associá-los a ideias que não tenham nada a ver com eles. Por exemplo, o candidato a um cargo político que aponta para si próprio ao falar sobre um futuro cor-de-rosa, mas que volta o dedo em riste para seu adversário ao falar sobre miséria e corrupção, está na verdade ancorando bons sentimentos em sua própria pessoa e dirigindo os sentimentos ruins para seu adversário. O agrupamento reiterado dos gestos indicativos de bons e maus sentimentos cria memes associativos que, mais adiante, vão ter influência na hora de votar.

Você pode usar a ancoragem em si mesmo sempre que quiser ficar entusiasmado e de bom humor! Feche os olhos e imagine uma época em que você estava sempre alegre e motivado. Cria uma imagem mental poderosa. Agora, quando estiver mergulhado nesses sentimentos positivos, esfregue levemente a polpa do seu dedo indicador com a unha do polegar. Você está ancorando esse estado mental a essa boa sensação.

Abra os olhos e volte ao presente. Repita isso algumas vezes durante alguns dias ou semanas, e você verá que, da próxima vez que quiser se motivar rapidamente, bastará um leve contato entre a polpa do indicador e a unha do polegar para que tudo fique bem.

Como acontece com muitas das técnicas apresentadas neste capítulo, o encaixamento e a ancoragem são usados por muitos vendedores sofisticados. Em essência, vender significa influenciar as crenças das pessoas – infectá-las com determinados memes – a fim de obter um ganho econômico imediato. É natural que vejamos muitas técnicas de propagação de memes usadas pelos vendedores; por esse motivo, muitos dos exemplos deste capítulo têm a ver com vendas.

Vendas e programação

Uma maneira eficaz de encaixamento a que os vendedores frequentemente recorrem é a técnica de pergunta e resposta. Se você fizer um bom curso de vendas, uma das primeiras coisas que aprenderá é que *você* é quem deve fazer as perguntas. Você precisa controlar a interação, fazendo as perguntas certas e conduzindo a marca – ops! – o cliente pelo caminho que levará à venda. Por que as coisas são assim?

Você age dessa maneira pelo mesmo motivo que leva um advogado de defesa a fazer perguntas muito específicas a uma testemunha, em vez de apenas dizer: "Ah, tem alguma coisa que você queira nos contar sobre o suposto crime?" O advogado tem algo que deseja provar, e faz todo o possível para criar uma estrutura que dê sustentação a esse objetivo. Se você assistiu as séries de televisão *Lei & Ordem* ou *Perry Mason*, sabe que os tribunais têm regras para impedir que os advogados exagerem na criação dessa estrutura. Um juiz não permitiria uma pergunta do tipo "Você viu este marginal escondido no jardim da casa e pensando com seus botões, *Olha aí, cara, essa casa parece boa para um assalto?*"

Por que não? Essa pergunta exagera na construção de tal estrutura. Ao fazê-la, o advogado está simplesmente criando imagens e atitudes mentais na mente dos jurados. Está usando o encaixamento para criar memes na mente de algumas pessoas sem que elas tenham consciência disso. E é exatamente isso que o vendedor, livre de normas de procedimento probatório, faz para – ops! –, faz *com* você.

> Fazer perguntas é um método do tipo cavalo de Troia, usado para infectar as pessoas com memes.

Os vendedores do setor imobiliário são treinados para usar palavras como "você" e "seu/sua" o maior número de vezes possível. "*Você* não quer subir e dar uma olhada na *sua* suíte?", perguntam eles. Com uma simples pergunta, eles criam e reforçam em você a imagem mental de proprietário. Isto é, eles o programam com um meme associativo. Espertinhos, não?

Claro que você nem precisa fazer perguntas para reforçar essas imagens mentais. "Ah, veja só, aqui está a sua lareira." "Você pode derrubar esta parede e fazer um enorme quarto de brinquedos para seus filhos." "E, logo depois desta porta, você tem uma garagem para seus dois carros." Tudo isso é encaixamento. E tudo ajuda a criar memes, mas os bons vendedores sabem que podem vender muito mais se fizerem as perguntas certas, principalmente aquelas às quais você responde com um "sim". Portanto, outra técnica consiste em colocar uma perguntinha no final dessas afirmações, a fim de programar você com os memes estratégicos de dizer "sim":

"Este quarto é maravilhoso, não acha?" "Isto é exatamente o que você estava procurando, não é verdade?" "Adoro a vista que se tem deste quarto. E você?"

> O simples fato de fazer perguntas leva as pessoas a criar ou reforçar um meme em sua mente. A técnica de fazer várias vezes as perguntas certas pode, de fato, modificar o sistema de crenças de alguém e, desse modo, influenciar o seu comportamento.

Sem dúvida, influenciar o comportamento das pessoas é o aspecto mais importante do ato de vender: você quer influenciar uma pessoa para que ela compre o que você está vendendo. Se você é um vendedor, é provável que já venha usando essas técnicas há muito tempo, nem sempre sabendo por que elas funcionam.

Criar valor

A chave para a eficácia nas vendas consiste em descobrir o que o cliente considera valioso em seu produto e reforçar esse meme na mente dele. Contudo, aquilo que o *cliente* considera valioso pode não ter absolutamente nada a ver com aquilo a que o *vendedor* atribui valor. Se você for um bom vendedor e estiver vendendo um Picasso a alguém que gosta da tela porque as cores combinam bem com a porcelana, não vá lhe dizer que esse tipo de obra costuma ser admirada por outros motivos! Você tem mais é que vender outro Picasso a esse cliente, dessa vez porque a tela pertence à "fase azul" e combina maravilhosamente bem com a toalha de mesa.

O trabalho do vendedor é criar, na mente do cliente, um meme que lhe diga: *Acho que vou comprar isso.* Os melhores vendedores não veem essa atividade como uma queda de braço entre duas pessoas, mas sim como uma verdadeira situação de ganho mútuo. O cliente fica com alguma coisa que deseja ter, e o vendedor fica com a comissão. Portanto, um vendedor estará sempre tentando levá-lo a imaginar por que motivo deseja aquele produto, e para isso não poupará esforços em criar memes que reforcem sua crença no valor do produto.

A técnica de pergunta e resposta funciona bem em outro tipo de situação. Uma pessoa que entra numa loja só para dar uma olhada pode muito bem andar para lá e para cá e sair sem comprar nada. Porém, se um vendedor se aproximar e perguntar, "Posso ajudar?", haverá uma boa chance de que tal pessoa acabe encontrando alguma coisa de que está precisando. O simples fato de dizer "Estou dando uma olhada nas luminárias" já reforça, na mente do provável comprador, a ideia de que ele *quer* uma luminária.

O bom vendedor não perderá tempo e dirá: "Que tipo de luminária? De solo, de mesa ou parede?" Seja qual for a resposta, o cliente potencial agora tem uma imagem um pouco mais clara do que deseja, e a percepção de valor que ele atribui à compra continua aumentando.

À medida que a pergunta fica mais específica e que o cliente percebe mais claramente o que quer, aumenta a probabilidade de venda. A essa altura, o vendedor já pode introduzir na conversa outros aspectos relativos à questão de valor. "Em que parte da casa você pretende pôr a luminária?", "Você está pensando em substituir uma luminária mais antiga por uma nova?", "Já percebi que as mulheres bonitas sentem atração por homens com belas luminárias em casa, concorda comigo?"

Alguns dias atrás, recebi um telefonema de uma rádio local que alegava estar fazendo uma pesquisa. Entrei na conversa, e a coisa se passou mais ou menos assim:

"Você gosta de ouvir música dos anos 70, 80 e 90?"

"Gosto muito."

"Você sabia que a KXYZ toca os maiores sucessos dessas décadas?"

"Hã... Bem, não sabia, mas agora já sei."

"Já que você é fã dos grandes sucessos dessas décadas, acha que passará a ouvir nossa rádio com mais frequência, pela mesma quantidade de tempo ou com menos frequência?"

"Hã... Acho que vou ouvir mais vezes."

"Você costuma recomendar a seus amigos as estações de rádio que gosta de ouvir?"

"Sim, às vezes. Agora me diga, que tipo de..."

"Agora que você já sabe que a KXYZ é a rádio que mais toca os grandes sucessos das décadas de 1970, 1980 e 1990, você acha que vai recomendá-la a todos os seus amigos?"

"Hã... Talvez..."

"Na verdade, você comprará um espaço de página inteira nos classificados do *Seattle Times* só para dizer ao mundo como a KXYZ é maravilhosa, e que deve ser ouvida por todos o tempo todo?"

"Ei, espere aí..."

"Tenha um bom dia." Click.

Uau! Pegaram pesado, não? Você está contente por ter comprado este exemplar de *Vírus da Mente*, não está? A leitura de *Vírus da Mente* pode fazer uma grande diferença em sua qualidade de vida, não acha? Você vai indicar *Vírus da Mente* a todo o seu círculo de amigos e parentes, certo? *Vírus da Mente* pode ser um belo presente, gostou da ideia? He-he-he...

Finalização: A pergunta crucial

Uma vez que vender é algo que gira em torno da criação de memes em clientes – isto é, de introduzir neles uma ligeira programação –, continuemos a explorar os métodos de venda. Sem dúvida, o meme favorito de qualquer vendedor é "Sim, vou levar". O ato de fazer uma pergunta que resulte na criação desse meme é chamado de "*finalização*". Há muitos modos diferentes e ardilosos de finalizar uma venda, mas podemos reduzi-los a três campos: o *modo direto*, o *incorporado* e o *presuntivo*. Todos têm o mesmo objetivo: criar o meme *sim* na mente do consumidor.

A finalização *direta* inclui qualquer pergunta explícita sobre a intenção de comprar, seja ela um pouco vaga ou categórica:

- Você está pensando em comprar alguns exemplares de *Vírus da Mente* para alguém que lhe seja importante?
- Você estaria disposto a reunir dez pessoas e alertá-las sobre os perigos dos vírus mentais?
- Alguns de seus conhecidos precisam ler *Vírus da Mente* sem mais demora. Procure uma livraria agora e compre um exemplar para cada um deles, OK?

Outra maneira de fechar uma venda consiste em usar a finalização incorporada. Esse método passa pelo detector de pressão do cliente sem ser percebido, pois dá a impressão de que o pedido não é endereçado a ele:

- Quando você ler *Vírus da Mente*, vai descobrir que quer comentar o livro com todo mundo!
- Recebi um casal de amigos em casa e, durante o jantar, a esposa disse ao marido: "Você precisa incluir um exemplar de *Vírus da Mente* na sua lista de presentes de Natal, sem deixar ninguém de fora!"
- Um dia desses, enquanto eu acariciava meu cachorro, comecei a pensar: *Você precisa ir a algumas livrarias da cidade e ver com seus próprios olhos se eles estão dando uma posição de destaque a* Vírus da Mente *em suas vitrines.*

Uma terceira maneira de finalizar uma venda consiste no uso da *finalização presumível*. Esse método *presume* que o cliente já tomou sua decisão e, sem que ele o perceba, induz sua mente a criar o meme *sim*:

- Você prefere que esses exemplares de *Vírus da Mente* lhe sejam enviados por SEDEX ou postagem comum?

- O pagamento será com Visa ou MasterCard?

- Além de você, há outras pessoas para as quais você gostaria de comprar exemplares de *Vírus da Mente*?

As pessoas usam a finalização para vender outras coisas além de produtos e serviços. Um amigo meu, que já foi missionário mórmon, contou-me uma história sobre o que ele chamava de "pôr as pessoas contra a parede", isto é, fazer-lhes uma pergunta crucial. No caso dele, essa pergunta era: "E então, você quer aceitar Jesus como seu Salvador?" Vender coisas a partir de um conceito – todo um conjunto de memes – pode exercer uma influência muito maior na vida das pessoas do que levá-las a comprar um maravilhoso aspirador de pó.

◆ 162 ◆

> Quando você vende às pessoas um agrupamento de memes, fica muito fácil programá-las para que passem o resto de sua vida comportando-se do jeito que você quiser.

O casamento é um desses agrupamentos meméticos que geralmente se resolvem por meio de uma pergunta crucial. Não há nenhuma realidade física associada ao casamento. Em essência, basta que alguém se programe com alguns novos memes. É uma questão de adotar memes distintivos para *casal* e *família*, memes estratégicos como *Ficar juntos*, *Cuidar um do outro*, *Sacrificar-se* etc., a fim de preservar o casamento, e todo um conjunto de memes associativos que criem uma correspondência entre diferentes tipos de sentimentos e ideias e noções de casamento, compromisso e família. Nos últimos tempos, é comum que duas pessoas se casem e tenham uma programação incompatível acerca do casamento – memes estratégicos conflitantes ou memes distintivos antagônicos. Um conselheiro nupcial memético identificaria essas pessoas e permitiria que o casal fosse reprogramado com memes compatíveis.

Afinidade e espelhamento corporal

É mais provável que você compre de um amigo, mas não de um estranho, um meme de aspecto duvidoso – como, por exemplo, um carro usado que não parece estar em bom estado. Concorda comigo? Bem, um vendedor experiente sabe disso e fará tudo que for possível para criar um meme *amigável* em sua mente.

A maneira de criar confiança e afinidade com um cliente é um dos temas mais apaixonantes nos livros populares e nos seminários de vendas. A última moda é extrapolar sua mente consciente e usar técnicas de programação neurolinguística para criar afinidade. A maioria das pessoas não percebe o que está acontecendo quando os vendedores usam essa técnica, mas, se você souber o que eles estão fazendo, poderá até se divertir um pouco com eles.

Uma técnica básica é conhecida como *espelhamento corporal*. Se você estiver lendo sobre isso pela primeira vez, vai pensar que se trata de uma grande bobagem e questionará o fato de que alguém possa fazer coisa tão ridícula e, ainda por cima, ser bem-sucedido, mas acredite: os bons vendedores fazem isso, e a coisa funciona.

> Fazer espelhamento corporal significa apenas acompanhar os movimentos e as expressões do cliente.

Se o cliente cruzar as pernas, faça o mesmo. Se ele cruzar os braços, cruze os seus. Se ele virar a cabeça para um lado e torcer o nariz, repita esses movimentos. Parece brincadeira, não acha?

Além de simplesmente adotar a mesma postura, um bom praticante do espelhamento também vai perceber o ritmo dos movimentos das pessoas, a velocidade da fala, a textura de seu estilo de conversação. Se você conseguir "espelhar" tudo isso, vai se tornar algo como um parceiro de dança ideal e desenvolver aquele tipo de afinidade geralmente conhecido como *química*. Sim, isso também funciona bem para cativar companheiros potenciais. Ao longo da história, o produto vendido com mais frequência sempre foi *você mesmo*.

Jogos de confiança

Os mestres na criação de confiança e afinidade instantâneas são as pessoas que praticam *jogos de confiança* – os *con artists*[40]. "Con" é uma redução da palavra "confiança", e o jogo funciona quando eles conseguem ganhar sua confiança e depois o enganam. O funcionamento perfeito ocorre quando eles conseguem criar na sua mente um meme que diz *Confio neles*.

Há muitas maneiras de criar esse meme: aparentar ingenuidade ou inocência, apresentar um desempenho aparentemente altruísta, dar a impressão de pertencer a uma organização bem conceituada. O mais comum, porém, é que *eles* demonstrem primeiro que confiam em você. Ao lhe passarem essa impressão, eles esperam por uma atitude semelhante de sua parte. E aí você já está enrolado.

Uma enganação comum é o jogo de rua conhecido como "monte de três cartas", que parece ser bem simples. Três cartas de baralho dobradas ao meio – dois ases e uma rainha – ficam lado a lado sobre uma mesa. O trapa-

---

40. *Con artist* significa "trapaceiro", "vigarista", "impostor" etc. (N. do T.)

ceiro, um prestidigitador experiente cuja movimentação das cartas é tão rápida que confunde nosso olhar, altera a ordem das cartas. Os jogadores apostam quantias iguais, certos de que vão identificar a rainha.

O verdadeiro jogo, porém, é o jogo mental que cerca o jogo de cartas. Eis uma variação:

Quando você se aproxima, vê o que parece ser um jogador qualquer ganhando do trapaceiro muitas vezes, pegando a rainha e dobrando a quantia apostada a cada vez. O trapaceiro o proíbe de jogar mais porque, segundo diz, ele só ganha. Talvez eles recolham as peças do jogo e se instalem um pouco mais adiante.

Intrigado, você continua a observar. Pouco depois, a sujeito que estava "ganhando sem parar" se aproxima de você e lhe diz que sabe como "encontrar a dama", mas que não o deixam jogar mais. Ele se oferece para lhe dar uma parte do seu dinheiro e diz que, se você jogar no lugar dele, poderá ficar com metade do que for ganho. Ele até sussurra em seu ouvido qual é a posição da rainha – você não tem como perder!

Depois de ganhar uma ou duas vezes, ele se diz com medo de que o dono da banca descubra o que está acontecendo, mas que, em sua opinião, você pode continuar jogando. Quanto dinheiro você ainda tem? Vamos apostar tudo, o seu e o meu, e estourar essa banca!

Bem... Por que não? Ele confiou em você, vamos nessa!

Quando você perde tudo, seu novo amigo finge que está chocado e frustrado. Ele sente muito. "Polícia!", grita alguém bem nesse momento, e o trapaceiro dobra a mesa, guarda tudo rapidamente e sai de fininho. Se você estiver a fim de armar confusão, repare que está sendo atentamente observado por um sujeito musculoso e grandalhão que era o mais violento no time da penitenciária. Você caiu no conto do vigário, meu amigo.

> Ganhar a confiança de uma pessoa é uma boa maneira de superar seu ceticismo e conseguir programá-la com novos memes.

Os vírus da mente

Se você fez uma leitura atenta, já sabe quase tudo que precisa saber sobre o modo de funcionamento dos vírus da mente. Antes que você pule

♦ 165 ♦

para o Capítulo 11, onde vai aprender o que é necessário para fundar uma seita religiosa, vamos parar um pouco e fazer um apanhado geral das informações, para ver até onde chegamos.

No Capítulo 3, você aprendeu que um vírus da mente, ou qualquer vírus, tem três exigências: um método de penetração, um modo de reproduzir-se fielmente e um meio para propagar-se para outras mentes. Quando você tiver um conceito, uma subcultura ou um dogma que satisfaz todas essas exigências, terá um vírus da mente.

> Se você geralmente *acredita em* qualquer conceito, subcultura ou dogma que satisfaz todas essas exigências, e não toma nenhuma decisão consciente de se programar com esses memes, você está infectado por um vírus mental.

Se você não tem consciência de que geralmente acredita em qualquer coisa desse tipo, isso não significa, necessariamente, que não esteja infectado; talvez signifique apenas que você não tem consciência da infecção. A seguir, apresento um panorama geral do modo como as coisas acontecem quando você está infectado por um vírus da mente.

Penetração

Examinamos três métodos de penetração: a repetição, a dissonância cognitiva e o cavalo de Troia. Quando você for infectado por um vírus mental, sua situação vai refletir um desses cenários:

— **Repetição**. Repetir um meme até que ele se torne familiar e passe a fazer parte de sua programação é um dos métodos de penetração dos vírus mentais:

- Ouvir muitas vezes uma mesma mensagem repetida em noticiários e comerciais de TV, em programas de rádio etc.
- Participar de um grupo ou uma organização em que, por exemplo, é obrigatório ouvir a leitura de seu conjunto de regras de organização e funcionamento, ou em que se faz um juramento a cada reunião
- Ouvir inúmeras vezes um ponto de vista ou uma opinião – por exemplo, sobre controle de armas ou aborto (se você não estiver

entre os primeiros a serem infectados, poderá ouvir essas mesmas coisas de uma grande variedade de pessoas infectadas)

— **Dissonância cognitiva.** Ser colocado numa situação paradoxal ou mentalmente constrangedora pode levar alguém a ser reprogramado com novos memes que podem aliviar o stress mental:

- Passar por uma iniciação, uma imposição de tarefas excessivas ou uma série de testes
- Participar de um seminário ou curso agressivo e constrangedor que, no final, provoca uma grande sensação de alívio
- Alcançar algum objetivo ou obter alguma recompensa depois de um esforço exaustivo ou depois de lhe terem dito que você não é suficientemente bom

— **Cavalo de Troia.** Misturar memes menos atraentes com outros, bem mais agradáveis:

- Ouvir a pregação de um conceito que parece louvável em termos gerais, mas que tem alguns componentes pouco recomendáveis
- Ouvir apelos para ajudar crianças, solucionar uma crise, alimentar pessoas que estão morrendo de fome e outras coisas do gênero
- Ser solicitado a acreditar em alguma coisa meio estranha, e fazê-lo unicamente com base no critério de confiança
- Ver-se diante de uma oportunidade de fazer mais e melhor sexo, de ter novos e melhores relacionamentos ou de adotar algumas novas crenças

Essa não é, em absoluto, uma lista completa dos métodos de penetração pelos vírus da mente. Contudo, se você está querendo saber com quais desses vírus já está infectado, poderá obter algumas dicas ao passar em revista todos esses cenários acima apresentados.

Reprodução fiel

Um vírus da mente precisa encontrar um jeito de se reproduzir fielmente – sem distorções ou omissões. Isso pode ser conseguido de várias maneiras distintas:

- Enfatizando a crença na importância da tradição. O modo como as coisas foram ditas e feitas no passado serve de modelo para que tudo continue exatamente igual.
- Afirmando que determinado conjunto de memes representa a Verdade, como muitas religiões afirmam sobre seus textos sagrados. Por que você desejaria deturpar ou omitir a verdade?
- Criar uma estrutura que recompense a cópia textual e/ou castigue a modificação. Os militares dispõem dessas estruturas para condicionar as pessoas a reproduzirem fielmente suas diretrizes e procedimentos.

A grafia excêntrica da língua inglesa se mantém devido a um meme onipresente, para o qual há maneiras certas e erradas de grafar as palavras. Esse meme tem apoio por todo lado, inclusive nos dicionários, corretores ortográficos de computador e concursos de ortografia para crianças. Porém, antes que o meme estratégico *Use um dicionário* se tornasse predominante nos séculos XVIII e XIX, as pessoas escreviam como lhes parecesse melhor. Não é Verdade que só exista uma única maneira correta de grafar uma palavra – isso não passa de um meme. Como disse Mark Twain: "Só uma mente medíocre acha que existe uma única maneira de escrever uma palavra".

Achamos que é Verdade porque, durante toda a nossa vida, as pessoas nos criticaram, dizendo que escrevemos com erros de grafia – na verdade, essa gente nos programou assim. Não que haja algo de errado no fato de grafar as palavras corretamente – afinal, isso enriquece a comunicação –, mas é importante começar a perceber que tudo que consideramos Verdadeiro é formado por memes, e que a maioria desses memes veio parar na nossa mente por meio de uma programação, sem qualquer possibilidade de fazermos uma escolha consciente.

Qualquer crença que você tenha sobre a existência de um jeito *certo* e um jeito *errado* de fazer as coisas poderá ser – e será – cooptada pelos vírus da mente como parte de seus mecanismos de reprodução fidedigna. Lembre-se do que significa "uma coerência tola!" A coerência pela coerência não tem o menor sentido. Pergunte a si mesmo se o fato de ser coerente o ajuda em seus objetivos básicos, como comunicar-se bem, ou se, na verdade, o que acontece é simplesmente que o programaram com o meme *Seja coerente*, deixando-o vulnerável às infecções por vírus mentais.

Propagação

A propagação é o lado contrário da penetração. Esta seção se destina particularmente aos manda-chuvas deste mundo. Se você é uma pessoa influente ou importante, se produz programas de televisão, se discursa diante de multidões, se cria filhos – quero que você tenha consciência dos memes que anda disseminando.

Sem dúvida, um vírus mental que infecta as pessoas com memes que estimulam explicitamente sua propagação vai se propagar mais rapidamente e ocupar mais espaços do que um vírus que só conta com o acaso para se propagar. Eis alguns modos pelos quais os vírus estimulam sua propagação:

- Você será programado com um meme do tipo *Mostre seu potencial antes que seja tarde demais*, acionando seus botões de *crise* e *janela de oportunidade*.
- Você será programado com um meme que lhe dirá o tempo todo: *Ensinar isto aos seus filhos será muito bom para eles*.
- Você será programado para *evangelizar* o vírus. Alguns sinônimos de *evangelismo* são: *proselitismo*, *aplicação à causa missionária*, *dedicação ao próximo* e *engajamento*.

O evangelismo é visto quase como um palavrão em certos círculos. O paradoxo sobre o evangelismo é que, além de ser o expediente usado para propagar os vírus mentais, é também o melhor meio à disposição de quem pretende causar um impacto positivo no mundo. Você pode ter uma ideia brilhante, mas, se não gritá-la ao mundo, se não fizer uma cruzada – se não *evangelizar* –, ela não produzirá nenhum impacto. *Vírus da Mente* é minha tentativa de propagar conscientemente o grupo de memes conhecido como memética, que considero fundamental para que nossos filhos possam viver em um mundo de liberdade, criatividade e poder pessoal. Você está convidado a evangelizar comigo!

> *Evangelismo* é a propagação intencional de memes. Certifique-se de que os memes que você está propagando são aqueles que você quer ver em muito maior número no mundo.

♦ 169 ♦

Um vírus da mente é uma instituição cultural que contém todos esses ingredientes. Portanto, ele perpetua a si mesmo e é autorreplicante – continua a existir indefinidamente, atingindo e influenciando um grande número de pessoas. Chamo de *vírus maquinadores* essas instituições concebidas pelo homem para fins específicos de perpetuação e propagação. Porém, muito antes que surgisse alguém com essa noção maquiavélica, os vírus mentais evoluíram por conta própria e se transformaram em poderosos instrumentos de difusão cultural. Chamo de *vírus culturais* essas instituições que evoluíram por conta própria a fim de se autoperpetuarem.

9

Vírus culturais

*"A sociedade é, por toda parte, uma conspiração contra a
humanidade de cada um de seus membros. A sociedade é uma
companhia de fundo acionário cujos membros concordam, para
garantir o pão de cada acionista, em abrir mão da liberdade
e da cultura daquele que o come. A virtude que se tem em mais
alto apreço é o conformismo."*

— Ralph Waldo Emerson

O jogo do "telefone" nos ensinou que é difícil copiar memes com 100% de
fidelidade, mesmo quando for essa nossa intenção. A evolução ocorre quando a replicação introduz ligeiras mudanças no replicador, e esses replicadores modificados são, de alguma maneira, selecionados por sua aptidão.
Quando surge um conceito que tem todas as propriedades de um vírus
mental, e ele então começa a se propagar por toda a população, os memes
constitutivos desse conceito evoluem.

Com que fim evoluem? Agora chegamos à chave da mudança de paradigma: esses memes, junto com os conceitos e as instituições culturais que
eles formam, não têm a menor preocupação com você, comigo ou com nos-

sos filhos, a não ser como veículos para sua própria replicação. Eles não existem para melhorar nossa qualidade de vida nem para nos ajudar em nossa busca da felicidade. Seu objetivo é reproduzir-se e propagar-se, propagar-se e reproduzir-se a qualquer custo.

> Todas as instituições culturais, seja qual for sua concepção ou sua intenção inicial (caso tenham alguma), evoluem com uma única finalidade: perpetuar-se.

Parece cínico? Bem, talvez pareça, mas é uma conclusão inevitável de tudo que discutimos até aqui. Vejamos o que acontece com cem instituições culturais – por exemplo, as organizações sem fins lucrativos. Elas têm graus variáveis de eficiência nas obras de caridade que se destinam a fazer, e então também atraem diferentes graus de financiamento e de voluntários. Sua eficiência em atrair financiamentos e voluntários é o que determina se elas conseguem ou não se manter ativas e no desempenho de suas funções.

Depois de algum tempo – cinco anos, digamos –, metade delas não existe mais devido à falta de eficiência ou de bons quadros de funcionários. Quanto à outra metade, ou ela já tinha memes capazes de atrair financiamentos e bons profissionais, ou conseguiu adquirir ambas as coisas durante esses cinco anos.

Tendo em vista os recursos limitados que há no mundo e as novas organizações que são criadas o tempo todo, as organizações remanescentes devem aprimorar continuamente sua capacidade de sobrevivência. Qualquer uso de seu dinheiro e sua energia para qualquer coisa que não seja a sobrevivência – *até mesmo sua utilização para os fins assistenciais e caritativos para os quais elas foram criadas!* – cria uma abertura para que um grupo concorrente tente eliminá-las, de olho nos seus recursos.

Há pouco tempo, um amigo meu parou de fazer doações a um grupo de preservação da vida selvagem. Estarrecido com a quantidade de correspondência que recebeu do grupo depois de sua primeira doação, ele fez alguns cálculos rapidamente. Percebeu que o custo dessa correspondência que o grupo lhe enviava, pedindo mais dinheiro, superava em muito o valor das doações que ele fazia em um ano! Ele então mandou uma carta ao grupo, explicando por que não pretendia mais contribuir.

Hoje em dia, se você estiver pensando em criar alguma instituição cultural, precisa ter um bom conhecimento de memética. Se a coisa não for criada com bons memes, capazes de perpetuá-la a partir do primeiro dia de sua existência, ela vai ou acabar rapidamente, ou desenvolver-se de modo a perpetuar-se. O problema é que, dependendo do modo como se dê essa evolução, seus objetivos originais podem ser muito deturpados.

Neste capítulo, vou descrever vários tipos de vírus culturais – instituições que, ao evoluírem, se afastaram de seu objetivo original e se tornaram autoperpetuadoras. No capítulo seguinte, explorarei a evolução dos maiores vírus culturais de todas elas: as religiões.

Televisão e propaganda

A televisão é um meio particularmente eficaz para a evolução dos memes. Novos programas ou comerciais podem atingir milhões de pessoas de uma só vez. Se esses programas derem certo – se tiverem bons memes –, os produtores serão recompensados com muito dinheiro dos patrocinadores, as agências de publicidade serão recompensadas com mais serviços e os próprios patrocinadores venderão muito mais os seus produtos. Tudo isso acontece com relativa rapidez, talvez em questão de semanas ou meses, ao contrário do que ocorria no passado, quando a cultura se propagava, sobretudo, como consequência das relações mútuas de comércio e dominação entre países, ao longo de décadas ou séculos.

O medo da chamada propaganda subliminar vem crescendo ano após ano. A ideia é que profissionais de marketing inescrupulosos coloquem imagens, vozes ou símbolos ocultos em seus anúncios, manipulando as pessoas e levando-as a comprar produtos que, de outra maneira, elas não comprariam. Já ouvi dizer que uma indústria de bebidas alcoólicas pediu a um artista para insinuar, com um aerógrafo, a palavra *sexo* num arranjo casual de cubos de gelo dentro de um copo, ou que um fabricante de cigarros escondeu a palavra *morte* por trás de uma cachoeira, ou que determinada colocação aparentemente inocente de objetos casuais formava, disfarçadamente, algo com o aspecto de uma mulher nua e sedutora.

Tudo isso coloca uma série de questões, quer você veja essas imagens quando olha intencionalmente para os anúncios suspeitos, quer não veja nada.[41] Porém, supondo que essas imagens subliminares realmente existam,

---

41. No que me diz respeito, desde a primeira vez que li sobre propaganda subliminar vejo a palavra *sexo* em qualquer copo de bebida alcoólica com gelo – agora tenho um meme distintivo para isso!

como chegaram lá? Haverá, de fato, alguns gênios do mal usando seus aerógrafos com más intenções, manipulando e escravizando nossa mente? Ou a presença dessas imagens não será comparável ao que faz Charlie Brown quando olha para as nuvens e vê um patinho e um cavalinho?

É claro que não tenho a resposta. Mas, se nos aprofundarmos nessa questão, estaremos caindo na maior de todas as arapucas que envolvem a compreensão da evolução cultural. É a mesma arapuca em que caem os teóricos da conspiração, e a mesma arapuca em que caem todas as pessoas que vivem papagueando teorias conspiratórias. É a crença equivocada de que qualquer coisa complexa deve aparecer sempre que usarmos a intenção consciente.

> As coisas complicadas surgem naturalmente das forças evolutivas. Ninguém precisa usar a intenção consciente.

A propaganda subliminar funciona? Claro que sim! Os anúncios podem ter partes que você não percebe no nível da consciência mas que, inconscientemente, chamam a sua atenção. Se o anúncio aciona mais botões como resultado do conteúdo subliminar, você prestará mais atenção a ele. Prestar mais atenção é o primeiro passo para gastar mais dinheiro. Também pode funcionar ao contrário: alguns donos de restaurantes de *fast-food* pintam as paredes de laranja por acreditarem que essa cor provoca uma sensação subliminar de desconforto; você não vai querer permanecer ali por muito tempo, e sua saída significa mais mesas para mais fregueses.

Mas não pense que a propaganda subliminar é o único problema: como deve ser óbvio para qualquer pessoa que acompanhou a evolução dos programas de TV nos últimos tempos, as tentativas de atrair sua atenção não se restringem ao apelo subliminar.

A televisão *berra* para nós, dia e noite, usando todos os seus maiores memes que ativam nossos botões: Perigo! Comida! Sexo! Autoridade! Não precisamos nem mesmo acreditar que essas coisas sejam verdadeiras para que nossa atenção se sinta atraída. Lembram-se daquela frase de um famoso comercial dos anos 70, "Eu não sou médico, mas faço o papel de um deles na TV"?

Não só os comerciais, mas também os programas estão evoluindo de modo a controlar uma grande parte de nossa mente, e acaba sendo meio cômico acreditar que eles fazem isso de maneira subliminar. A primeira vez que uma mulher mostrou os seios nus num programa de TV nos Estados Unidos foi em *NYPD Blue*. *Baywatch*[42], uma série com enredo fraco e pouca roupa, que se tornou o programa mais assistido em todo o mundo. Mulheres de peito nu (ou quase) tendem a dominar a atenção masculina, razão pela qual tendem a proliferar na televisão, um veículo muito eficiente do ponto de vista evolutivo. Um observador casual perceberá que a inclusão de seios, para não dizer de todo o resto da anatomia feminina, é algo que fica muito além do subliminar na maioria dos anúncios dirigidos ao público masculino.

A propaganda "subliminar" supostamente introduz furtivamente alguns memes em sua mente, sem que você tenha consciência disso.

Os publicitários aprenderam a acionar os seus botões. E também aprenderam muito sobre como programá-lo com todos os tipos de memes. Não é com o subliminar que devemos nos preocupar, mas sim com o fato de que eles agora sabem como ativar vírus mentais maquinadores extremamente eficazes em seus anúncios publicitários. E os efeitos disso são imprevisíveis e assustadores.

---

42. "Nova York Contra o Crime." (N. do T.)

A evolução da propaganda

Imagine que estamos em 1960. A propaganda televisiva está em seus primeiros anos. Em Nova York e Los Angeles, Darrin Stephen está por toda parte, trabalhando para as agências de publicidade dirigidas por Larry Tate,[43] todas tentando criar estratégias e campanhas diferentes para anunciar com sucesso os produtos de seus clientes. Todos estão experimentando novas ideias, mas poucos conseguem o reconhecimento necessário para o sucesso, a promoção e a imitação desenfreada por outros profissionais do ramo. É um mundo de competição implacável, e as propagandas mais famosas dominam o imaginário dos telespectadores tanto quanto os grandes jogos de basquetebol.

Algumas campanhas funcionam; outras, não. As que fracassam são rapidamente tiradas do ar, porque poucos anunciantes podem se dar ao luxo de manter uma campanha cara que não dá lucro, pois não atrai a atenção dos clientes e, portanto, nem o seu dinheiro. As que fazem sucesso são imitadas, com várias alterações criativas feitas intencional ou involuntariamente – porque o imitador não entendia direito o que havia de eficiente na propaganda original – dando origem a outra geração de anúncios mais persuasivos. É quase o contrário do modo como alguns animais desenvolveram geneticamente a camuflagem, a fim de se tornarem menos visíveis: como as flores coloridas, que evoluem para atrair os polinizadores, esses comerciais evoluíram no universo dos memes de modo a se tornarem *mais* visíveis e atraentes para *você*.

Depois de muitos anos, e sem a atuação de altos executivos tramando a melhor maneira de manipular o público norte-americano, a maioria das agências de publicidade vem produzindo comerciais que enfatizam os grandes memes ativadores de botões: *perigo, alimento* e *sexo*. Logo, elas começarão a fazer ajustes sutis, ainda por meio do processo automático e não conspiratório da evolução dos memes, para incluírem alguns dos outros ativadores de botões: a ajuda às crianças, a obediência às autoridades, o incomum, a sensação de pertencer a um grupo etc. Para chegarem ao ponto em que hoje se encontram, bastaria que os anúncios tivessem seguido o processo natural da competição, mesmo se levarmos em conta que os exe-

---

43. Alusão à série de TV *Bewitched* ("A feiticeira"). Larry Tate, sócio da agência *McMann & Tate*, é o patrão de Darrin, que no Brasil teve seu nome trocado para James. (N. do T.)

cutivos jamais tenham ouvido falar sobre o efeito exercido por esses memes sobre as pessoas – o efeito de ativar seus botões.

Sem dúvida, *havia* uma certa consciência desse efeito. Na verdade, a publicidade anda de mãos dadas com a política em sua manipulação calculista das massas. Para mim, não fica claro que o fato de os executivos terem consciência dessa situação possa exercer um grande efeito sobre o resultado, mas é inquestionável que isso tende a fazer as pessoas pensarem menos neles. Mas sempre é possível conceder-lhes o benefício da dúvida e, ainda assim, formular uma teoria funcional sobre a evolução dos memes na publicidade. Os fabricantes do cigarro Camel tomaram a decisão de atrair as crianças para sua marca quando apresentaram um personagem muito querido por elas fumando seu instrumento letal? Quem poderá saber? Esse efeito existe, pelo menos segundo um estudo, mas isso não prova que tenha havido intenção consciente.

Uma das armadilhas mais atraentes em que podemos cair é sair em busca dos culpados pelo que as pessoas veem como a decadência de nossa cultura. Quando a cultura evolui na direção de memes mais poderosos, é inútil ficar procurando bodes expiatórios. Como você já sabe a esta altura, essa é a ordem natural das coisas.

> Se quisermos combater os vírus mentais responsáveis pela decadência cultural, precisamos ter consciência de nossa própria programação e adotar, de modo consciente, os memes que possam nos levar na direção que queremos seguir.

Tudo vai melhor com os memes

Outro efeito da evolução dos memes sobre a propaganda é a divergência entre conteúdo publicitário e conteúdo do produto. Quando criança, lembro-me de ter observado que a Coca-Cola mudou seu *slogan* de "Beba Coca-Cola" para "Isso faz um bem!" e, depois, para "Tudo vai melhor com Coca-Cola", entre outros. Em algum momento, algum autor desses *slogans* percebeu que não era preciso discutir o produto em si, bastando criar uma atmosfera com elementos muito atraentes, que chamassem a atenção das pessoas e as fizessem sentir-se bem ao verem o produto – e foi assim que alguém criou um meme associativo nos clientes.

Na década de 1990, uma campanha da Pepsi apresentava celebridades e cantoras famosas que sorriam, agitavam o corpo e sussurravam "Uh-hah!" por um minuto. Tudo bem diferente do que seria uma apresentação lógica das características e dos benefícios do produto. Nossos antigos tênis, que eram chamados de *sneakers*, não são mais anunciados por mães que cantam em prosa e verso a grande durabilidade da marca; agora, efeitos de luz de última geração iluminam atletas famosos, citações poéticas e *raps*. Por falar em música, você também deve ter uma canção favorita que foi estragada para sempre por algum anúncio que usou o seu prazer em ouvi-la como um cavalo de Troia. Lembra-se de "I Can See Clearly Now"? Eu adorava essa música, mas agora ela só me traz à mente a marca de um produto para limpar vidros.

Os anunciantes estão vendendo um sentimento; eles estão usando técnicas de cavalo de Troia, as quais se ligam aos seus ativadores de boas sensações para poderem descarregar seus grupos de memes na sua mente a partir do momento em que já tiverem ganhado sua atenção. Em alguns casos, essa transformação de comerciais em comunicadores diretos de sentimentos poderosos levou-os também para os domínios da arte.

Agora vou aprofundar essa pequena blasfêmia, começando por dizer que muitos dos meus amigos não gostam de TV. Quando nos reunimos para assistir a algum programa especial, acho incrível observar como eles ficam mais ligados nos comerciais do que no programa propriamente dito! É como se, para venderem seus produtos, os produtores dos comerciais de TV tivessem voltado aos primórdios da televisão, quando um comercial era pouco mais que uma menção ao nome do produto. Muitos dos comerciais atuais apresentam breves esquetes, comédias, vídeos musicais ou mesmo experiências surrealistas, tudo totalmente desvinculado do produto que eles estão vendendo, a não ser pela menção de seu nome numa imagem muito rápida. É como se fosse um mundo dentro de outro.

Os comerciais de cerveja são famosos por esse tipo de abordagem. "Venda o bolo, não a receita",[44] diz o truísmo publicitário. Bem, e por que não? Quando você está anunciando um produto feito de vegetação apodrecida, cujos efeitos principais consistem em deixá-lo entorpecido e mais bar-

---

44. No original, *Sell the sizzle, not the steak* (em tradução literal, algo como "venda o chiado da carne, não o bife", significando "venda com base nos atributos emocionais do produto, e não no produto em si"). (N. do T.)

rigudo, além de fazê-lo arrotar, qualquer "bolo" será muito útil. Na minha infância, havia um comercial de cerveja que vendia a "receita". Era assim:

Schaefer é a cerveja ideal
Quando você quer mais do que uma!
O sabor de Schaefer permanece
Até depois que sua sede já se foi!

Que belo anúncio promocional, que excelente apresentação das vantagens competitivas do produto! Esse comercial tinha até uma musiquinha simpática que a gente podia cantarolar. É isso que se deve fazer para agradar aos consumidores, certo? Errado.

Desde que a Anheuser-Busch resolveu anunciar sua Budweiser como a "Rainha das Cervejas", a tendência tem sido ignorar as afirmações, verdadeiras ou não, sobre as vantagens competitivas do produto, enfatizando-se mais a criação de uma imagem ou de um estado de espírito.

> Os anunciantes querem programar pessoas para que elas se sintam bem e fiquem atentas quando encontram o produto.

Os anúncios que acionam os botões das pessoas são os bem-sucedidos. Você não precisa ser um Ph.D. em estudos de mídia para perceber que o sexo tem um grande papel nos comerciais de cerveja. Porém, a competição é tão feroz, e os lucros tão grandes, que a propaganda de cerveja se dividiu em nichos surpreendentes, explorando alguns dos nossos outros botões. A agência que representa a Budweiser e a Bud Light criou uma espécie de "Bud Bowl", colocando ambas numa espécie de jogo de futebol narrado entre duas equipes, em filmes de animação com latas e garrafas. Esses filmes são apresentados todo ano, durante o Super Bowl,[45] pois a agência deve ter pressentido que as pessoas realmente atentas aos jogos têm botões competitivos particularmente sensíveis, e que isso pode levá-las a ficar igualmente atentas aos comerciais.

A cerveja Stroh apresentou uma série de comerciais que tinham por tema a relação entre um homem e seu cão. A Rainier Brew, uma marca de

---

45. Torneio anual de futebol norte-americano. (N. do T.)

Seattle, tinha uma série de comerciais muito engraçados, que pareciam criar uma sensação de felicidade no grande público que consome o produto. Houve uma verdadeira revolta popular quando os comerciais foram cancelados pelos novos donos da Rainier. A cerveja Henry Weinhard tinha uma série de comerciais que exploravam o meme *tradição*, enfatizando sua história centenária no noroeste. Outro *slogan* de uma campanha da Anheuser-Busch, "Com orgulho por ser sua Bud",[46] tenta enfatizar o sentimento de identidade e afinidade com um grupo. Há também algumas campanhas excepcionais que mencionam as vantagens do produto, como o comercial inovador da Miller Lite, "Mais sabor, menos teor", mas, em termos gerais, a indústria de cerveja está vendendo a espuma, e não a infusão, por assim dizer.

O que tudo isso significa para você e para mim? Significa que, se assistirmos comerciais de TV, não há a menor dúvida de que seremos influenciados pelos poderosos memes que eles põem no ar para nós. Isso é ruim? Não sei. Porém, qualquer pessoa que afirme que a televisão não é uma grande formadora de nossa cultura, ou é ingênua ou está equivocada. Se a televisão não exercesse um efeito tão poderoso sobre nosso comportamento, os anunciantes não gastariam bilhões de dólares por ano para moldar nossos hábitos de consumo. E isso eles fazem muito bem, tanto com os comerciais quanto com o conteúdo dos programas.

Os programas de TV

A evolução da programação da TV comercial resultou numa combinação dos memes que acionam os botões dos telespectadores com os memes que as pessoas querem desenvolver.[47] Essa combinação mostra-se especialmente bem no fenômeno dos programas de debates e entrevistas.

Ainda que o telespectador talvez não se dê conta disso, a maioria das pessoas que participam desses programas como especialistas ou celebridades está ali a fim de promover a si mesmas ou de fomentar seus objetivos –

---

46. Há aqui um jogo de palavras de reprodução impossível em português. *Bud* é nome de cerveja, mas também significa "amigo", "companheiro", "chapa". Além disso, *bud* refere-se a homens, o que cria nova dificuldade com o feminino "cerveja". (N. do T.)

47. Em seu livro *Media Virus!* (Ballantine, 1994), Douglas Rushkoff aprofunda a análise dessa questão. Seu uso do termo *vírus* assemelha-se mais ao que chamo de *cavalo de Troia* – isto é, um conjunto de memes com uma cobertura de açúcar de memes apetitosos e, por baixo, uma lista de objetivos a atingir.

em poucas palavras, disseminar memes. Para ilustrar a importância disso, uma edição em capa dura precisa vender cinco mil exemplares em uma semana para entrar para a lista dos livros mais vendidos do *New York Times*. Uma única aparição de um autor no maior programa de entrevistas dos Estados Unidos, o *Oprah Winfrey Show*, geralmente resulta na venda de cem mil exemplares. Porém, você precisa escrever um livro que a Oprah queira ter no seu programa. E esse livro talvez não seja necessariamente aquele que você queira escrever.[48]

Não resta dúvida de que a mídia visual influencia a indústria editorial. Os grandes avanços não vão para os livros com valor literário, mas para aqueles que são fáceis de promover – que têm componentes capazes de ativar os botões das pessoas. Os grandes autores de ficção têm escrito romances que cada vez mais se parecem com roteiros de cinema. A adaptação visual dos livros é muito mais lucrativa e alcança um público muito maior do que a versão escrita.

Os cínicos continuam a perguntar por que a vida e a cultura, e a televisão em particular, parecem estar cheias de porcarias inúteis e degradantes, sem qualquer conteúdo artístico ou intelectual. A resposta é, sem dúvida, que o inútil e o degradante são melhores replicadores.

> Se você estiver interessado em encher as ondas aéreas com arte e literatura, terá de criar replicadores mais eficientes.

Há duas maneiras de transformar alguma coisa em um replicador mais eficiente: fazê-la explorar melhor o meio ambiente ou transformar o meio ambiente em benefício próprio.

Se usar o primeiro método, você poderá criar arte e literatura que ativem os botões das pessoas, como as fotos eróticas de Robert Mapplethorpe ou os vídeos musicais da MTV.

Por outro lado, você pode se empenhar em mudar o processo seletivo para tudo que se põe no ar – o que não vai acontecer tão cedo nos Estados Unidos, tendo em vista que a liberdade de mercado é fundamental para a

---

48. Como prova do que acabei de dizer: um dos revisores deste livro escreveu num canto de página: "Cuidado! Não vá criar caso com a Oprah!"

Não fiz nada disso, certo? ☺

cultura norte-americana. A diferença em conteúdo de programação entre a PBS,[49] não comercial, e as redes comerciais que operam no país, mostra como o ambiente seletivo faz diferença para se determinar quais replicadores culturais vencem a luta pela sobrevivência.

Um método polêmico de fazer da arte um melhor replicador é a colorização de antigos filmes em preto e branco. Embora o novo apelo visual das cores atraia mais espectadores – ou, pelo menos, embora o meme *Colorização atrai mais espectadores* tenha se propagado entre as pessoas certas –, esse processo agride os tradicionalistas, que se ressentem sobretudo da alteração de filmes sem autorização dos diretores. O diretor quis filmar em preto e branco, dizem eles, a fim de transmitir uma mensagem artística específica. E advertem que logo mais veremos a colorização dos vinte primeiros minutos de *O Mágico de Oz*!

"MINHA VIDA DE CÃO" ("MY SO-CALLED LIFE") SAI DO AR DEVIDO A BAIXOS ÍNDICES DE AUDIÊNCIA"

PASADENA, Califórnia

11-jan-95 — Dez milhões de telespectadores é pouco para salvar "Minha vida de cão," a série *cult* da ABC que terminou a metade da primeira temporada à frente de apenas 16 outros programas, de um total de 116, segundo as medições de audiência.

O programa será tirado do ar em 26 de janeiro, afirmou Ted Harbert, presidente da ABC Entertainment, que usou a palavra "arte" para se referir à série mas disse que "apesar de significativos em termos numéricos, dez milhões de telespectadores representam pouco para os nossos padrões".

Ao explicar que adoraria encontrar um jeito de pôr a série novamente no ar, ele disse: "Estamos nos empenhando ao máximo em promover a série, para ver se aumentamos seus índices de audiência nesses últimos episódios de janeiro".

Harbert recusou-se a prever se o programa voltaria a ser apresentado entre setembro e novembro, tendo em vista o grande clamor de seus inúmeros fãs e da crítica, mas também disse que só tomaria uma decisão em maio, pois tudo dependeria dos índices de audiência.

Uma série de TV aclamada pela crítica pode ser um replicador fraco se não se ajustar ao critério seletivo da televisão comercial: os índices de audiência.

---

49. *Public Broadcasting Service*, rede televisiva estadunidense de caráter educativo e cultural. (N. do T.)

Para mim, o pior exemplo de manipulação do conteúdo artístico para aumentar a audiência é a prática de mostrar uma prévia de uma cena interessante, que vai ser mostrada no próximo segmento do programa, já no início de cada intervalo comercial. É isso mesmo – eles mostram uma cena que você ainda não viu, fora de ordem, numa tentativa de criar interesse suficiente para mantê-lo perto da TV durante os comerciais. Argh!

O detalhe é que a instituição da televisão, apesar de originalmente criada para fins de entretenimento, evoluiu para um vírus cultural autoperpetuador que pouco pode fazer além de transmitir sons e imagens muito empolgantes, capazes de ativar nossos botões. Isso se aplica não apenas à porção de entretenimento da televisão, mas também às notícias.

Jornalismo

Para os criadores da Constituição dos Estados Unidos, a ideia por trás da liberdade de expressão era que, se a todas as ideias se desse a mesma oportunidade de competir numa espécie de mercado livre da mente, a verdade seria vitoriosa. Infelizmente, as coisas não são assim. A vitória pertence aos vírus mentais mais bem-sucedidos, aqueles que propagam seus memes egoístas.

> A verdade *não* é um dos bons seletores de memes.

Fazer sentido é um seletor, pois as pessoas têm um impulso de atribuir sentido às coisas, apesar de sabermos que isso nem sempre corresponde à verdade. Quais são as leis que regem nossa existência? Todos conhecem os elementos básicos da astrologia, o que não significa que acreditem nela – mas é muito fácil escolher um dos doze signos baseados em nossa data de nascimento. Esse meme se dissemina muito melhor do que uma teoria mais científica, como a física quântica, na qual as partículas fundamentais jamais terão qualquer coisa a ver com o aniversário das pessoas.

Tudo isso dificulta a vida dos arautos e dos guardiões da verdade, esses discípulos de Benjamin Franklin: o conjunto dos profissionais que atuam na imprensa. Tantas vezes acusados de tendenciosos e parciais, os membros dessa nobre profissão padecem para equilibrar a verdade e a objetividade, em vez de simplesmente dizerem coisas de grande interesse, que façam as pessoas prestar atenção ao que eles dizem – em outras palavras, que ativem um grande número de botões.

Alguns jornalistas não se incomodam de ser chamados de parciais. Os "jornalistas de advocacia", como o apresentador do programa de entrevistas Rush Limbaugh, dedicam seu tempo televisivo à defesa de algum ponto de vista. Colunistas de jornal, como P. J. O'Rourke, fazem a mesma coisa na imprensa escrita. Primeiro, essas pessoas juntam provas que corroborem seu ponto de vista; depois, elas publicam ou põem no ar essas descobertas, como uma forma de entretenimento capaz de acionar botões e, desse modo, ganhar adeptos e aumentar seu público. Sem dúvida, quanto mais botões esses jornalistas apertarem, mais pessoas irão prestar atenção ao que eles dizem. No momento em que escrevo este livro, o botão *crise* está em alta no rádio, enquanto o botão *ajudar as crianças* continua em sua posição de eterno favorito da imprensa escrita.

É sintomático que os jornais escritos coloquem os colunistas numa seção especial, chamada de "Opinião e Editorial" (*op-ed*), deixando clara a distinção entre essas partes "tendenciosas" e o resto do jornal, considerado neutro. E é exatamente aí que começam os problemas. Isso porque, mesmo admitindo que a maioria dos jornalistas é gente boa e muito íntegra, o próprio postulado de que é *possível* ser imparcial não se sustenta. O fato de termos uma legião de repórteres em atividade, convencidos de sua imparcialidade, e uma legião de consumidores de notícias postulando a mesma coisa, leva a inúmeros problemas. Aprofundando a questão:

> Todo o mecanismo de reportar notícias, com bilhões de cópias de informações sendo produzidas todos os dias, constitui um solo fértil para os vírus mentais.

Na atividade jornalística, considera-se como uma espécie de "jogo limpo" ceder espaço e tempo iguais à apresentação de pontos de vista contrários, a fim de impedir o predomínio de opiniões parciais. Isso nunca é feito na página que contém a opinião e o editorial. O problema é que, para reportar eficientemente alguma coisa, é conveniente que o repórter tenha um bom entendimento do assunto. Contudo, é difícil – ou mesmo impossível – entender em profundidade um ponto de vista que não o seu próprio, sobretudo quando se pensa nos prazos de entrega terrivelmente curtos em que a maioria dos repórteres tem de escrever seus textos. E assim, mesmo sem intenção consciente, o ponto de vista contrário tende a ser deturpado.

Bem, você poderia pensar, *Isso certamente vai resultar em algum tipo de nivelamento, se considerarmos os milhares de repórteres do país, certo?* Não totalmente. A cultura do jornalismo está cheia de vírus mentais que difundiram profundamente certas posições parciais – certos memes – sem qualquer intenção consciente por parte do jornalista a ser programado a favor ou contra. Vejamos como isso funciona.

O próprio termo *imparcial* implica que é possível reportar a notícia com certo nível de objetividade, sem depender das circunstâncias da vida do repórter. Como isso funciona na prática? No mínimo, o veículo de informação deve decidir o que é suficientemente importante para ser chamado de *notícia*, e essa avaliação é intrinsecamente parcial em vários sentidos.

Em primeiro lugar, qualquer repórter bem-sucedido é parcial em sua oposição ao *status quo*. Por quê? Porque ninguém sairia de casa para comprar um jornal onde se lesse, dia após dia: "Tudo vai bem. Não há nada com que se preocupar". O meme *Tudo vai bem* é muito fraco, não ativa nenhum dos nossos principais botões. Nós o ignoraríamos; o jornal teria de fechar as portas; o repórter morreria de fome. *Isso* seria uma grande notícia!

As reclamações sobre a "tendência liberal" da imprensa durante os governos Reagan e Bush-pai rapidamente se transformaram em resmungos sobre a "incitação ao ódio por parte dos conservadores" quando o país elegeu Clinton, um presidente mais liberal. Qual dessas atitudes é verdadeira? Nenhuma.

> Na verdade, a tendência da mídia não é nem liberal nem conservadora – ela só se preocupa com as histórias que ativam nossos botões, significando que compramos seus jornais, assistimos a seus programas e a mantemos comercialmente ativa.

Uma das poucas vozes a favor do *status quo* durante os anos Reagan foi o programa *Crossfire*, na Cable News Network (CNN). De concepção brilhante, o programa criava um conflito entre posições de esquerda e de direita, ativando nossos botões de *perigo* e *crise*. Com esses memes penetrando nossas defesas, ouvíamos tanto os pontos de vista liberais quanto os conservadores.

A chamada tendência liberal não era "liberal" coisa nenhuma – era uma tendência contra quem se mostrasse favorável ao *status quo*, e sua motivação era bem sinistra: Ser a favor do *status quo* é um tédio! Não ativa nenhum botão! Ao evoluir, a imprensa transformou-se num vírus cultural que se autoperpetua e fala o tempo todo em favor de mudanças. Esse processo chegou ao ponto em que a palavra *conservador* – antes usada com significado de "contrário a mudanças" – passou a referir-se a algumas das ideias mais revolucionarias que existem! *Defender a manutenção da ordem estabelecida* não é um bom meme.

Teorias conspiratórias

O impulso humano de *atribuir sentido* a coisas absurdas leva a um tipo de vírus cultural conhecido como *teoria conspiratória*. Ao longo dos anos, as pessoas têm visto conspirações em tudo, do assassinato de John F. Kennedy a uma suposta trama da Associação Médica Americana para nos manter reféns da assistência médica, diminuindo a potência das vitaminas vendidas sem receita.

Será que essas conspirações existem em grande escala, ou não passam de incidentes isolados, como o caso Watergate, revelado graças à simples dificuldade de se manter um segredo entre tantas pessoas?

Larry King, um de meus apresentadores de televisão favoritos, costuma detonar qualquer boato sobre conspirações com uma pergunta: *Como é que tanta gente poderia guardar um segredo tão grande por tanto tempo?* E então ele conclui: "Meu caro, isso é simplesmente impossível".

Embora ele esteja certo sobre a dificuldade de manter bons memes em segredo, isso é só o começo da história.

> Por meio de seus memes, um sistema de crenças pode se propagar de um jeito que faz lembrar uma conspiração sem nenhuma intenção consciente por parte dos participantes.

Haverá uma conspiração entre os agricultores norte-americanos e o governo para nos fazer consumir muita carne, leite e derivados, mesmo sabendo que o alto teor de gordura desses alimentos é prejudicial à nossa saúde? Ora, os agricultores querem apenas vender seus produtos para se manterem comercialmente ativos. Seus lobistas apoiam políticos que pensam como eles, e logo teremos anúncios e programas governamentais proclamando os benefícios dos ovos e da carne de porco, "a outra carne branca".

Para os agricultores e os lobistas, não há segredo; eles só querem ganhar a vida. Contudo, para alguém que esteja mergulhado naquela cultura, o incentivo a comer carne, leite e derivados parece algo ameaçador, até mesmo maléfico.

E como fica a Associação Médica Americana nisso tudo? Será que, em seus encontros anuais, eles fazem sessões secretas para discutir as maneiras de acabar com a saúde do povo para aumentar seus negócios? Ora, eles simplesmente foram programados com os memes que, dada sua condição de especialistas com formação em saúde, os qualificaram para cuidar da melhor maneira possível da assistência médica e dos programas de saúde. A partir dessa crença básica, surgem decisões como sua oposição às vitaminas vendidas sem receita médica e a regulamentação dos suplementos alimentares.

Mas isso não nos permite concluir que é impossível manter as conspirações em segredo. Na verdade, quase todas as conspirações mais interessantes são muito fáceis de manter em segredo, simplesmente porque as informações sobre elas não vão se difundir se seus memes não forem bons. Alguns anos atrás, descobriu-se que os três maiores fabricantes de jogos de jantar de plástico tinham conspirado para manter um esquema de preços fixos. Essa história foi contada num pequeno artigo do *Seattle Times*. Como? Você nunca soube disso? Essa conspiração foi mantida em segredo simplesmente porque a maioria das pessoas não demonstrou nenhum interesse por ela – a história não tinha bons memes.

Fazer-se ouvir é incrivelmente difícil. As empresas gastam bilhões de dólares anualmente com agências de relações públicas e de publicidade, tentando passar sua mensagem. O que nos levaria a pensar que um único vazamento feito por algum conspirador iria levar os fatos ao conhecimento de todos? O escândalo de Watergate foi obra de um grande número de pessoas que, durante meses, deram tudo de si para revelar as partes mais apimentadas da história, e veja que esse caso estava sob os holofotes do país inteiro.

E o escândalo nem teria vindo à tona se Nixon não se tivesse deixado gravar ilegalmente em conversas com assessores. Por que ele fez isso? Como no caso da carne e dos agricultores – ressalvadas as diferenças entre os casos –, ele se sentia tão seguro em seu sistema de crenças que não se via como alguém que estivesse fazendo algo errado. Para ele, não se tratava de nenhuma conspiração, mas apenas de reuniões estratégicas.

Como os adeptos de religiões que praticam sacrifícios rituais de seres humanos, os conspiradores de Watergate tinham um conjunto de crenças que os levou a fazer coisas consideradas censuráveis pelo conjunto da sociedade.

> É difícil sair de sua própria programação memética e ver-se da maneira como os outros o veem.

No caso Watergate, o público norte-americano, auxiliado pelo *Washington Post*, ajudou-os em sua empreitada.

Você não presta atenção automaticamente a tudo que vê ou escuta. O que você faz é filtrar automaticamente as coisas que não coincidem com a sua visão de mundo, e isso inclui as conspirações – a menos, é claro, que você seja fanático por conspirações e tenha a tendência de vê-las por toda parte. Tudo depende de sua visão de mundo, do seu contexto.

Às vezes fico imaginando quanto ainda vai demorar para que alguém denuncie uma conspiração entre os apresentadores de programas de entrevistas, uma conspiração para rechaçar com desdém todas as teorias conspiratórias. Como é estranho que tantos deles ridicularizem automaticamente qualquer pessoa que apareça com uma nova teoria sobre o assassinato de John Fitzgerald Kennedy ou a Comissão Trilateral. Humm...

Quanta bobagem.

Homem morde cachorro

Segundo uma velha máxima do jornalismo, quando um cachorro morde um homem isso não dá notícia, mas, quando um homem morde um cachorro – agora sim, *há* o que noticiar! O significado disso, claro, é que todos já sabem que cachorros mordem pessoas: mais um acontecimento desse tipo não vai interessar a ninguém. Mas, quando acontece algo de incomum ou irônico, todos querem se informar a respeito.

Isso leva a outra tendência da mídia: aquela que privilegia o incomum, o excêntrico. O que, aliás, é muito natural; as pessoas querem se inteirar do que é incomum e excêntrico. Contudo, o poder de amplificação da mídia passa às pessoas uma visão distorcida do mundo, pois ela raramente noticia o mundano e o trivial. Assistimos televisão, vemos crimes, desastres e proezas atléticas sobre-humanas, e tudo isso nos leva a formar uma imagem do mundo que quase nada tem a ver com nossas experiências cotidianas.

O problema é que o fato de passar pela vida com uma imagem distorcida do mundo nos coloca em posição desvantajosa.

Em 1992, 37.776 pessoas foram mortas por armas de fogo nos Estados Unidos. Outras 40.982 foram mortas por acidentes de carro.[50] Contudo, um exame superficial do noticiário vai mostrar que as armas recebem muito mais cobertura do que os carros, embora metade das mortes por armas de fogo (18.169) tenham sido suicídios. Não estou dizendo que as armas de fogo não devam receber mais cobertura – afinal, esse problema com armas é novo e vem aumentando, enquanto o problema com carros já está conosco há décadas. Só que as pessoas têm uma imagem distorcida dos perigos em questão.

Um cálculo simples mostrará que as probabilidades de qualquer pessoa morrer num acidente de carro nos Estados Unidos, em determinado ano, são de 1 em 6.224; as probabilidades de morrer num incidente com arma de fogo, excluído o suicídio, caem para menos da metade: 1 em 13.005. Se você pertencer a um grupo de baixo risco, isto é, se não for um criminoso ou um policial, suas chances melhoram consideravelmente. Do que será, porém, que as pessoas têm mais medo: de armas de fogo ou de carros?

Se você for igual à maioria, a resposta será armas de fogo, o que provavelmente aconteça devido à cobertura distorcida da mídia. Esse tipo de cobertura leva a um clamor popular, que frequentemente leva os políticos a uma gritaria prematura sobre as "soluções" do problema.

Vejamos agora o que realmente significa ter uma chance de 1 em 6.500 ou de 1 em 13.000 de morrer. É como se você morasse numa ilha do Pacífico Sul, com uma população de 650 pessoas. Você passa sua vida nadando nas águas azuis que cercam seu idílico paraíso, e pesca quando tem fome. Que delícia... Mais ou menos uma vez a cada dez anos, um tubarão desgarrado aparece e come um nadador. Essa é uma chance de 1 em 6.500 de alguém ser comido por um tubarão, exatamente a mesma de alguém morrer num acidente de carro nos Estados Unidos, em 1992.

Além disso, mais ou menos a cada vinte anos, dois homens começam a brigar feio por causa de um peixe ou de uma mulher, e um deles mata o

---

50. Fonte: "Advance Report of Final Mortality Statistics, 1992", extraído do *Monthly Vital Statistics Report, Vol. 43, N. 6, Supplement*, 22 de março de 1995 (corrigido e reimpresso). Dept. of Health and Human Services, Public Health Service, Centers for Disease Control and Prevention, National Center for Health Statistics.

outro com seu arpão. Essa é uma chance de 1 em 13.000 de ser morto numa briga, exatamente a mesma de alguém morrer baleado nos Estados Unidos, em 1992.

São fatos muito tristes, e provavelmente serão comentados à mesa do jantar por vários dias, mas estão longe de ser o fim do mundo. Felizmente, como você mora numa ilha isolada, esses fatos são logo esquecidos e a vida segue em frente.

Agora, porém, imagine que existem 392.000 dessas ilhas, todas ligadas pela televisão e pelo CNI (Canal de Notícias da Ilha), uma emissora especializada em jornalismo. Isso totaliza uma população de 254 milhões de pessoas, menos do que a dos Estados Unidos de hoje. Toda noite, o INN noticia os 107 ataques mais sangrentos de tubarões e as 54 mortes por arpão *naquele dia*. De repente, a população passa a ter outra imagem do mundo. Depois de uma existência tranquila, perturbada apenas por uma tragédia no período de poucos anos, você passa a viver num inferno apavorante, cheio de crimes e de terror.

Não é interessante? Nada mudou, a não ser a chegada da televisão. Só que agora você tem a impressão de viver num mundo perigoso, não mais num paraíso idílico. O mesmo número de ataques de tubarões, o mesmo número de mortes por arpão. O que aconteceu?

Os noticiários de TV. Com eles chegou um jeito novo e poderoso de propagar memes que ativam nosso botão de *perigo*.

> Somos particularmente sensíveis aos memes que ativam nosso botão de *perigo*, que era importante nos tempos anteriores à televisão: uma época em que, quanto mais rápida fosse nossa reação ao perigo, maiores seriam nossas probabilidades de sobreviver e de nos reproduzir.

Porém, o fato de ficarmos sentados diante da televisão, apavorados com o perigo que assola metade do mundo, não é muito útil nem acrescenta muito à nossa qualidade de vida. É como um vício, uma droga. Temos botões muito reais, e eles são ativados sempre que percebemos algum perigo iminente, fazendo-nos ficar atentos à situação. É preciso ter grande força de vontade para nos livrarmos desse vício.

De volta ao nosso paraíso, as pessoas começam a exigir que o governo faça alguma coisa sobre esse novo perigo que as ameaça. Os políticos começam a falar sobre um período de espera de cinco dias para a compra de arpões. Os empresários começam a passar infomerciais de meia hora sobre repelentes de tubarões. Em essência, porém, a tragédia é que as pessoas não mais aproveitam a vida como antes. Vivem com medo, um medo que tomou conta delas unicamente devido aos noticiários de TV.

As coisas tinham de ser assim? E se os criadores desses noticiários tivessem decidido que só apresentariam notícias boas e agradáveis, em vez de notícias sangrentas e apavorantes?

Em primeiro lugar, para não abrir falência, a imprensa precisa noticiar coisas nas quais as pessoas tenham interesse. E essas coisas são, nem mais nem menos, os memes que ativam nossos botões. Pior para nós se temos memes estúpidos como *perigo*, *crise*, *poder*, *território* etc. Mas o fato é que:

> Se não recorrerem a esses botões, as massas não vão sintonizar esses canais, e a rede terá de fechar suas portas.

Se outra emissora – digamos o CP (Canal da Paz) – entrasse no ar para concorrer com o CNI e começasse a mostrar pores do sol, gente feliz e palmeiras ondulando ao vento, não demoraria muito para seus diretores perceberem que alguns programas tinham melhores índices de audiência do que outros. Devido ao compromisso de ficar longe do botão *perigo*, eles teriam de encontrar um nicho com outros botões, talvez *comida* e *sexo*. Logo, o programa *Gastronomia da Ilha* ficaria no mesmo patamar de audiência com *A Mordida de Tubarão da Semana*. Haveria concursos para escolher a mulher perfeita da ilha para atrair os homens e deixá-los insatisfeitos com a aparência de suas esposas.

Se funcionasse, e o CP conseguisse tirar alguns pontos de audiência do CNI, quanto demoraria para outro concorrente lançar uma terceira emissora cujos programas ativariam não só os botões de *comida* e *sexo*, mas também o de *perigo*? Logo teríamos novelas produzidas na ilha, e a série *A Batalha das Virgens do Vulcão* atingiria o pico de audiência, mais uma vez prendendo nossa atenção à custa de nossa paz de espírito e de nossa visão idealizada do mundo.

Você talvez conheça pessoas viciadas em notícias e em outras modalidades de estímulo midiático. A notícia é uma droga da mente que prende nossa atenção e nos dá muito pouco em troca.

Desligue a TV.

Animais de estimação

A tecnologia não é, de modo algum, a única força motriz por trás dos vírus culturais. Na verdade, um vírus cultural nem mesmo precisa ser uma coisa ruim. Vejamos o caso dos animais de estimação.

> Nossos adorados cães, gatos, iguanas etc., ao lado das enormes indústrias que foram criadas para mantê-los, fazem parte de um imenso vírus cultural conhecido como *animais de estimação*.

Como é? Animais de estimação, um vírus? Não, não estou brincando. Sem dúvida, de nosso ponto de vista egocêntrico, esses animais são um dos prazeres da vida e, por questões de companheirismo e divertimento, ajudam a compor a riqueza da condição humana. Vamos examinar o assunto mais de perto.

Um vírus da mente é alguma coisa que está no mundo e que, por sua existência, altera o comportamento das pessoas de modo a fazer com que novas cópias da coisa sejam criadas. Os animais de estimação têm todas as qualidades para serem um vírus mental:

— Os animais de estimação *penetram* na nossa mente devido à atração que exercem sobre nós. A qualidade que eles possuem, e que os torna tão atraentes para nós, é algo que podemos chamar de "graciosidade" ou "fofura".

— Os animais de estimação nos programam para cuidarmos deles de diferentes maneiras. Eles se aproveitam dos nossos instintos de cuidar de nossas próprias crianças. A *indústria* que gira em torno dos animais de estimação, e que faz parte do vírus de animais de estimação, programa-nos – por meio da televisão e da propaganda – para gastarmos cada vez mais dinheiro com as comidas especiais para eles e as idas ao veterinário, coisas bastante caras.

— Os animais de estimação são *excelentes reprodutores*, com a ajuda evidente de seu próprio DNA e dos recursos que investimos em seus cuidados. Mas há também um meme *tradição* que funciona para muitas espécies e se concretiza na forma de espetáculos com animais e eventos para animais com *pedigree*. As pessoas são recompensadas por reproduzirem fielmente determinadas raças.

— E, sem dúvida, os animais de estimação se *propagam* naturalmente. Eles são tão eficientes nisso que, como sabemos, existem campanhas para castrá-los e, assim, impedir o surgimento de novas proles indesejáveis.

Ao longo de sua evolução, os animais de estimação ficaram cada vez mais graciosos. Como fizeram isso? Os que não eram graciosos – os incapazes de nos fazer investir em sua saúde e bem-estar e de nos escravizar para que cuidássemos deles – simplesmente morriam! Isso é a seleção natural em funcionamento: os graciosos cruzavam entre si até que chegamos ao ponto em que estamos hoje... Em poucas palavras, infectados pelos vírus dos animais de estimação.

É evidente que há nisso uma certa ironia: ninguém se preocupa com o fato de ficar escravizado aos animais de estimação. Mas há espécies de formiga que literalmente evoluíram para escravizar outros insetos, os pulgões. As formigas descobriram um jeito de fazer os pulgões excretar uma substância química que controla as ações deles. As formigas servem de "pastores" e "guarda-costas" dos pulgões, aos quais alimentam e ordenham exatamente como fazemos com o gado leiteiro.

Os animais de estimação não excretam substâncias químicas, mas têm uma graça irresistível que, de certo modo, desempenha a mesma função. Por isso, da próxima vez que você vir um cachorro ou um gato, olhe para ele, pelo menos por um minuto, a partir do ponto de vista do animal. Esses animais levam uma vida muito boa e confortável, não acha?

Mendicância

Os habitantes das grandes cidades não dão mais muitas esmolas aos mendigos. Há um sentimento de que eles não são, exatamente, as pessoas que merecem ajuda. O "negócio" da mendicância é tão sujeito à evolução memética quanto qualquer outra instituição. Parece que os pedintes ineficientes – provavelmente aqueles que você gostaria de ajudar – foram substituídos pelos que adquiriram competência nessa atividade. A mendicância é um estudo interessante no campo da evolução dos memes: a exemplo do avanço das florestas, ela parece voltar a desenvolver-se indefinidamente cada vez que se cria um novo ambiente no qual os mendigos podem florescer.

Pelo menos neste livro, ser um mendigo "eficiente" significa ter os memes certos para atrair donativos. As leis aprovadas contra a mendicância radical mostram que o meme estratégico *Seja radical* foi bem-sucedido. Outros memes estratégicos que já vi em atuação entre mendigos são: *Peça esmola acompanhado de crianças ou animais, Fique parado num cruzamento movimentado onde haja um semáforo* e *Leve um cartaz dizendo "Posso trabalhar em troca de comida"*. Na verdade já ouvi, numa entrevista de rádio, um mendigo comparar as técnicas de sua "profissão" e recomendar enfaticamente as duas últimas das três acima. Ele observou que nunca precisara trabalhar em troca de comida – as pessoas simplesmente lhe estendiam algum dinheiro pela janela do carro, em particular quando eram mulheres de meia-idade.

Devido à eficiência dos memes desses mendigos "profissionais", os amadores quase não chamam atenção e, portanto, recebem menos esmolas. A partir de um meio de vida constrangedor, porém necessário, a mendicância evoluiu para um vírus cultural que perpetua a si mesmo por meios cada vez mais eficazes, os quais atualmente se propagam até mesmo nos meios de comunicação de massa.

> Os que sofrem mais ativamente a influência desse vírus ganham a vida sem muita dificuldade, segundo suas próprias afirmações, e tiram de cena as pessoas que realmente precisam de ajuda.

Ao afastar-se de sua intenção original com a finalidade de explorar o sistema, esse vigoroso impulso da evolução dos memes funciona igualmente bem no contexto da ajuda governamental, seja em forma de programas assistenciais ou de isenção de impostos.

O governo

O poder corrompe. Não há quem duvide disso. Quanto mais engorda, mais a burocracia federal esbanja; os políticos são instrumentos de interesses específicos de determinados grupos; nos grandes negócios, proliferam legiões de executivos incompetentes, com salários escandalosos e benefícios adicionais. Sabemos de tudo isso, e muitos de nós estamos saturados, só aceitando com enorme má vontade essa mancha negra no rosto da sociedade. Nós os pegamos quando isso é possível, fazemos com que percam seus cargos e chegamos a mandá-los para a cadeia por alguns meses, mas a vida é assim mesmo, não é? O poder corrompe.

Hoje vejo como uma evolução natural dos memes algo que no passado eu via como uma visão de mundo cínica e pessimista. Os vírus mentais exploram mecanismos de obediência a instruções. Se o poder é definido como a capacidade de levar outras pessoas a seguir suas instruções, não é difícil ver por que as forças evolutivas tendem a atacar e corromper qualquer concentração de poder.

A corrupção começa no exato instante em que instituímos uma burocracia ou um governo, ou fazemos um grande negócio que mexe profundamente com a nossa vida. Pouco a pouco, as boas intenções que no começo ditavam as diretrizes da organização viram letra morta, saem de cena ou podem, até mesmo, ser substituídas por um conjunto envolvente de memes cuja única relação com o poder consiste na reivindicação de que eles continuem a se propagar com eficiência.

As forças da evolução dos memes são inacreditavelmente poderosas. Vejamos o que acontece com esse alicerce inabalável do governo: a Constituição dos Estados Unidos. Ratificada em 1788 e concebida por algumas pessoas muito bem informadas sobre as possibilidades de corrupção num governo poderoso e centralizado, seu texto continha muitas cláusulas destinadas a impedir que esse tipo de governo fosse instaurado em seu novo país.

Aos poucos, porém, e aparentemente sempre por boas razões, o poder que era do povo e dos Estados transformou-se num governo federal. Você sabia que a Constituição original proibia a tributação direta das pessoas pelo governo federal? Que a Receita Federal era inconstitucional? Os criadores da Constituição sabiam que a tributação centralizada logo seria seguida pela centralização do poder e da corrupção. E a memética nos ensina que, ao longo de sua evolução, esse poder central sempre esteve condenado a se afastar de qualquer intenção caridosa e a buscar a autoperpetuação.

Em sua evolução, os Estados Unidos se distanciaram tanto dos ideais de responsabilidade individual e dos direitos dos Estados que, atualmente, as pessoas acham difícil entender o significado da Décima Emenda. Nela se diz que todos os direitos não especificamente delegados ao governo federal serão reservados ao povo ou aos Estados. Isso ainda está na Constituição! O poder da evolução dos memes nos conduziu a uma era em que o governo federal não vê nada de errado em impor um limite nacional de velocidade, controlar o acesso ao sistema de saúde e decidir pelo uso de quais drogas as pessoas serão presas, e quais delas serão subsidiadas pelos contribuintes.

O mercado paralelo

Sempre que o governo proíbe certas formas de atividade econômica, cria o potencial para uma cultura viral chamada de *mercado paralelo*. Para conseguir as recompensas, surge uma subcultura cheia de memes estratégicos como, por exemplo, *Venda drogas*. Esses memes associados ao mercado paralelo ativam alguns dos memes basicamente masculinos que discuti no Capítulo 6 – *Poder* e *Janela de Oportunidade* –, razão pela qual podemos esperar que os homens serão os mais envolvidos com as atividades ligadas ao mercado paralelo.

Numa comparação com a antiga proibição das bebidas alcoólicas, a chamada "guerra às drogas" criou um nicho de enorme poder para um grupo de pessoas que pertencem ao mundo do crime: os traficantes do mercado paralelo das drogas.

Quanto mais o governo dificultar a aquisição de drogas ilegais, mais altos serão os preços cobrados pelos chefões do mercado paralelo. Quanto mais severas forem as penas por tráfico de drogas, mais liberdade os traficantes terão para cometer outros crimes em busca do poder econômico e social que sua atividade lhes dá. Afinal, eles já são criminosos e não têm muito a perder: *baixo risco, alta recompensa*. Quanto mais o governo fechar o cerco contra as drogas, menor será sua oferta e maior o potencial para dinheiro e poder dos traficantes: é quando os botões de *janela de oportunidade* e *poder* são mais fortemente ativados.

Como descobrimos durante a Lei Seca, o bem que o governo faz ao reduzir o uso de drogas deve ser avaliado em relação aos danos causados para manter o submundo do crime que abastece esse mercado paralelo, para não falar na perda de liberdade individual que o Estado causa ao impor a todos sua moral de grupo.

Por que motivo, então, o governo conduz uma "guerra às drogas", se sabe que ela cria esse mercado paralelo e toda a criminalidade que o acompanha? Essa é a maior desvantagem de um governo democrático, sobretudo nesta época em que os cargos públicos do país são determinados principalmente pela cobertura televisiva.

> Para se elegerem, os líderes são obrigados a fazer propaganda de si mesmos usando os memes mais poderosos a seu alcance.

Nos últimos tempos, isso tem chamado atenção para um contexto geral de *crise* (o problema das drogas, o déficit orçamentário, o sistema de saúde, a falência do nosso sistema educacional). Infelizmente, a eficácia dos memes que geram as frases de efeito das campanhas políticas não nos dá garantia nenhuma de que as soluções propostas possam, de fato, resolver esses problemas.

Uma república democrática

Os autores da Constituição dos Estados Unidos entendiam esse problema, e por isso criaram não uma verdadeira democracia, mas sim uma república: os cidadãos elegem democraticamente seus representantes, e eles então – supostamente a elite pensante, as pessoas mais íntegras – tomam decisões inteligentes com base no que for melhor para o país.

O que aconteceu? A evolução dos memes, que dessa vez introduziu no governo uma mudança favorável ao voto direto do povo, em cujas mãos ficam, em última análise, as rédeas do poder. Em 1913, outro artigo da Constituição caiu, de novo por nobres motivos: aquele que determinava que os senadores fossem eleitos pelos legislativos estaduais. Agora, eles seriam eleitos pelo povo, o que punha fim à distinção introduzida pelos autores da Constituição, que criaram um sistema bicameral, com a Câmara de Deputados como a voz do povo e o Senado como a voz dos Estados.

Os chamados "ambientes esfumaçados"[51] em que, para o bem ou para o mal, os candidatos eram eleitos pelos poderosos do partido local, foram extintos em todos os Estados, em favor de eleições diretas. Garantia-se assim que, para ser bem-sucedido, qualquer candidato precisaria divulgar

---

[51] No original, "*smoke-filled rooms*". Alusão a decisões tomadas por poucas pessoas, em salas esfumaçadas devido aos cigarros e charutos, que corresponde aproximadamente ao português "decisão de gabinete", ou ao francês *en petit comité*. (N. do T.)

suas ideias em palavras simples, porém capazes de ativar muitos botões. Hoje, há uma gritaria geral para se acabar com o Colégio Eleitoral, o pouco que restou do poder de cada Estado para influenciar a eleição presidencial, e substituí-lo pelo voto direto em todo o país.

A esta altura, não estou tentando dizer que o fato de o governo ter evoluído para uma centralização cada vez maior seja uma coisa ruim – embora *seja* ruim para os que querem ter o controle de sua própria vida. Ao contrário, estou apenas dando mais um exemplo de como a evolução automática dos sistemas termina sempre por conceder ainda mais poderes aos poderosos. Quanto mais poder tiver uma instituição, maior será sua capacidade de influenciar a propagação de seus memes. E, quanto mais ela conseguir propagá-los, mais poderosa se tornará.

Artigo I, Seção 3

O Senado dos Estados Unidos deve ser composto de dois Senadores de cada Estado, escolhidos pela Legislatura por seis Anos; e cada Senador terá direito a um Voto.

Décima Sétima Emenda (1913)

O Senado dos Estados Unidos será composto por dois Senadores de cada Estado, eleitos por seis anos, pela respectiva Assembleia estadual; e cada Senador terá direito a um Voto.

Artigo I, Seção 9

Não será lançada Capitação, ou outra forma de Imposto direto, a não ser na Proporção do Recenseamento da população segundo as regras anteriormente estabelecidas.

Décima Sexta Emenda (1913)

O Congresso terá competência para lançar e arrecadar impostos sobre a renda, seja qual for a proveniência desta, sem distribuí-los entre os diversos Estados e sem levar em conta qualquer recenseamento ou enumeração.

As restrições originais ao poder do governo, presentes na Constituição dos Estados Unidos, foram eliminadas. Isso deu um poder cada vez maior ao governo federal e à maioria dos eleitores, à custa dos legisladores e dos Estados.

> Nos Estados Unidos, a maioria dos eleitores tem o poder decisivo, o que nos permite dizer que está ocorrendo uma lenta, porém significativa evolução rumo ao que se chama de *tirania da maioria*: a maioria impondo seus memes à minoria.

A Declaração de Direitos e Garantias (*Bill of Rights*) foi concebida para tornar essa tirania impossível. Contudo, sem que nenhuma das dez primeiras emendas tenha sido revogada ou alterada, seu cumprimento e sua interpretação foram se modificando aos poucos, tirando o poder das mãos do indivíduo e passando-o cada vez mais para a maioria.

Num primeiro momento, esse deslocamento do poder sempre parece ocorrer por boas razões. Por exemplo, o direito de as pessoas contratarem e alugarem para quem quiserem foi atropelado pela tentativa governamental de eliminar as consequências do sexismo e do racismo. Embora os resultados mais imediatos – melhor tratamento dispensado a mulheres e minorias – tenham forte apelo junto à maioria dos eleitores, a longo prazo veremos que o aumento do controle do governo sobre mais um segmento de nossa vida não é tão atraente assim.

Um dos direitos mais preciosos, que motiva os norte-americanos a chamarem seu país de "livre", é o direito ao devido processo legal antes que o governo possa confiscar propriedades. A política atual contra as pessoas suspeitas de tráfico de drogas consiste em apropriar-se de carros, barcos e casas usados nesse tipo de crime ainda antes de os suspeitos serem levados a julgamento e condenados. Estaremos diante de uma boa diretriz política ou de mais um exemplo de reação a uma crise de curto prazo que concede ainda mais força ao poder central?

As origens do impasse

A corrupção no governo raramente decorre da intenção consciente ou criminosa por parte dos poderosos. Quando isso acontece – quando um líder poderoso abusa da confiança nele depositada e pratica atos ilícitos –, conseguimos identificar facilmente o problema e castigar rapidamente o autor do delito, bastando apenas que o crime seja descoberto. Mais difícil, porém, é lidar com o que atualmente se observa na maior parte do mundo: a gradual infecção de toda a cultura política por memes que criam um abismo entre o poder, do modo como hoje o conhecemos, e os altos desígnios que o norteavam em sua origem.

Tomemos como exemplo o Congresso dos Estados Unidos. A ideia original era que pessoas de grande saber tomariam decisões inteligentes sobre os rumos do novo país. Essas pessoas decidiriam o valor da tributação dos cidadãos, quanto deveria ser gasto, de que modo se gastaria a arrecadação fiscal e que regulamentações seriam criadas.

> Essa estrutura de poder tornou-se vulnerável ao ataque dos vírus da mente no exato instante em que foi criada.

Quaisquer memes que infectassem os legisladores e modificassem suas prioridades obteriam alguns resultados extraordinários. Os políticos não são apenas pessoas poderosas, capazes de agir com base nessas ideias, mas são oradores notórios e tendem a propagar as ideias que defendem por meio de discursos e outros meios.

No começo, os legisladores formavam suas ideias a partir de leituras e da análise de opiniões alheias, e é até possível que as adquirissem em simples conversas nos seus círculos sociais. As concepções políticas que tivessem os melhores memes – aquelas que, por qualquer motivo, mais agradassem aos legisladores por ativarem os botões de *crise, ajudar crianças* ou *fazer sentido*, ou outro botão qualquer – seriam então adotadas. Logo, porém, com tantos memes zunindo nos ouvidos do legislador, teria início uma feroz competição pela atenção dele.

Independentemente de seu mérito, os memes precisavam, cada vez mais, apresentar-se em grupos poderosos para que os legisladores pudessem notá-los. Um grupo poderoso é aquele que vem envolto em dinheiro: contribuições de campanha para as necessidades eleitorais do legislador, que muitas vezes vai tentar uma reeleição. É fácil prestar mais atenção aos memes de grupos que contribuem do que àqueles que não o fazem, e prestar atenção é o primeiro passo para a penetração dos memes. Mesmo que o legislador seja extremamente honesto, os memes dos contribuidores também vão penetrar em sua mente.

Ao apresentar e defender uma questão muitas e muitas vezes, o lobista a serviço de uma multinacional ou de um grupo de interesses especiais usará a *repetição* para favorecer a transmissão de memes ao legislador. Hoje, os legisladores vivem cercados por lobistas, pessoas cuja única função consiste em transmitir-lhes determinados memes – em outras palavras, condicioná-los, programá-los com memes! Os legisladores, por sua vez, contratam um grande número de assessores que devem filtrar todas essas informações e classificá-las por ordem de interesse. Agora, os lobistas devem encontrar um jeito de penetrar nessa nova camada de defesas como se estivessem participando de uma corrida armamentista congressual.

Isso não seria nada além de ineficiente, não fosse por um fato da maior importância: o trabalho do legislador *não* consiste em selecionar as melhores ideias dentre as que são apresentadas pelos grupos de interesses especiais; seu trabalho é decidir o que é melhor para o país! Em sua grande maioria, os memes com que os congressistas são bombardeados são pedidos de benefícios diretos ou indiretos a certos interesses. Em sua abordagem dessas questões, para eles fica praticamente impossível deixar de favorecer *certas coisas*, dar força de lei a *certas coisas* e regulamentar *certas coisas*.

Quando pessoas boas têm memes ruins

Junte o bombardeio dos interesses especiais com o modo de funcionamento do nosso sistema político e verá como é fácil concluir que a defesa de memes associados aos interesses especiais é uma condição necessária para que alguém esteja no Congresso. Isso *não* significa que essas pessoas sejam más ou maléficas. O que aí temos são apenas as forças da evolução memética.

Suponhamos que um político resolvesse se proteger do ataque de memes e se apegasse com devoção a seu compromisso de só fazer o melhor para o país. A menos que traduzisse esse curso de ação em forma de memes capazes de atrair eleitores, essa pessoa não teria nenhuma probabilidade de se reeleger contra um adversário que ativasse a maioria dos botões certos dos votantes, pouco interessando, no caso, o que fosse melhor para o país.

Não demoraria muito para que os únicos políticos eleitos fossem aqueles que difundissem memes capazes de lidar acertadamente com os botões dos eleitores. E tudo isso aconteceria graças à evolução dos memes, sem a presença de nenhuma intenção consciente de enganar ou manipular.

> Os políticos vencem eleições com base no único fator que realmente importa: seu apelo aos eleitores, o que equivale a dizer seus bons memes.

O sistema eleitoral foi criado para escolher políticos hábeis em dizer o que as pessoas querem ouvir. E, quanto mais importante a televisão se torna para a propaganda política, menos importância adquire essa associação entre a pessoa real e a imagem política que ela passa. Hoje, só um candidato a presidente muito descuidado ou inconsequente apareceria na TV sem a assessoria de um profissional de marketing – um consultor de imagem – que lhe ensine a construir uma identidade pessoal sólida e convincente aos olhos dos eleitores.

Governos ainda maiores

Apesar da advertência, frequentemente atribuída a Thomas Jefferson, de que *O melhor governo é o que menos governa*, os sistemas políticos democráticos evoluíram para um governo que governa cada vez mais. Essa evolução é resultado dos memes aos quais os eleitores prestam atenção.

Muitos tendem a ficar atentos ao meme *recompensa* – isto é, a votar em candidatos cuja plataforma política beneficia diretamente os eleitores. Quando estudante, lembro-me de que muitos ativistas faziam campanha para candidatos que prometiam aumentar os gastos do governo com a educação e a concessão de empréstimos estudantis e bolsas de estudos. A política clientelista que muitos congressistas praticam em seus redutos eleitorais lhes rende votos, mas o resultado disso sempre acaba sendo o aumento opressivo dos gastos federais e o poder cada vez maior do governo federal.

Para cassar o mandato de um político, é preciso que a mensagem dos seus adversários tenha melhores memes do que a mensagem dele. Em geral, essa mensagem implica mais governo e governo mais caro. Para os Estados Unidos, essa tendência significou um governo cada vez maior, mais inchado, mais caro e ineficiente, embora os memes usados nas campanhas fiquem mais reduzidos, restritos e potentes.

Como se vê, é difícil prever a evolução dos memes. Em 1994, a eleição nos Estados Unidos recebeu uma mensagem cheia dos memes *missão* e *perigo*, quando os republicanos foram majoritários na Câmara e no Senado, rejeitando a mensagem dos democratas, que defendiam a manutenção dos rumos até então seguidos. "Há uma crise!", diziam eles. "Podemos resolvê-la!". Eles conseguiram impor sua plataforma, o "Contrato com os Estados Unidos", basicamente com a ativação dos mesmos botões de cavalo de Troia que os democratas usaram, em 1992, para promoverem sua solução para a "crise do sistema de saúde", na época uma questão muito explosiva.

> Quando os políticos começam a ativar muitos botões, o resultado de uma eleição fica cada vez mais distante de seus verdadeiros programas de governo.

Se a maioria dos eleitores entendesse de memética, será que haveria uma súbita transformação? Sem dúvida, veríamos uma mudança para melhor nos tipos de campanhas e, talvez, na integridade dos governos.

10

A memética da religião

*"Gosto do vosso Cristo, não gosto dos vossos cristãos.
Eles são muito diferentes do vosso Cristo."*

— Mohandas Gandhi

Já se disse que acreditar num Deus cristão é uma escolha óbvia: se Ele existe, o castigo para os descrentes não deve ser pouca coisa; se Ele não existe, qual é o problema? Esse argumento ativa nosso botão de *segurança barata* e nos deixa despreocupados. Porém, como tenho os pés fortemente fincados na realidade, vou pelo menos explorar a possibilidade de que as crenças religiosas não sejam um legado de forças superiores, mas sim o resultado de alguns dos mais poderosos vírus mentais existentes no universo.

Estou agora às voltas com o dogma religioso. Portanto, estou lidando com a questão de saber por que existem as verdades religiosas nas quais as pessoas acreditam, de onde surgem essas crenças e de que modo elas se perpetuam e propagam. Seja qual for a posição que essas crenças ocupam no contexto das ideias religiosas, as pessoas recorrem aos textos sagrados quando saem em sua defesa, num movimento que vai de um extremo a outro desse espectro: desde a descrença categórica até o fundamentalismo

♦ 205 ♦

mais rigoroso, passando pelas vantagens do pensamento alegórico. E, embora a memética por trás desses textos religiosos seja a mesma, o comportamento dos que foram programados com um dogma como Verdade é diferente da postura dos que consideram esses escritos como parábolas ou meras coletâneas de mitos.

Você pode se programar conscientemente com memes que o ajudem a concretizar seus objetivos de vida. Esse é um dos principais memes estratégicos no paradigma da memética. Acreditar no dogma religioso sem tê-lo escolhido por vontade própria como uma possibilidade de enriquecer sua vida é algo que vai contra essa estratégia. Outra coisa que contraria o paradigma memético é acreditar que os memes religiosos – ou quaisquer outros memes – sejam portadores da Verdade, e não de meias-verdades que só são úteis em contextos específicos.

> Os memes religiosos que hoje nos cercam, mas que já existem há muito tempo, são aqueles que sobreviveram à evolução memética. Como acontece com qualquer outro meme, você precisa decidir se o fato de se programar com eles vai ajudar ou atrapalhar seu projeto de vida.

A origem da religião

De onde vieram os memes religiosos? Eis aqui um cenário possível. Estamos na era do homem pré-histórico, e já ficou claro que a capacidade de resolver problemas é de extrema importância no jogo da sobrevivência dos mais aptos. Os habitantes das cavernas que sobreviveram e se reproduziram foram aqueles que se mostraram capazes de responder a perguntas como:

- Como posso me esconder desse tigre-dentes-de-sabre?
- Onde há comida?
- Como posso encontrar minha cara-metade?

Em poucas palavras, as preocupações típicas dos mais sofisticados habitantes das cavernas.

A capacidade de resolver problemas foi excelente em termos de sobrevivência. Porém, assim que esse mecanismo passou a existir, os primeiros seres humanos começaram a utilizá-lo para tentar resolver outros grandes problemas – aqueles que já vêm quebrando a cabeça dos filósofos há milênios:

- De onde viemos?
- Por que estamos aqui?
- O que devemos fazer?

Bem, essas perguntas eram bem mais difíceis de responder do que as mais práticas, aquelas que diziam respeito a perigo, alimento e sexo, mas nem tão difíceis que nossos amigos da Idade da Pedra não arriscassem alguns palpites. A dissonância cognitiva acionada pela presença dessas perguntas levou à criação de alguns memes que pareciam ser respostas satisfatórias. E foi assim que, a partir desses palpites e suposições, surgiram a mitologia, a filosofia e a religião.

Como essa evolução funcionou? Como sempre, a resposta aponta para a sobrevivência dos memes mais aptos. Sem entrar na verdadeira história da religião, vamos seguir em frente com nossa sequência imaginária do que se passou na Idade da Pedra. Suponhamos que os Flintstones e seus vizinhos, os Rubbles, estão se debatendo com a questão de saber de onde viemos. Cada um chega a uma conclusão: Vilma conclui que fomos criados por Deus, mas não diz nada. Barney já passou anos refletindo sobre o assunto, mas seu cérebro de passarinho não lhe permite encontrar uma resposta. Betty, depois de refletir com muita inteligência e criatividade, propõe que evoluímos a partir de organismos unicelulares. Nem preciso dizer que a ideia de Betty não é aceita.

Mas Fred, cheio de si por ter resolvido esse enigma, acha que fomos criados por Deus, que também nos disse para levar Sua palavra ao mundo se não quiséssemos queimar no fogo do inferno.[52] Iabadabadu!

---

52. A história da religião atribui a invenção do meme *inferno* aos judeus que viviam sob o domínio dos romanos. Na época, o conceito não tinha relação com o evangelismo; achava-se que era uma explicação do porquê de Deus permitir que os Escolhidos sofressem muito mais que os Gentios – os romanos podiam viver muito bem aqui e agora, mas depois teriam de enfrentar o inferno. O inferno não é uma parte muito importante do dogma judaico. Na verdade, adquiriu grande força quando os cristãos o associaram ao meme estratégico *evangelismo*, tornando-o fundamental para difundir o cristianismo e, assim, salvar os descrentes.

Por acaso, Fred descobriu um ótimo conjunto de memes em seu palpite sobre a solução do problema. Será que fez isso de propósito? É muito improvável. Contudo, imagine milhões de pessoas refletindo de vez em quando sobre essa questão e o conjunto de crenças que constitui a resposta aceita "melhorando" constantemente, de modo a adquirir memes cada vez melhores que, além disso, se propagam com rapidez cada vez maior, até que o sistema de crenças se espalha pela sociedade e se transforma numa religião.

Uma religião é formada desse modo, como um vírus cultural (que evoluiu sem intenção humana consciente) desenvolvido não na direção da verdade, nem mesmo do aperfeiçoamento de seus adeptos, mas sim com a finalidade de ter *memes mais eficientes*. Este é o aspecto mais crucial de todo este livro:

> A evolução dos memes não se destina a beneficiar o indivíduo.

Portanto, para as religiões que não foram criadas por pessoas com a intenção consciente de criar um vírus mental maquinador – algo que, em minha opinião, explica a maioria das religiões da Terra –, não há nenhuma certeza de que os sistemas de crenças tragam em si a Verdade ou sejam estilos de vida promissores. A única certeza que eles oferecem é a sua autoperpetuação.

Quando afirmo que não houve nenhuma intenção consciente de criar um vírus maquinador, não estou querendo dizer que não houve nenhuma tentativa consciente de propagar memes capazes de tornar nossa vida melhor. Parece que muitos líderes religiosos, de Buda a Jesus, realmente partiram de uma intenção consciente. Porém, sem um conhecimento da memética por parte de seus fundadores, esses memes ou morreram ou se desenvolveram rapidamente em forma de instituições autoperpetuadoras, mais preocupadas com sua própria existência do que com a qualidade de vida das pessoas. E muitas das instituições religiosas tiveram esse comportamento, afirmando que seus memes eram o único conjunto de memes Verdadeiros, fossem quais fossem as intenções de seu fundador.

A Verdade Absoluta

Quando eu ainda estava em fase de crescimento, uma das perguntas típicas da adolescência que ocupavam minha mente era: *Com tantas reli-*

giões neste mundo, todas afirmando que são Verdadeiras, e muitas dizendo que são as únicas portadoras da Verdade, como vou saber qual delas é, de fato, a verdadeira? A resposta não parecia ser fácil: a impressão que eu tinha era que a maioria das religiões do mundo olhava para as pessoas de outros credos com atitudes que iam da indiferença à pena e ao desprezo, mas quase sempre com superioridade e uma crença presunçosa de que o único caminho Verdadeiro era aquele indicado por elas. E havia também aquelas que não faziam esse tipo de alegação: será que a Verdade estaria com uma *dessas*? Em quem acreditar?

Uma das maiores armadilhas em que as pessoas caem na vida é se deixarem levar pela tentativa de resolver alguns problemas que se lhes apresentam e fazer isso em detrimento de coisas que são mais importantes para elas. Em muitos de nós, a tendência de *resolver problemas* é tão forte que, sem um conhecimento sólido e um claro entendimento de nossas prioridades pessoais, nossa tendência é dedicar uma grande parte da nossa vida à resolução de problemas que não nos levam a lugar nenhum. Como ganhar mais dinheiro, como mudar o comportamento de nosso cônjuge, como superar os medos: esses problemas que nos perturbam nos encaram frente a frente todos os dias e, por isso, estão na origem de incontáveis *best-sellers*, programas de entrevistas e seminários.

Porém, a maior das armadilhas sobre a solução de problemas em que caem até as pessoas brilhantes e muito cultas continua sendo a Busca da Verdade Absoluta.

> Temos um grande anseio de entender o mundo que nos cerca, e ele nos foi de grande utilidade quando o mundo era simples e consistia, basicamente, de recompensas e perigos. Na sociedade dos memes, porém, estamos constantemente tentando dar sentido a coisas que simplesmente não *têm* sentido algum.

Achamos que nossa vida tem sentido, pois nosso cérebro não teve muitas oportunidades de se desenvolver desde a época em que essas perspectivas culturais e psicológicas simplesmente não existiam. Por isso, consumimos uma enorme quantidade de tempo, dinheiro e energia tentando entender e resolver problemas que não têm o menor sentido.

O maior desses problemas sem sentido é este: Qual religião é Verdadeira? Isso se divide em subproblemas como: Deus existe? Como Ele é? O céu

♦ 209 ♦

existe? Jesus Cristo era o Filho de Deus? O que Deus quer que eu faça? Por sua vez, essas questões se subdividem em outras ainda mais absurdas: Deus é homem ou mulher? É branco, preto, pele-vermelha ou amarelo...? Onde é que ele – ou ela – mora? O que é preciso fazer para Lhe mandar uma carta? Quando ele está de férias, dá para mandar e-mails para Ele? Quantos anjos conseguem dançar na cabeça de um alfinete?

Mergulhados em questões desse tipo, fica difícil ter uma perspectiva do que é a religião e de onde ela veio. Porém, a julgar pelo modelo memético, todas as religiões que evoluíram naturalmente – os vírus culturais – são agrupamentos de memes. As religiões são criações de nossa mente, circunstâncias fortuitas que evoluíram desde os tempos em que passávamos a maior parte de nossa vida evitando perigos e procurando comida e sexo. As religiões são agrupamentos conceituais que mapeiam o mundo pré-histórico ao qual nosso cérebro estava habituado, até chegar ao mundo atual, em que predominam a moral, a cultura e a sociedade. E, a menos que *inventemos* nossa própria religião – um vírus maquinador com um objetivo específico em mente –, o modo como esses agrupamentos nos configuram é determinado pela evolução dos memes: ao evoluírem, as religiões adquirem bons memes.

É isso aí, nem mais nem menos! Nenhuma das religiões é a Verdadeira; são todas variações de um mesmo tema – ou de um mesmo meme. Agora, porém, vamos examinar mais de perto o modo como os memes acabam criando uma religião bem-sucedida.

Memes religiosos

Se estou certo ao dizer que as religiões evoluíram graças à aquisição dos memes apropriados, e que não constituem um legado divino, creio ser possível afirmar também que todos os nossos memes favoritos estão presentes na maioria das religiões bem-sucedidas. Então, vejamos. Comecemos por um exame dos memes estruturais, aqueles que são aptos por uma simples decorrência das leis da memética:

— **Tradição.** O meme estratégico *tradição* se replica porque programa as pessoas de modo que elas o perpetuem – juntamente com todos os outros agrupamentos de memes. As religiões têm as tradições mais fortes de qualquer instituição cultural. Desde Meca, das igrejas antigas e dos mosteiros orientais, passando pelas leis kosher e pela cuidadosa preservação da Bíblia, as tradições impregnam a maior parte das religiões. Lembre-se: não é que as tradições sejam mantidas porque as religiões são verdadeiras ou boas – aqui, causa e efeito estão invertidos! As religiões sobreviveram porque, em parte, certas tradições se arraigaram profundamente nelas. As religiões sem tradições fortes tinham menos chances de sobreviver.

— **Heresia**. Heresia é qualquer crença que contraria o dogma e os princípios de uma religião. Como se fosse o outro lado da *tradição*, o meme distintivo heresia é semelhante a um leucócito que combate uma infecção, identificando e combatendo novos memes. A heresia traz consigo toda uma série de memes associativos acerca do que vai lhe acontecer se você acreditar (permitir a penetração) ou proferir (propagar) heresias.

— **Evangelismo**. A replicação do meme estratégico *evangelismo* ocorre porque ele vive proclamando, em altos brados: "Transmita-me para outras pessoas!" Isso é interessante, pois nem todas as religiões são evangelistas no sentido de ficarem distribuindo panfletos pelas esquinas. Mas seria muito difícil encontrar uma religião importante que não evangelize os filhos de seus adeptos. Isso funciona ainda mais quando em combinação com o meme *Tenha o maior número de filhos possível*, defendido pelo papa, pelos mórmons e por nosso atual sistema de bem-estar social.

É irrelevante que as pessoas sejam sinceras e tenham bons motivos para evangelizar: "Jesus/cientologia/*The Forum/The American Way*[53] tornaram minha vida tão melhor que desejo levar a todos a alegria dessa experiência". As instituições que estimulam o evangelismo – que chegam a *condicionar* pessoas a evangelizarem – têm uma vantagem memética, seja qual for impacto exercido pela religião na vida das pessoas. A religião é bem-sucedida *porque*, de alguma maneira, o evangelismo se tornou parte de seu conjunto de princípios. Uma religião que oferecesse uma alegria incrível às pessoas, mas que não as programasse para evangelizarem também, não seria tão bem-sucedida.

— **Fazer sentido**. Pela própria natureza da mente humana, as ideias que fazem sentido replicam-se melhor do que as que não parecem razoáveis – lembre-se do jogo infantil do "telefone". As religiões que têm respostas

---

53. Tanto *The Forum* como *The American Way* podem ser definidos, de maneira bem resumida, como programas voltados para a transformação da vida de seus adeptos. (N. do T.)

claras e acessíveis a essas perguntas difíceis são muito mais populares do que as que desafiam as pessoas a pensar por si mesmas, como o zen. Sem dúvida, essas respostas a perguntas difíceis não precisam ser mais *verdadeiras* do que as histórias sobre Papai Noel ou o Coelhinho da Páscoa, desde que sejam de fácil entendimento.

— **Repetição**. Os rituais são abundantes na maioria das religiões, desde a missa aos domingos até a oração de graças antes das refeições. Quanto mais repetirmos ações, ideias ou crenças, mais à vontade nos sentiremos com elas, e menos iremos questioná-las: ficamos condicionados ou programados por elas. As religiões bem-sucedidas evoluíram de modo a incorporar aquilo que qualquer bom publicitário lhe diria: a repetição vende.

Uma boa dose de cada um desses memes já seria suficiente para criar uma religião bem-sucedida, mas a evolução dos memes não parou por aí. Examinaremos agora os memes que ativam botões, os que são eficazes porque se aproveitam de nossa natureza humana fundamental:

— **Segurança**. Muitas religiões se baseiam no medo: medo da ira divina, medo de queimar no inferno, medo de que a comunidade nos condene ao ostracismo. Criar perigos artificiais e colocar-se como um porto seguro em relação a eles é uma parte muito poderosa de um sistema de crenças. No caso do ostracismo, o perigo nem chega a ser artificial: os Amish[54] vivem com medo de serem "proscritos" ou separados para sempre de sua comunidade extremamente unida. Supõe-se que a salvação esteja no fato de se viver conforme as normas e os dogmas de uma religião.

— **Crise**. É aqui que muitos cultos pouco eficientes em ativar os botões de *atribuição de sentido* tentam compensar essa deficiência. Afirma-se que líderes de cultos como Jim Jones e David Koresh alardeavam constantemente os perigos iminentes da ira divina e dos inimigos externos. Somente eles tinham a chave da salvação diante da crise – pelo menos é o que diziam.

— **Alimento**. Sim, comida! Banquetes e jejuns tornam uma religião mais atraente por ativarem o botão mais básico do ser humano. Certa vez, quase

---

54. Grupo religioso cristão anabatista, sediado nos Estados Unidos e no Canadá, cujos adeptos são conservadores, avessos ao consumo e pacifistas. (N. do T.)

me tornei baháista porque achei que seria fantástico ter festas de 19 dias![55] As comidas da Páscoa cristã, os jantares cerimoniais do Pessach (a Páscoa judaica), as refeições durante o jejum do Ramadã[56] – tudo isso acrescenta memes atraentes a uma religião. Na verdade, os jejuns introduzem a dissonância cognitiva para enfatizar os memes em nome dos quais você está jejuando.

— **Sexo**. São muito poucas as religiões que não têm algo a dizer sobre o sexo. Contudo, para ser parte integrante de um sistema de crenças, a prática do sexo deve estar associada a outras partes do sistema. As religiões têm diferentes maneiras de pôr isso em prática, desde o casamento monogâmico, na igreja, até as prostitutas do templo na Roma antiga, passando pelos cultos que pregam o amor livre, como ocorre entre os seguidores de Osho. Quando a comunidade de Osho, no Oregon, começou a receber visitas regulares de ônibus turísticos abarrotados de homens ávidos por sexo, Osho resolveu criar um período de espera de dez dias para a atividade sexual com recém-chegados, uma pequena mudança memética que tornou menos fácil engolir a isca sem cair na armadilha, por assim dizer.

— **Problema**. Esse meme é particularmente nocivo e eficaz em convencer pessoas inteligentes e cultas. A ideia de que existe um misterioso conjunto de conhecimentos que pode ser adquirido ao longo de uma vida dedicada à solução de problemas exerce uma atração poderosa. É a base de religiões orientais como o zen e o taoísmo, embora seus adeptos talvez lhe digam que isso não é verdade. (Isso é o que torna a coisa tão misteriosa!) Em algumas religiões, como o cristianismo, já se escreveu tanto sobre o assunto que ficou praticamente impossível acrescentar seja lá o que for. Para muitos cristãos, porém, o estudo religioso é uma parte muito importante de seu estilo de vida. Eles mergulham nos estudos bíblicos, crentes de que ali se encontra a palavra expressa de Deus, e que serão por ela iluminados se conseguirem aprofundar um pouco seu entendimento dela.

— **Dominação**. A necessidade de subir na hierarquia é excelente para atrair pessoas com fortes botões associados ao *poder*, em geral homens, uma

---

55. Antes de comer, você precisa crer: as festas são exclusivas para os adeptos do baháismo.
56. No Ramadã, a prática do jejum significa que os muçulmanos não devem comer nem beber nada, inclusive água, enquanto o sol estiver brilhando. Portanto, eles podem comer antes do sol nascer e depois do pôr do sol. (N. do T.)

vez que esse botão tem uma ligação evolutiva muito forte com o acesso às mulheres. A ideia de níveis ou graus impregna até mesmo organizações não propriamente religiosas, como o escotismo e a maçonaria. É interessante observar que a Igreja Católica, com uma das menores escalas hierárquicas – apenas cinco níveis, da laicidade ao papado – não aceita a ordenação feminina e exige explicitamente o celibato para a progressão hierárquica. Talvez o celibato seja uma maneira astuta de estimular o impulso de subir na hierarquia.

— **Entrosamento**. A maioria das pessoas tem um botão que, quando ativado, leva-as a pertencer a um grupo. Para as mais solitárias, esse meme já é suficiente para fazê-las envolver-se com qualquer religião que esteja ao seu alcance e participar regularmente das reuniões. Conheço muitos unitaristas que nem mesmo acreditam em Deus; apenas gostam de ir à igreja e encontrar seu grupo.

Ciência vs. religião

Embora a memética não deixe dúvida sobre o modo como as religiões evoluíram, ela *não* nos obriga a concluir que a religião seja uma coisa má. Essa é uma conclusão a que muitos chegam automaticamente quando percebem que a força motriz por trás do sucesso dos dogmas religiosos são os memes. Trata-se, porém, de uma conclusão muito superficial. Na verdade, a memética pode ser um fator de união entre ciência e religião, separadas há tantos séculos.

O abismo entre ciência e religião começou praticamente já nas origens da ciência. Os ensinamentos religiosos sempre foram conflitantes com as teorias científicas. A cada nova descoberta, a ciência aprofunda seu questionamento das narrativas e explicações religiosas. Muitas pessoas de espírito científico não entendem como alguém pode acreditar em coisas tão evidentemente falsas, ou mesmo acreditar em algo em que não se *precisa* acreditar para explicar o funcionamento do universo.

A maioria das pessoas inteligentes que conheço se divide em dois campos no que diz respeito à religião: um grupo torna-se agnóstico ou ateu, recusando-se a acreditar em histórias impossíveis de poderes sobrenaturais, partos virginais, mares que se abrem e outros milagres do gênero. O outro grupo adota uma religião e tenta racionalizar a "verdade" dessas histórias,[57] ou passa a vê-las como alegorias mitológicas, e não como a Verdade.

Isso nos leva a um certo impasse. Muitos religiosos *sabem* que há aspectos valiosos em sua fé: eles veem e sentem os resultados práticos em suas vidas. Muitos dos que não querem saber de nenhuma religião *sabem* que estão certos: seu conhecimento do mundo torna muito evidente, para eles, que essas mitologias não passam de contos de fadas, e por que alguém haveria de acreditar em contos de fadas? O resultado é que os dois grupos ficam separados por um abismo, um gritando para o outro ou ambos dando-se as costas, raramente superando suas divergências.

Para a maior glória de Deus

Uma crença comum às pessoas profundamente religiosas, se você lhes perguntar qual é a finalidade de suas vidas, será expressa mais ou menos nos seguintes termos: elas dedicam seu tempo na Terra para a maior glória de Deus. O que isso significa? Em primeiro lugar, significa que, para essas pessoas, suas vidas *têm* uma finalidade, algo que não parece absolutamente claro para a maioria dos não religiosos.

Como ficamos, então? Uma atitude pouco amistosa – na verdade, típica – da comunidade racional e científica pode ser formulada mais ou menos assim: "Sinto muita pena dos religiosos, esses coitados pouco inteligentes

---

57. Conheço uma pessoa que viaja pelo mundo fazendo palestras sobre a impossibilidade de a teoria da origem das espécies ser verdadeira – falta de informação religiosa! Assisti a uma de suas palestras na TV, divertindo-me em encontrar os buracos de sua lógica. A coisa era mais ou menos assim:

"Observem a beleza das cores dos pássaros! Não há argumento científico que as explique! Elas são belas, e ponto final! É evidente que foram criadas por Deus!"

"Vejam como o olho humano é complexo! A evolução não poderia ter levado a tanta perfeição! Só podem ser obra de Deus!"

"Os dinossauros desapareceram da Terra sem nenhum motivo evidente! A ciência não consegue explicar isso! Para mim, isso também deve ter sido obra divina: é provável que os dinossauros se afogaram no Dilúvio!"

(Acho que eles eram grandes demais para caberem na Arca de Noé.)

Se os erros de lógica que apontei acima não lhe parecem convincentes, e se você gosta de atacar o criacionismo, leia *The Blind Watchmaker* (Norton, 1987), de Richard Dawkins.

que correm por aí feito baratas tontas, dedicando sua vida a 'glorificar' um deus que não existe". E, sem dúvida, os crentes devolvem a esses e a materialistas sem Deus um olhar cheio de pena por eles nunca terem conhecido o êxtase da bem-aventurança.

Em geral, o que as pessoas de espírito científico não aceitam na religião é uma dose exagerada de *fé* – a crença em alguma coisa sem qualquer comprovação, ou mesmo apesar de comprovação em contrário. Elas mencionam as Cruzadas e a Inquisição Espanhola como exemplos de como a fé em coisas sem base científica pode ser destrutiva. Isso sempre me surpreende porque, na condição de cientistas, elas deveriam saber que não se pode provar uma teoria por meio da citação de alguns exemplos, principalmente quando há tantos exemplos de coisas boas criadas pelos que creem, e tantas coisas ruins criadas pelos descrentes – aliás, inclusive por cientistas! A ex-União Soviética, um Estado oficialmente ateu, porém dotado de um pavoroso arsenal de guerra, é um dos exemplos mais óbvios que me vêm à mente. Não estou dizendo que todos os cientistas que criam armas sejam infiéis, mas apenas sugerindo que a fé religiosa não é algo que se perceba por trás de seu trabalho.

Examinemos agora algumas coisas que resultaram da fé: a maioria das grandes obras arquitetônicas, da arte e da música criadas ao longo de toda a história! Seríamos muito mais pobres sem a Capela Sistina, *A Última Ceia* ou "Jesus, Alegria dos Homens", de Bach. Os Estados Unidos foram formados pela ética protestante do trabalho, e a revolução que criou o país se fundamenta no reconhecimento dos direitos divinos. Quase todas as instituições de caridade que prestam assistência aos pobres e desamparados são organizações religiosas, e funcionam com muito mais eficiência do que os programas assistenciais do governo. Até o mais empedernido dos materialistas não pode deixar de reconhecer os *resultados* da fé.

> A fé em Deus produz resultados porque, quando as pessoas acreditam que sua vida tem uma finalidade, elas fazem coisas que não fariam se pensassem de outro modo.

As crenças (os memes) que você teve em alguma época de sua vida programam sua mente para trabalhar de determinadas maneiras, mais ou menos como acontece quando baixamos um programa de computador e ele passa a realizar certas tarefas. Se você se programar com a crença de que a vida é absurda e aleatória, é bem possível que a *sua* vida não tenha sentido e seja um mero resultado de eventos aleatórios. Por outro lado, se você se programar com a crença de que há uma finalidade em sua vida, a tendência será a concretização dessa finalidade.

O meme estratégico de realização pelo esforço pessoal é uma das chaves para entendermos por que as religiões funcionam. Agora, se você não quer devorar todo um volume de contos de fadas apenas em nome de uma possível existência mais gratificante, não há problema algum. Mas também não perca tempo tentando conduzir sua vida a partir do pressuposto de que a *sua* imagem do funcionamento do mundo é a única verdadeira. Todos nós convivemos com algumas desilusões e escondemos certas verdades de nós mesmos; talvez tudo se resuma à questão de escolher as ilusões certas, aquelas que podem nos mostrar o caminho por onde pretendemos seguir.

11

Vírus maquinadores (Como fundar uma seita)

"O primeiro homem que, depois de cercar um pedaço de terra, disse, 'Isto me pertence', e encontrou pessoas suficientemente ingênuas para acreditarem nele, esse homem foi o verdadeiro fundador da sociedade civil."

— Jean-Jacques Rousseau

Ao longo da história, sempre houve aqueles que manipulariam os outros para conseguir sexo, dinheiro ou poder. Ainda não deixamos essa época para trás. A nova ciência da memética oferece instrumentos de manipulação extremamente poderosos: os vírus maquinadores. Estes, uma vez ativados, se autorreproduzem e canalizam a vida das pessoas para algum fim que atenda a seus próprios interesses. Ao contrário dos vírus culturais, que simplesmente evoluem para se perpetuarem, esses maquiavélicos vírus maquinadores atendem aos objetivos de seus criadores.

Pois bem, se eu fosse o único a saber de sua existência, poderia não escrever sobre eles. Por que colocar mais instrumentos nas mãos de transgressores? Por que arriscar-me a entrar para a história como o novo Maquiavel? Algumas pessoas já me questionaram sobre o que pode acontecer se essa tecnologia se tornar bem conhecida.

A questão, porém, é que esses vírus já existem por aí. Contar ao mundo de que modo eles funcionam é minha tentativa de fazer uma advertência geral. Assim como você informaria uma jovem ingênua e virgem sobre a má reputação de um pretendente matreiro, sinto-me na obrigação de expor o funcionamento secreto dos vírus maquinadores. Minha intenção é impedir que as pessoas sejam usadas ou involuntariamente programadas por eles.

Os memes com que somos programados determinam nosso comportamento. É por isso que os vírus da mente são tão assustadores e poderosos. Se tudo se resumisse a ser infectado por algum meme idiota, do tipo *A lua é feita de queijo verde*,[58] e nem por isso deixar de viver bem e plenamente, não haveria com que se preocupar. Afinal, se você for à lua alguma vez, poderá constatar pessoalmente que ela não é feita de queijo verde, e então dirá algo assim: "Ah, mas que interessante..." E isso é o máximo que poderá acontecer.

Ocorre, porém, que nossos memes determinam nosso comportamento e, quando os vírus da mente nos infectam com memes capazes de nos afastar de nossa busca da felicidade, temos aí um problema. *Vírus da Mente* é uma tentativa urgente de alertar as pessoas para esse perigo.

Neste capítulo, vou explorar como será a vida na nova era dos vírus maquinadores, examinar os ingredientes que entram em suas maquinações e especular sobre alguns que já podem estar conosco.

Os vírus do futuro

Num futuro não muito distante, a maior parte de nossa cultura será composta de vírus maquinadores. Por quê? Porque agora que sabemos como criá-los, é isso que faremos. Conquistaremos o terreno conceitual tão certamente quanto conquistamos as regiões ermas e selvagens do planeta. No começo, os vírus maquinadores vão competir com os vírus culturais por uma parte de nossa mente. Logo, essa batalha será perdida pelos velhos vírus culturais, porque a seleção natural que os fez evoluir não é tão rápida quanto a criação dos vírus maquinadores, que resultam de processos capazes de simular a inteligência humana. Esses modos de pensar não desaparecerão por completo, mas o grande número de pessoas infectadas por antigos vírus culturais ficará cada vez mais restrito a comunidades autossuficientes e incomunicáveis, como os Amish.

---

58. *The moon is made of green cheese*. O adjetivo *green* provavelmente não se refere à cor do queijo, mas ao fato de ele ainda estar imaturo. A frase aparece pela primeira vez no livro *Proverbes*, publicado por John Heywood em 1546. (N. do T.)

Depois dessa batalha, a competição ocorrerá entre os próprios vírus maquinadores, e uma tecnologia cada vez mais sofisticada será necessária para criar um vencedor dessa guerra mental. Veremos programas de computador executando sofisticadas configurações meméticas a fim de submeter os memes a um ajuste de precisão antes de lançá-los.

Que tipos de vírus mentais maquinadores veremos no futuro? Depende das intenções e da habilidade de seus criadores – e dos memes com que esses criadores estiverem infectados! Acho que haverá muitos vírus motivados pelo lucro, muitos outros motivados pelo poder e, talvez, alguns motivados pela visão que alguém venha a ter de um futuro melhor para a humanidade.

Vírus associados ao lucro

Os vírus maquinadores motivados pelo lucro, muitos dos quais são totalmente legais e existem às claras em nossos dias, têm suas origens nebulosas no fraudulento esquema Ponzi.[59] Charles Ponzi foi um imigrante italiano que, em 1919, abriu em Boston uma empresa chamada *Securities Exchange Company*. A empresa garantia uma taxa de juros de 50% no prazo de 90 dias: um investimento de $10 teria um rendimento de $15 em três meses.

Ponzi comprava cupons internacionais de resposta postal na Europa e, devido a flutuações de câmbio, resgatava-os com lucro nos Estados Unidos. As pessoas começaram a desconfiar quando um jornal descobriu que, com $15 milhões investidos na empresa de Ponzi em oito meses, só $360 em selos e cupons de resposta postal tinham sido vendidos – no mundo inteiro!

O esquema Ponzi era simples: enquanto sua base de investidores continuasse aumentando, ele poderia pagar os primeiros investidores com o dinheiro dos que viessem posteriormente. Quando a reportagem foi publicada e as pessoas pararam de investir, descobriu-se que Ponzi devia $7 milhões e só tinha $4 milhões em ativos. Os últimos investidores não tiveram sorte.

Contudo, o vírus mental no esquema Ponzi não tinha nada a ver com o esquema em si. O que houve ali foi a propagação do meme estratégico *Invista com Ponzi*. Com grande abundância dos memes *janela de oportunidades* e *recompensa*, poderosos ativadores de botões que podemos resumir num único meme – *Enriqueça logo* –, o esquema Ponzi despertou tanto in-

---

59. Uma análise bem-humorada do esquema original de Ponzi e de vários outros fenômenos interessantes pode ser encontrada no livro de Joseph Bulgatz, *Ponzi Schemes, Invaders from Mars, & More Extraordinary Popular Delusions and the Madness of Crowds* (Harmony Books, 1992)

teresse que se disseminou rapidamente entre o grande público de Massachusetts e estados vizinhos.

As façanhas Ponzi eram fraudulentas à primeira vista: ele mentia para as pessoas sobre aquilo em que elas estavam investindo. Mas o *esquema de pirâmide* correspondente não exigia que se mentisse para os investidores – seus memes funcionavam com absoluta honestidade. Num esquema de pirâmide típico, há um organograma em forma de triângulo com um nome no topo; dois nomes abaixo dele; dois nomes abaixo de cada um dos anteriores, totalizando quatro na linha seguinte e, seguindo o mesmo processo de duplicação, oito nomes na última linha.

O participante cujo nome está no topo do organograma faz uma "festa da pirâmide" para recrutar mais pessoas. Na linha inferior, os oito espaços estarão em branco, e o anfitrião fará o possível para preenchê-los. Os participantes que quiserem entrar para o quadro de membros são incentivados a pagar determinada quantia – digamos, $1.000. Desse montante, $500 irão para a pessoa no topo da pirâmide, e $500 para aquela que, na linha com quatro nomes, estiver imediatamente abaixo do nome do novo participante. Se você recrutar dois novos participantes, seu investimento será rapidamente recuperado. Melhor impossível!

Quando os oito espaços forem preenchidos, o anfitrião, que recuperou seus $1.000 há muito tempo, quando estava na linha dos quatro, retira-se com um lucro de $4.000. A pirâmide então se divide em duas partes, e os dois jogadores na linha com dois nomes habilitam-se a ganhar $4.000. Belo negócio!

Os esquemas de pirâmide dependem dos mesmos memes ativadores de botões que encontramos no esquema Ponzi, e contam com a colaboração de uma força poderosa: o *evangelismo*. Como as pessoas têm interesse em introduzir novos participantes no vírus da pirâmide, a ilusão da recompensa não precisa ser tão grande quanto no esquema Ponzi. Em vez do mero recrutamento de novos investidores, o que agora existe é um exército de recrutadores que deliberadamente infectam as pessoas com os vírus da pirâmide.

Embora o mecanismo de propagação do vírus da pirâmide seja diferente daquele do esquema Ponzi, as duas instituições malogram pelo mesmo motivo. Por dependerem de um crescimento exponencial, elas esgotam rapidamente a oferta de novos membros. O iniciador da pirâmide só precisa recrutar quatorze pessoas para ganhar seus $4.000; depois de dez divisões da pirâmide, os novos recrutas na linha com oito nomes precisariam recrutar 14.336 novos participantes, tendo em vista um investimento total de $14.336,000, para que todos possam receber.

Quando você leu "vírus motivados pelo lucro", deve ter pensado imediatamente na Amway. A Amway é o mais bem-sucedido desses vírus que atualmente proliferam, e que são conhecidos como *marketing* multinível (MMN). O *marketing* multinível é diferente do esquema de pirâmide, e não é ilegal. Em vez de vender participações de novos membros, as quais não têm valor a não ser pelo fato de lhe darem o direito de vender mais participações ainda, o MMN cria uma rede de distribuidores de um produto real, agrupados em forma de rede. Os distribuidores *upline*[60] recebem uma porcentagem das vendas dos distribuidores *downline*[61] que foram por eles recrutados.

O funcionamento honesto de um MMN requer que as recompensas de seus membros se baseiem em seu sucesso, tanto na venda do produto quanto no recrutamento de novos membros. Os grandes lucros vão para um número relativamente pequeno de pessoas, aquelas que, com persistência e talento para vendas, associam-se, despendem alguma energia e decidem que o lucro não é para elas.

É um jogo de oportunidades iguais e de sobrevivência dos mais aptos! Em certos aspectos, você pode ver o MMN como uma atividade moralmente superior às transações comerciais tradicionais, com estruturas organizacionais relativamente imutáveis. Nas empresas tradicionais, as maiores e mais importantes tendem a ficar como estão, obtendo grandes lucros à custa de funcionários menos graduados que, além do mais, têm relativamente poucas oportunidades de progredir.

O *marketing* multinível é o negócio do futuro. À medida que a mídia televisiva e a competição pela mente do consumidor vão ficando cada vez mais caras, ruidosas e saturadas, a oportunidade de vender diretamente e por melhores preços em uma rede multinível torna-se cada vez mais atraente.

> Para um vírus motivado pelo lucro, o segredo do sucesso é receber incentivo para *evangelizar* ou *recrutar* outras pessoas.

---

60. Os patrocinadores, os distribuidores pelos quais você foi inicialmente recrutado. (N. do T.)
61. Os grupos de vendedores, as pessoas que você traz para seu plano de *marketing* multinível. (N. do T.)

Exemplo de um Esquema de Pirâmide

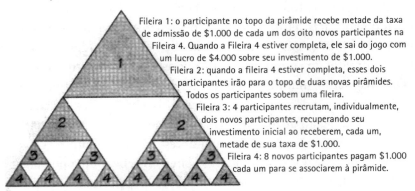

Fileira 1: o participante no topo da pirâmide recebe metade da taxa de admissão de $1.000 de cada um dos oito novos participantes na Fileira 4. Quando a Fileira 4 estiver completa, ele sai do jogo com um lucro de $4.000 sobre seu investimento de $1.000.
Fileira 2: quando a fileira 4 estiver completa, esses dois participantes irão para o topo de duas novas pirâmides. Todos os participantes sobem uma fileira.
Fileira 3: 4 participantes recrutam, individualmente, dois novos participantes, recuperando seu investimento inicial ao receberem, cada um, metade de sua taxa de $1.000.
Fileira 4: 8 novos participantes pagam $1.000 cada um para se associarem à pirâmide.

Um esquema de pirâmide como este é um exemplo daquilo que chamo de vírus motivado pelo lucro.

Alguns anos atrás, a empresa telefônica MCI apresentou um vírus extremamente bem-sucedido, chamado "MCI Friends & Family". Os assinantes receberiam grandes descontos em seus telefonemas para amigos e membros da família, mas isso só aconteceria se eles *recrutassem* essas pessoas como membros do grupo. Brilhante! Com um pequeno empurrão publicitário para difundir o programa, ele teria todo o potencial necessário para deslanchar.

O problema do programa MCI Friends & Family foi a reação da AT&T, que demorou um pouco a chegar. A gigante dos telefones gastou algo em torno de dezenas de milhões de dólares para transmitir, por rádio e televisão, uma enorme quantidade de anúncios cujo único objetivo era detonar o programa da MCI. Os anúncios criaram memes associativos desfavoráveis a este último e promoveram o plano da AT&T, que dava descontos se você recrutasse outras pessoas ou não.

Em resposta à campanha da AT&T, a MCI precisou buscar novos rumos. Se eles conhecessem a memética, porém, poderiam ter resolvido manter o programa Friends & Family, ou mesmo acrescentar-lhe memes de melhor qualidade. Vejam bem, a AT&T teria de fazer campanhas publicitárias intermináveis para contra-atacar o vírus autoperpetuador da MCI. Embora a AT&T talvez até tivesse um plano melhor, ela não fez como a MCI e usou a força exponencial da autorreplicação, a força mais poderosa do universo.

Vírus de poder

Alguém já disse que uma seita é uma religião que ainda não tem muitos adeptos. Discordo dessa definição, mas não do modo como se poderia pensar: não acho que uma seita tenha de ser uma religião. Há dois elementos-chave necessários para uma seita:

1. Cada pessoa se compromete com alguma missão ou com um objetivo mais elevado, nenhum dos quais foi escolhido mediante uma reflexão pessoal e consciente.
2. A renúncia a esses compromissos traz graves consequências.

Estes dois memes – *compromisso com uma missão* e *consequências da renúncia* – são suficientes para fazer com que uma pessoa dedique sua vida e seu trabalho a uma seita. Em combinação com algum tipo de *evangelismo*, cria-se um vírus mental poderoso, um *vírus de poder*, que se propaga automaticamente e atinge um grande contingente da população.

Uma seita é uma espécie de vírus de poder. Tudo se resume em atribuir poder ao líder da seita, seja em forma de acesso ao dinheiro, ao sexo e/ou à energia das pessoas.

> Quando os membros de uma seita dedicam sua energia vital a um objetivo que não veio de dentro deles, isso confere poder a esse objetivo extrínseco, seja ele qual for.

A palavra *seita* costuma ser reservada para definir as organizações que a maioria das pessoas considera nefastas ou prejudiciais, mas o funcionamento dos vírus de poder é sempre igual, pouco importando se a organização tem objetivos morais, imorais ou amorais.

Em geral, as seitas têm uma missão que, segundo afirmam seus líderes e membros, eles se empenham em realizar – talvez, uma missão sagrada. Os membros são condicionados a acreditar que essa missão é o que existe de mais importante em sua vida, e que eles devem sacrificar qualquer outra coisa em nome desse objetivo maior. Uma vez programado esse meme, eles ficam realmente escravizados.

Se você está dedicando sua vida a uma missão ou a um objetivo superior, permita-me sugerir-lhe que reconsidere sua dedicação com base em três perguntas:

1. Se lhe perguntassem: "O que há de mais importante na sua vida?", sua resposta seria "Essa missão"?
2. Há indícios claros de que sua participação nesse grupo é, de fato, o modo mais importante de realizar essa missão?
3. Você acredita que o fato de participar diariamente desse grupo lhe traz alguma forma de realização pessoal?

Se você respondeu negativamente a essas três perguntas, que diabos está fazendo nesse grupo? Se achou as perguntas difíceis de responder, eu diria que você está muito bem. Se foi fácil responder afirmativamente às três perguntas, é quase certo que você já está programado, e o mínimo que deve fazer é ficar algum tempo sem fazer nada e sair em busca de ar fresco.

As megacorporações que crescem vertiginosamente são vírus de poder, e elas estão começando a usar os vírus maquinadores em suas estratégias de conquista de um poder cada vez maior. Numa economia de livre mercado, não surpreende encontrar corporações que vêm obtendo grande êxito em seu uso de memes para concretizarem seus objetivos econômicos. Como em toda evolução por meio de memes, isso pode acontecer sem que haja qualquer intenção consciente.

> As empresas que recorrem a estratégias realmente capazes de incorporar memes simplesmente têm melhor desempenho e acabam sendo imitadas por outras.

Nas grandes corporações dos Estados Unidos, hoje é comum que as empresas peçam ou exijam *declarações de compromisso* assinadas pelos funcionários. Essas declarações são conjunto de valores corporativos objetivos e não ameaçadores como, por exemplo, o "compromisso com a qualidade" e a "dedicação ao cliente".

Qual é o objetivo de uma declaração de compromisso? Fazer com que todos caminhem na mesma direção, de modo que o trabalho de um funcionário possa ser um complemento do trabalho dos outros. Sem esse alinhamento, as pessoas tendem a trabalhar como se estivessem em campos opostos, e um dos resultados possíveis desse estado de coisas é que o esforço de um seja anulado pelo dos demais, em vez de contribuir para o bom desempenho geral.

A ideia de nivelar as intenções das pessoas é tão bem-sucedida que toda uma economia se desenvolveu a partir dos seminários de treinamento corporativo que foram criados com esse objetivo. Porém, quando é que esse treinamento corporativo termina e entra em cena o condicionamento, a programação e a lavagem cerebral? Quando você está imerso nessa cultura, seja uma seita ou uma corporação, é difícil perceber se a missão do grupo é, de fato, o que há de melhor para a sua vida. *Será?* Eis uma boa pergunta que você deve se fazer constantemente.

Outro meme estratégico que as corporações usam para estimular o empenho e comprometimento de seus funcionários é chamado de *algemas de ouro*. O ouro de que essas algemas são feitas é uma recompensa financeira, em geral na forma de opção de compra de ações, com que se reconhece a excelência profissional desses funcionários – os quais ficam, por assim dizer, "presos" à empresa.

> As algemas de ouro nada mais são que um meme associado às *consequências do abandono de uma empresa*, o mesmo que as seitas usam para evitar a debandada de seus adeptos.

Outro método de criar vínculos entre pessoas e organizações é o efeito de dissonância cognitiva produzido pelos ritos de iniciação. Ao testar as pessoas desse modo, submetendo-as a experiências difíceis, uma de duas coisas acontece: ou o iniciado vai embora, incapaz de suportar as provações, ou um meme indicativo do valor de pertencer à organização é criado ou reforçado na mente dele.

Depois de iniciados, os membros de uma agremiação sentem-se fortemente ligados a ela e adquirem uma sensação irracional de entrosamento, que não seria tão forte se eles não tivessem passado pelo rito de iniciação para estarem ali.

Embora as corporações raramente usem esse tipo de trote, em muitas profissões há o conceito de *mostrar a que veio*, que na prática ocorre durante um período em que o funcionário deve realizar tarefas um tanto difíceis e desagradáveis antes de ser promovido a cargos mais altos e vantajosos. Esse tipo de lavagem cerebral funciona, levando a pessoa a pensar que seu emprego atual é mais importante do que ela jamais teria pensado.

As gangues de jovens geralmente têm períodos de iniciação em que seus membros devem cometer um crime grave. Nesse caso, há um objetivo duplo: o efeito de programação ou lavagem cerebral da dissonância cognitiva e a certeza de que o iniciado está plenamente inserido na cultura de ilegalidade da gangue.

Eu já fui um grande telespectador. Hoje não sou mais, mas uma das melhores coisas que vi foi um episódio da série *Family Ties* ("Caras & Caretas") em que Alex, um adolescente extremamente conservador, se apaixona por uma ativista liberal. Para se aproximar dela, Alex participa das reuniões de sua organização e chega ao ponto de preparar um discurso contra todas as coisas que defendia anteriormente.

Embora Alex finalmente deixe claro quem ele é e conte a verdade antes que seja tarde demais, fico imaginando quantas pessoas, sobretudo quando ainda jovens, não se dizem ligadas a esta ou aquela ideologia política por razões semelhantes.

> As crenças são iguais às trilhas de gado. Quanto mais andamos por uma mesma estrada, mais ela nos parece ser o melhor caminho a seguir.

Depois de alguns anos de ideias liberais e de decisões tomadas a partir delas – pronto! Eis que você já é um liberal! É muito mais difícil e desgastante começar tudo do zero e manter as ideias firmes do que tentar ser coerente com um conjunto específico de crenças.

É por isso que Ralph Waldo Emerson me vem novamente à mente, desta vez dizendo: "A coerência tola é o demônio que ronda as mentes medíocres". Gosto de surpreender as pessoas com o que lhes parece ser uma falta de coerência nos meus pontos de vista. Ótimo! Isso significa que não acompanho a boiada!

Imagino o que aconteceria se, por um passe de mágica, alguém como um Kennedy ou um Dole fosse eleito senador vitalício e não precisasse mais ser porta-voz da esquerda ou da direita. Na verdade, não precisamos ir tão longe. Assim que chegaram a seu cargo vitalício, alguns juízes da Suprema Corte já surpreenderam muita gente por votarem de modo mais liberal ou conservador do que provavelmente esperavam os presidentes que os indicaram. Não havia mais barreiras que os prendessem às ideologias que antes defendiam, e eles estavam livres para pensar por si próprios.

> Ao levar uma pessoa a se comprometer com um sistema de crenças e impedir que ela mude seu modo de pensar, você está, na verdade, mantendo sob seu controle a vida e a energia dela. Acrescente-se a isso uma dose de evangelismo e você terá criado um vírus autopropagador que usa a vida dos outros para alcançar algum objetivo.

A igualdade de objetivos não é necessariamente um mal – para que as coisas lhe sejam pessoalmente gratificantes, basta certificar-se de que você também persegue o objetivo em questão e segue fielmente suas diretrizes. A Microsoft, onde trabalhei por muito tempo, tinha uma missão inconfundível desde o início, claramente enunciada pelo cofundador da empresa, o gênio visionário Bill Gates: um computador em cada mesa de trabalho, software Microsoft em cada computador. Por trás dessa missão fundamental havia um conjunto de valores[62] compartilhados por todos na empresa: excelência técnica, intolerância à mediocridade, qualidade insuperável e, acima de tudo, vontade de ser a número um.

Invólucros de vírus

Se você realmente quer fundar uma seita ou criar mais um vírus da mente, já sabe agora tudo que precisava saber. Basta encontrar alguns memes atraentes para enganar as pessoas e programá-las para seguirem suas ordens – inclusive, para difundirem os fundamentos da seita ao maior número de pessoas possível. Mas não vá com muita sede ao pote! Quem tem o poder *de fato* é o vírus da mente, e não você. Lembre-se de Jim Jones e de David Koresh.

É interessante observar que, se você já dispõe de um invólucro para um vírus mental bem-sucedido, você pode introduzir qualquer programação que quiser, desde que ela não interfira na função básica do vírus, a autorreplicação. A vida moderna está cheia de exemplos desses arcabouços de vírus:

---

62. Trabalhar na Microsoft funcionou bem para mim durante muitos anos porque eu também compartilhava esses valores. Gosto de ser uma espécie de agente especial que chega e resolve tudo. Na verdade, devido ao fantástico sucesso da Microsoft, comecei a achar que eles estavam se saindo tão bem que não precisavam mais de mim. A perda do sentimento de que tinha um objetivo contribuiu para que eu perdesse o interesse em trabalhar ali e desse o salto que me tornaria escritor e professor. Antes de sair, porém, considerei a possibilidade de passar para a divisão de serviços ao consumidor, um lugar onde o desafio de começar do zero e chegar novamente a líder de mercado poderia se concretizar outra vez.

— **Organizações que fazem campanhas políticas**. Essas organizações geralmente recorrem à mesma fórmula básica: alugam um espaço para servir de escritório, convocam pessoas, conseguem que elas façam trabalho voluntário e, por último, fazem com que esses voluntários consigam mais voluntários ainda.

— **Empresas de *marketing* multimídia**, como já descrevi anteriormente, neste mesmo capítulo. O produto vendido realmente é secundário à estrutura da empresa. Sem dúvida, você precisa ter um produto verdadeiro para legalizá-lo, mas o que faz a coisa funcionar, de fato, é a eficácia em programar os membros para que eles recrutem muitos outros.

— **Séries de seminários de viva-voz** (*Word-of-mouth seminars*). Os componentes do grupo participam de seminários intensivos que duram vários dias, e deles saem com uma sensação muito boa. Além do conteúdo do curso, praticam-se técnicas de condicionamento, dissonância cognitiva e cavalo de Troia, que programam as pessoas para fazerem duas coisas: recrutar novos participantes para outros cursos e se inscreverem, elas próprias, para a próxima série de seminários – que será mais cara.[63]

O fio que liga todos esses invólucros de vírus mentais é o evangelismo. Direta ou indiretamente, você precisa recrutar membros que recrutarão outros membros que recrutarão mais membros ainda. Se você tiver um bom vírus desse tipo, pode agendar seus objetivos a atingir, cruzar os braços, esperar que ele não sofra nenhuma mutação e... Bem, e as coisas começarão a rolar.

Vírus de qualidade de vida

Num futuro em que houver proliferação de vírus mentais, os tipos que eu gostaria de ver como vencedores são os que melhoram a qualidade de vida das pessoas. Há duas maneiras de torná-los vencedores:

---

63. Isso não significa que todos os seminários são fraudes. Posso afirmar com absoluta certeza que o fato de ter participado de pelo menos uma série de seminários que usam esse invólucro de vírus foi uma das experiências de aprendizagem mais gratificantes de minha vida. Infelizmente, também conheci alguns que são verdadeiras seitas. Meu conselho: antes de fazer um desses cursos, informe-se com alguém que seja de sua confiança e não esteja envolvido com a organização há pelo menos três anos.

1. Evangelizar, evangelizar, evangelizar! Quando você deparar com memes que lhe pareçam bons, propague-os conscientemente! Para os memes, o silêncio significa a morte.

2. Empenhe-se em unir o maior número possível de memes ativadores de botões aos memes que melhoram a qualidade de vida. Enfatize o modo como eles ajudam seus filhos! Lembre a todos que estamos em crise! Alimente-os! Ofereça-lhes sexo! Bem, faça o que achar melhor. Mas não se esqueça de que a complacência é sinônimo de fracasso no mundo dos vírus mentais – você está competindo com todos os memes autorreplicadores que querem nos levar de volta à pré-história.

Por acaso você está achando maquiavélico demais todo esse evangelismo e toda essa ativação de botões que venho incentivando sem parar? Parece-lhe hipócrita, como se eu estivesse defendendo a manipulação das pessoas para impedir que elas sejam manipuladas? Espero que não. Não quero que você minta, mas que apenas compreenda o efeito que pode exercer no mundo por meio da propagação de memes. Todos estamos, o tempo todo, sob efeito da atividade dos vírus da mente. Quero que você escolha aqueles que vai propagar conscientemente, de olho no que é mais importante para você.

A Profecia Celestina, o famoso *best-seller* de James Redfield, é um vírus mental muito eficiente. É um relato ficcional sobre a descoberta, pelo autor, de um manuscrito antigo – um texto que supostamente contém a receita para um futuro cor-de-rosa para a humanidade. Só não sei se Redfield fez isso de propósito ou não, nem mesmo se ele tem consciência desse fato, mas a verdade é que ele colocou um vírus da mente nesse livro – e um dos bons! Vou dizer exatamente como a coisa funciona.

Uma das lições desse manuscrito é que não existem coincidências. Todas as coincidências aparentes são, na verdade, oportunidades de crescimento. Em particular, quando você descobre alguma coincidência nas pessoas, tem o dever de conversar com elas até descobrir qual é a mensagem que elas têm para você, ou você para elas. Os leitores de *A Profecia Celestina* absorvem esse meme e saem em busca dessas oportunidades. É claro que isso geralmente vai terminar numa recomendação para que você leia o livro – que você o evangelize!

Um aspecto dos conselhos de Redfield é realmente incrível e lembra muito o conselho principal que dou neste livro:

> Não perca nenhuma oportunidade de propagar os memes que você deseja ver em plena atuação.

Não sou grande apreciador de todos os memes encontrados no livro de Redfield, mas, sempre que alguém começa a falar sobre essa obra, aproveito a oportunidade para passar informações sobre a memética. "Isso é realmente interessante", digo. "Você sabia que há um vírus da mente nesse livro?" E continuo, provocando uma conversa muito estimulante sobre os vírus mentais.

Um vírus de qualidade de vida que se sabe ter sido criado intencionalmente – um vírus maquinador – é o Projeto Contra a Fome. Um desdobramento dos grupos de desenvolvimento pessoal de Werner Erhard – *est* e *The Forum*, que também são vírus maquinadores de natureza evangelizadora –, sua única pretensão consiste em disseminar os próprios memes. Tudo que o Projeto Contra a Fome faz é mostrar às pessoas que há um problema relativo à fome mundial e pedir a elas que se engajem na luta para pôr fim a esse flagelo. O grupo não compra alimentos, não manda dinheiro para os pobres, não planta arroz – toda sua atividade se resume aos seminários que organizam, e durante os quais recrutam pessoas para atuar no projeto e arrecadam dinheiro para recrutar mais pessoas.

À primeira vista, talvez pareça que essa é uma luta inútil. Mas convém não subestimar os efeitos da propagação de memes. O efeito de recrutar milhões de pessoas e fazê-las engajar-se na luta contra a fome pode ser considerável – elas podem começar a atuar por conta própria e, a partir desse compromisso, fazer com que alguma coisa aconteça.

De qualquer modo, esse vírus maquinador tem sido muito bem-sucedido no que diz respeito à capacidade de replicação: milhões de pessoas vêm se juntando ao Projeto Contra a Fome desde a sua criação.

O objetivo de acabar com a fome no mundo é muito nobre, mas eu gostaria de ser ainda mais ambicioso. Que tal criar um vírus maquinador que desinfete as pessoas e lhes sirva de inspiração para levarem uma vida extremamente gratificante? Como seria possível lançar um vírus desse tipo? Você poderia ter certeza de que ele não se transformaria em algo indesejável? No capítulo seguinte, vou discutir a natureza da desinfecção.

◆ ◆ ◆

12

Desinfecção

"Se ele tivesse colocado seu talento a serviço das forças do bem..."

— Maxwell Smart, protagonista da série de TV Agente 86

As revoluções científicas geralmente trazem consigo profundas questões filosóficas. A revolução da memética não é diferente. Até para começarmos a falar em desinfecção dos vírus mentais, tanto a nossa quanto a da sociedade, temos de levar em consideração duas importantes questões éticas.

Primeira: dei a este capítulo o título de "Desinfecção", mas, tendo em vista que nossa mente é formada por hardware genético e software memético, o que significa ser desinfetado? Sem dúvida, isso não implica a eliminação de *todos* os nossos memes! Com que memes você quer ser programado? Eis a pergunta filosófica clássica – *Como devo me comportar?* –, só que aqui colocada em outro nível – *Como devo me programar?*

A segunda questão ética já vem sendo debatida por psicólogos e neurolinguistas. Com que memes você quer programar as outras pessoas? *Que memes devo disseminar?* Hoje, nosso conhecimento de que realmente podemos produzir um grande impacto sobre os outros por meio dos memes traz consigo uma enorme responsabilidade correspondente.

O que vem naturalmente?

A reação imediata de muitos é recusar-se a refletir sobre essas questões. "Isso é tão artificial", dizem alguns. "Vou ficar com o que vier naturalmente", diz a intuição. Cuidado – não se esqueça do tipo de coisa a que essa sensação visceral está a serviço!

> Sua "intuição" evoluiu para aumentar as probabilidades de replicação do seu DNA nos tempos pré-históricos.

Contudo, a decisão de nunca pensar sobre essas questões é, sem dúvida, uma maneira de estar envolvido com elas. Se você agir assim, estará deixando a evolução nas mãos de memes egoístas, que evoluem de acordo com as tendências que desenvolvemos na Idade da Pedra para manter nossos genes egoístas. Não há nenhum incentivo – absolutamente nenhum – para que a evolução dos memes se preocupe com nossa felicidade. Pelo fato de ajudarem freneticamente a replicar informações, as infestações de vírus mentais que nos ligam a terminais de informação podem perfeitamente assumir o controle se não houver nenhuma intervenção de nossa parte.

Você acha que está muito distante de um cenário futuro em que os seres humanos poderão se tornar escravos de uma raça de computadores? Examine o interior de qualquer prédio de escritórios de bom tamanho e veja quantas pessoas passam oito horas por dia seguindo as instruções em exibição na tela, a ponto de prejudicarem sua visão e terem problemas com as mãos devido a todo esse esforço repetitivo. O que a maioria está fazendo? Entrando na memória do computador, copiando dados, fazendo conexões e analisando informações. Memes. Quando não estamos trabalhando, estamos contando uns aos outros as últimas notícias, que provavelmente têm a ver com perigo, alimento e sexo. Memes.

Não, os memes não vão evoluir *automaticamente*, de modo a beneficiar nossa sobrevivência, muito menos nossa felicidade. A evolução dos memes ocorre numa escala de tempo totalmente diversa da evolução genética – numa escala muito, muito mais rápida. Não temos escolha, a não ser enfrentá-la ou deixar que ela controle nossa vida. Se quisermos dirigir a evolução dos memes de modo a beneficiar nossa espécie, a vida na Terra ou qualquer coisa do gênero, teremos de pegar o touro pelos chifres. Ignorar essas questões éticas – e admitir a derrota – só vai fazer com que a infecção se alastre cada vez mais.

> Temos duas opções: desistir, na expectativa de que teremos uma vida mais proveitosa e um mundo melhor, ou escolher, conscientemente, os memes com os quais queremos ser programados e que pretendemos disseminar.

Sem dúvida, muitas pessoas ignoram essas questões éticas; a maioria nem tem consciência delas. Thoreau disse: "A maioria dos homens leva uma vida de tranquilo desespero". Por quê? Isso parece não fazer sentido – como sabem os tomadores de cerveja, só passamos pela vida uma vez, e então, por que não extrair dela o máximo de satisfação possível?

Minha resposta é: porque parece, de fato, que *temos* de seguir esses programas que os vírus da mente enfiaram em nossa mente! Enquanto não nos libertarmos, fica difícil perceber que a vida pode ser diferente, que você pode descobrir o que lhe é mais importante e dedicar sua vida a isso.

A cura dessa infecção, tanto em nós mesmos quanto nos outros, vai exigir um esforço consciente. Ela não vai acontecer automaticamente. Se nos limitarmos a relaxar e assistir TV, é provável que nossa evolução não ocorra de um jeito que você ou eu aprovaríamos. O futuro do nosso mundo não parecerá bom. Mesmo que você e eu nos curarmos, a menos que agirmos para levar a cura aos outros, nós e nossos filhos terminaremos vivendo num mundo em que a vida das pessoas será cada vez menos significativa. Elas dedicarão boa parte de sua vida a serem escravos inconscientes dos vírus mentais. Precisamos agir agora.

Reflita sobre as respostas que você deu às duas perguntas éticas que formulei há pouco. Para desinfetar-se, tente pôr em prática algumas das ideias que encontrará no resto deste capítulo. Se elas lhe parecerem boas, seja o novo paladino da educação infantil, e poderemos começar a ensinar as crianças a se protegerem da infecção. Imagine quanta criatividade e contribuição seriam possíveis no mundo se as crianças desenvolvessem a capacidade de aproveitar ao máximo as oportunidades da vida!

Neste capítulo, começarei por discutir a primeira questão ética: *Com que memes devo me programar?* Depois, apresentarei alguns métodos para você identificar sua programação atual e conseguir se livrar de suas infecções por vírus da mente. Por último, colocarei a questão de saber quais memes seria conveniente introduzir na sociedade e, em particular, nas crianças da próxima geração.

A busca da verdade

Com que memes você deve se programar, agora que essa oportunidade está ao seu alcance? A segunda resposta mais comum (a primeira consiste em ignorar a questão) é: *Com a verdade*. É difícil ver como poderia haver algum problema em alguém se programar com memes que são verdadeiros. Mas não se esqueça das palavras de Alfred North: todas as verdades são meias-verdades.

Há vários problemas com o meme estratégico *Programar-me com a verdade*. Em primeiro lugar, você não tem como conhecer toda a verdade do universo. Seu cérebro não tem capacidade de armazenamento suficiente para apreender com exatidão a totalidade do universo. O melhor que você pode fazer é adotar alguns modelos simplificados que funcionam durante a maior parte do tempo. Parafraseando Whitehead, o que estraga tudo é acreditar que esses modelos são verdadeiros!

Em segundo lugar, geralmente é perturbador e cansativo encontrar a verdade para além de determinado ponto. O uso de *replay* instantâneo na Liga Nacional de Futebol Americano (America's National Football League, NFL) é um exemplo perfeito disso. Reconhecendo que até os melhores juízes cometem erros, os proprietários da NFL decidiram, alguns anos atrás, colocar um observador adicional para assistir aos jogos na televisão. No caso de um apito questionável, ele interromperia o jogo, veria os *replays* e, possivelmente, mudaria a decisão do árbitro oficial. Devido à oportunidade de acompanhar o jogo lentamente e a partir de diferentes ângulos, esse juiz "da televisão" teria melhores chances de indicar uma falta – de saber a verdade!

Em 1995, os proprietários da NFL decidiram, pelo voto, pôr fim à experiência do *replay* instantâneo. Resolveram que parar o jogo e interromper a curtição dos torcedores não compensaria a maior exatidão obtida. Eles refletiram sobre o dilema entre curtir a vida e conhecer a verdade, e decidiram-se pelo prazer. Desde então, retomaram o uso de *replays* de modo bem mais limitado.

As pessoas programadas com o meme *busca da verdade* geralmente perdem tempo analisando acontecimentos passados, tentando descobrir quem estava certo e quem estava errado, quais eram as verdadeiras intenções das pessoas, e outras coisas do gênero. Assim como interromper um jogo por conta dos *replays* instantâneos, ficar parando o tempo todo para descobrir a "verdade" é algo capaz de estragar muitos bons momentos da vida.

Por último, a "verdade" quase sempre tem por base algum conjunto de hipóteses – memes. Enquanto você não submeter sua programação memética a um exame minucioso, não saberá nem mesmo que tem esses memes básicos que podem fazer certas coisas parecerem verdadeiras. Como aprendi com minha experiência, quanto mais conhecermos nossa programação memética, menos acreditaremos na existência de alguma coisa que se possa chamar de Verdade Absoluta.

Portanto, o que mais existe além de *o que vem naturalmente* e *a verdade* como estratégias mais adequadas para você se programar?

A serviço do seu DNA

Você poderia dedicar toda sua vida à replicação do seu DNA. Essa opção nunca me pareceu atraente, mas você *poderia* adotar, como sua estratégia de programação memética, o conceito de *Estar a serviço de meus genes.* Para as mulheres, isso significaria ter o maior número possível de filhos que elas pudessem sustentar, o que, na maioria dos países civilizados, significaria "o maior número que sua constituição orgânica lhes permitisse gerar". Para os homens, significa engravidar o maior número possível de mulheres. Joguem fora os preservativos! Comecem imediatamente a fazer contato com bancos de esperma! Viajem muito e, sem que ninguém saiba, tenham três ou quatro famílias em lugares diferentes! Isto é, faça tudo isso desde que você esteja, de fato, a fim de servir ao seu DNA.

Mas por que servir somente ao DNA do seu próprio corpo? Por que não servir ao DNA de todos os seres humanos? Ou, a propósito, de todos os animais, todos os insetos, todas as bactérias, todos – os vírus?

Se você pretende estar a serviço permanente do seu DNA, lembre-se: essa história de *o que vem naturalmente* não vai funcionar mais. Você vai ter de pensar. Pode ser que isso não seja lá muito bom. Você precisará ter consciência de que esse é o objetivo de sua vida, e programar-se para que tudo corra bem. Porém, se você vai traçar um objetivo de vida, colocar-se a serviço do seu DNA me parece um objetivo bem pouco inteligente.

Um objetivo de vida

Das pessoas que conheço, as que parecem tirar da vida o que ela tem de melhor a oferecer são aquelas que têm algum tipo de objetivo. Claro que há uma variedade infinita de objetivos de vida; e, na verdade, há um grande número de seitas, corporações e outros vírus da mente que estão sempre ávidos por lhe oferecer um objetivo que atenda aos interesses *deles*. Minha sugestão seria que você escolhesse, para si próprio, um objetivo "mais elevado" que aumentasse sua satisfação pessoal e seu prazer de viver.

Psicólogos e psiquiatras como Abraham Maslow e Viktor Frankl já observaram que, quando as pessoas estão dispostas, ou são obrigadas, a parar de se preocupar com coisas como a própria sobrevivência ou as crises futuras, elas têm outro conjunto de impulsos, às vezes chamados de "objetivo mais elevado", "vocação" ou "autorrealização". De onde vêm esses impulsos? As pessoas terão duas respostas possíveis a essa pergunta. Algumas dirão que eles vêm de Deus. Para outras, esses impulsos mais elevados estiveram "sempre ali" em nosso cérebro, como produtos da evolução – efeitos colaterais aleatórios do DNA que, de algum outro modo, respondem por sua própria replicação. Felizmente, os dois pontos de vista funcionam igualmente bem, o que nos permite prosseguir com o exame do modo como eles se relacionam com os memes.

Esses impulsos parecem ser ainda mais variados entre indivíduos específicos do que os botões de importância secundária que descrevi no Capítulo 5. Ajudar as pessoas a encontrar sua vocação ou seu objetivo de vida é extremamente gratificante para mim, e é um dos objetivos de meu livro *Getting Past OK* e de meu seminário *Your Life's Work*™. Esses impulsos constituem aquilo que alguns chamam de espiritualidade; por definição, trata-se de impulsos de levar a vida da maneira como cada um consideraria o melhor uso possível de seu tempo na Terra.

> Quando as pessoas conseguem perceber o que está além dos limites do dia a dia, elas anseiam profundamente por concretizar seus objetivos de vida, sejam eles quais forem.

Os vírus da mente empurram nossa vida para longe desse objetivo. A maioria de nós é involuntariamente infectada por esses parasitas indesejáveis. Vamos encontrá-los e acabar com eles para que possamos aproveitar o que a vida tem de melhor.

O zen-budismo e a arte da eliminação dos vírus

Embora os mestres zen-budistas nunca tenham ouvido falar na palavra *meme*, conscientizar-se dos memes que programam as pessoas é a essência da disciplina zen. É extremamente proveitoso aprender a se libertar da prisão das ideias e dos programas mentais a qualquer momento que você quiser.

Os praticantes do zen-budismo meditam e refletem sobre lições em forma de perguntas enigmáticas e paradoxais, os chamados *koans*, numa tentativa de reprogramar sua mente de um modo que lhes permita fazer exatamente isso. Eles aprendem a assimilar só aquilo que seus sentidos percebem e a eliminar os memes distintivos artificiais das ideias e dos conceitos humanos. Como qualquer praticante do zen-budismo lhe diria, enquanto não se puser isso em prática será quase impossível até mesmo entender de que se trata.[64] Afirma-se que a prática bem-sucedida do zen-budismo traz uma extraordinária sensação de paz e clareza mental. Talvez esteja aí um método para você se livrar dos seus vírus mentais, desde que esteja disposto a ficar vinte anos praticando. Ou, como ironizam muitos adeptos e praticantes, *trinta* anos se você estiver com pressa.

Contudo, o zen-budismo não traz em si a resposta à questão de saber de que modo podemos tirar o máximo proveito de nossa vida. E os resultados da eliminação dos vírus só serão obtidos pelos que se dedicarem à disciplina zen por décadas, e não pelo conjunto da sociedade – e não se esqueça de que você ainda vive em sociedade. Não surpreende que, no final de tantas histórias sobre os monges zen-budistas, eles acabem se retirando para o topo de uma montanha ou para baixo de uma ponte, onde viverão solitariamente pelo resto de seus dias. Quando sua mente está límpida, é fácil convencer-se de que o resto do mundo é formado por um bando de gente correndo para lá e para cá feito baratas tontas.

Se você está em dúvida entre o que seria melhor, praticar o zen ou simplesmente conscientizar-se melhor do que lhe vai pela mente, aqui está um bom teste: você consegue facilmente desligar o fluxo de sua fala interior

---

64. Você encontrará maravilhosas lições práticas sobre *koans* no livro *No Barrier* (Bantam Books, 1993), em que Thomas Cleary traduz para o inglês a mais famosa coletânea desses enigmas e paradoxos.

e, simplesmente, *ser*? Tente pôr este livro de lado e eliminar todo e qualquer pensamento por um minuto. Faça isso agora.

Se você achou difícil – se continuou falando consigo mesmo dentro de sua mente, ou se os pensamentos ficaram indo e vindo, impedindo-o de apenas perceber o mundo à sua volta no momento presente –, há boas chances de que, se começar a praticar a observação apurada de seus pensamentos, você só terá a ganhar. Da próxima vez que você estiver entediado e quiser ligar a TV, tente usar uma técnica de "meditação" não mística que considero muito útil: relaxe e esvazie sua mente de todo e qualquer pensamento. Se eles começarem a se insinuar, não reaja; limite-se a percebê-los e a deixá-los ir embora. Veja se consegue ficar assim por cinco minutos, e depois observe como está se sentindo.

Se você aprender a desligar seu diálogo interior, terá dado o primeiro grande passo para se libertar da tirania dos vírus da mente. Embora você possa não saber ao certo que programas está executando em razão de eles alimentarem seu projeto de vida, e quais está executando em razão de ter sido infectado por um vírus mental, pelo menos saberá desligá-los quando quiser. Mais adiante, quando sua mente estiver calma, você poderá usar melhor sua intuição, o que o fará sair da rotina e o levará a lugares de cuja existência você nunca desconfiou, ou aos quais nunca quis ir.

A disciplina zen-budista não se limita a ensinar alguém a desligar seu diálogo interior. O estudioso do zen passa pela vida observando os acontecimentos a partir de uma série de perspectivas diversas que lhe foram apresentadas por seu mestre, na forma de *koans*.

> Ao observar a vida a partir dessas perspectivas diferentes, o discípulo acaba percebendo que muitas de suas crenças sobre a natureza da realidade, que antes lhe pareciam sólidas, não passam de fantasias de sua imaginação.

Os adeptos do zen-budismo acreditam que esse processo termina por levar à dissolução de todas as crenças artificiais e a outro nível de entendimento do mundo. Embora eu não tenha passado vinte anos num mosteiro zen, garanto que a maior parte das boas coisas que vivi e aprendi, como adulto, resultaram da decisão de ver o mundo a partir de perspectivas diferentes e de descobrir que eu estava errado sobre a maioria das crenças que defendia com unhas e dentes. É então que muitas pessoas aparecem e, com um tapinha nas costas, me dizem como estão felizes por me verem tão mudado. "E por que não me disseram isso antes?", pergunto. "Bem que tentamos", respondem em coro.

Uma boa maneira de ser mais tolerante com suas ideias é tirar proveito de qualquer divergência que você tenha com alguém. Em vez de tentar ganhar a discussão ou de pular fora do conflito, empenhe-se ao máximo em ver as coisas do ponto de vista da outra pessoa. Você saberá que a tática deu certo quando ela disser: "Mas claro! É isso mesmo que eu queria dizer!" Na verdade, você pode até descobrir que seu oponente só queria ser compreendido.

Uma vez assimilada essa nova maneira de ver as coisas, tente aplicá-la, nos dias seguintes, às novas situações que surgirem. Examine seus sentimentos. Mesmo que você não a adote como mais uma de suas crenças, pelo menos entenderá como algumas outras pessoas reagem às coisas de um jeito bem diferente do seu. Esse entendimento será valioso para você, independentemente do que quiser fazer com sua vida.

> A maioria das pessoas está tão cheia de vírus mentais e de programações mentais que lhes chegaram de fora que não dedicam uma parte substancial de seu tempo e energia à concretização de seus projetos de vida.

Na verdade, é bem provável que a maioria das pessoas nem mesmo saiba direito o que quer da vida. O exame minucioso de seus próprios pensamentos e a flexibilização de seus pontos de vista são os melhores instrumentos que conheço para você entender a diferença entre quem você é e de que modo você foi programado. Tente fazer isso – você vai gostar!

A pirâmide da aprendizagem

Os vírus da mente se aproveitam dos estilos de aprendizagem das pessoas, ou de sua *heurística*. Ao aperfeiçoar o que lhe foi ensinado pela heurística de sobrevivência e reprodução com que você nasceu, você poderá realmente tornar-se imune aos vírus mentais.

Você passa por diferentes níveis de aprendizagem heurística em sua vida, e cada um vai se sobrepondo aos demais, formando uma espécie de pirâmide. O avanço de um nível da pirâmide para outro requer não apenas a aquisição de um novo conhecimento, mas também uma mudança radical para toda uma nova maneira de aprender – a bem da verdade, de toda uma nova maneira de ver o mundo.

> As pessoas superam seus sistemas de crenças do mesmo modo que as borboletas abandonam seus casulos.

É evidente que superar um sistema de crenças não significa que as crenças eram boas ou más. É muito importante dominar um modo de operação a tal ponto que você consiga fazer algo de olhos fechados. Ensinamos às crianças os números inteiros e deixamos que elas dominem esse universo antes de começarmos a falar sobre frações ou números reais. Isso não significa que os números inteiros sejam uma coisa má.

Superar seu próprio sistema de crenças equivale mais a uma postura transcendental do que a um gesto de repúdio. Você ainda se lembrará de como fazia as coisas anteriormente, mas perceberá que há um jogo muito maior à sua espera. Como você vai ver, a recompensa do jogo de Nível 3 – uma vida livre, cheia de objetivos, gratificante e significativa – simplesmente não é algo propiciado pelos Níveis 1 ou 2.

O primeiro nível da pirâmide é a programação genética com que você veio ao mundo. Sua assimilação desse nível ocorreu ao longo de toda a evolução; para obter seus benefícios, você não precisa fazer nada além de estar vivo.

Esse nível consiste nos impulsos instintivos que você e todos os animais têm – lembra-se dos quatro *Fs*?[65] É o nível que lhe permite sobreviver e se reproduzir no mundo da natureza. Por meio da atração e repulsa, da fome, da raiva, do medo e do desejo sexual, é possível sobreviver sem passar por novos aprendizados. Toda a instrução tradicional, desde a escola maternal até a defesa de doutorado, destina-se a fazer a transição do Nível 1.

Algumas pessoas param aqui, sem nunca adquirir a autodisciplina para dominar o Nível 2. As pessoas do Nível 1 carecem de perspicácia, autodisciplina e integridade. Tendem a viver de modo caótico, incapazes de manter um emprego ou um relacionamento. Embora elas possam desfrutar

---

65. Os quatro impulsos primários dos animais: lutar, fugir, alimentar-se e encontrar um parceiro, em inglês, respectivamente, *fighting*, *fleeing*, *feeding* e *finding* a mate. (N. do T.)

alguns momentos da vida mais do que as pessoas do Nível 2, não se pode dizer que vivam de modo pleno e gratificante.

Se os quatro *Fs* representassem o Nível 1 da pirâmide da aprendizagem, os três *Rs*[66] caracterizariam o Nível 2. Todas as disciplinas acadêmicas, habilidades adquiridas e campos de estudo constituem o Nível 2. A leitura, a escrita e a aritmética – para não mencionar a programação de computador, as ciências políticas, a psicologia e as doutrinas religiosas – pertencem a esse nível.

A maioria das pessoas para por aqui. É preciso tanto trabalho, tempo e esforço para adquirir todo o conhecimento e as crenças que formam um saudável Nível 2, que a tarefa de transcender tudo isso para dar o salto para o Nível 3 parece não apenas difícil, porém ridícula. Além disso, as pessoas que se lembram de como a vida funciona melhor no Nível 2 do que funcionava no Nível 1 hesitarão em renunciar à estrutura confortável do sistema de crenças que as colocou ali.

> As pessoas que ficam presas ao Nível 2 acham que esse é seu padrão de comportamento: viver em um mundo apático e letárgico no qual sua vida não tem sentido.

Elas se tornam resignadas ou cínicas. Em geral, essas são as pessoas que levam "uma vida de tranquilo desespero", nas palavras de Thoreau. Podem apegar-se indefinidamente a suas crenças religiosas, ou à crença antirreligiosa, muito popular em nossos dias, de que não há sentido na vida, esperando que sua fé naquilo que acreditam ser a Verdade Absoluta termine por melhorar as coisas. Talvez tentem reproduzir sucessos do passado, voltar para a escola, adquirir novos conhecimentos ou mudar de religião várias vezes, mas continuarão presas ao Nível 2 enquanto não resolverem abrir mão de sua confiança na Verdade de seus sistemas de crenças.

A esta altura, talvez você esteja se perguntando em que nível está situado. Repetindo: a maioria das pessoas permanece no Nível 2. Não vai aparecer ninguém para lhe dizer, com um tapinha nas costas, que já é tempo de passar para o Nível 3. Na verdade, você enfrentará uma enorme resistência até mesmo para achar que o Nível 3 existe, ou, caso reconheça sua

---

66. As três bases elementares da instrução, em inglês: (*r*)reading, (*w*)riting, (*a*)rithmetic (leitura, escrita e aritmética). (N. do T.)

existência, para acreditar que ainda não faz parte dele. Se você leva uma vida de tranquilo desespero, está no Nível 2. Se você se sente frequentemente entediado, desmotivado, confuso, ressentido, culpado, indigno, impotente etc., ou se lhe parece que a vida não tem sentido, também está no Nível 2. Se você está fazendo o que sempre fez, sem pensar muito sobre o que quer da vida, está no Nível 2 ou no 1.

Agora vou dizer algo sobre o Nível 3. Se você está no Nível 2, sua primeira reação talvez seja comparar o que digo com alguma coisa que já sabe, e chegar a uma conclusão sobre isso. Essa é uma estratégia de aprendizagem de Nível 2 que não funciona no Nível 3. Convido você a ler tendo em mente a possibilidade de que, aqui, existe alguma coisa diferente daquilo que você já conhece, e que reflita sobre isso por algum tempo.

O Nível 3 significa aprender a ver a vida como alguma coisa a ser *criada* a partir de sua programação e seu projeto pessoal – serão esses os dois *Ps*? –, e não como um labirinto de conhecimentos, crenças, objetivos e desafios com os quais devemos lidar freneticamente. Trata-se da absoluta liberdade pessoal – a libertação das pressões sociais, das culpas e dos vírus mentais. (Você já conhece os problemas da competição insana, não é verdade? Nessa corrida de ratos, você pode até ser o vencedor, mas continuará sendo um rato.)

No Nível 3, você escolhe um objetivo para sua vida e apega-se a ele como sua mais alta prioridade. Se seu envolvimento for suficientemente forte, a dissonância cognitiva criada com velhos memes que não sustentam esse objetivo resultará em algum tipo de reprogramação. Depois de algum tempo, você vai perceber que sua busca da concretização de seus projetos de vida ficará cada vez mais sincera e forte. E eu recomendaria, uma vez mais, que você escolhesse um objetivo motivador, gratificante, significativo e arrebatador. Você vai aproveitar a vida e será bom em tudo que fizer.

Propagação de memes

Se seu objetivo inclui o desejo de influenciar a vida dos outros, você terá de lidar com a segunda questão ética: *Que memes você quer propagar?* Como no caso da primeira questão, há muitas respostas possíveis.

Uma das mais conhecidas filosofias de vida é *Viver e deixar viver*. Eu tenho as minhas crenças, você tem as suas, e tudo bem. Esse é um desmembramento da estratégia que chamo de *o que vem naturalmente*, e, como tal, deixa a evolução nas mãos de replicadores egoístas que não estão nem aí com a sua qualidade de vida. É uma posição tentadora, quase obrigatória para as pessoas tolerantes que vivem num país livre. Mas há uma grande diferença entre o governo impor crenças totalitárias e as pessoas propagarem os memes que consideram importantes. Precisamos superar nossa aversão ao evangelismo se quisermos exercer um impacto positivo na sociedade; de outro modo, os vírus mentais que recorrem ao evangelismo vão vencer a guerra pela mente das pessoas.

Portanto, sabendo que você pode exercer uma influência positiva na vida dos outros por meio da propagação intencional de memes, quais são os memes que você quer propagar? A resposta é sua. Depois de ter lido este livro ou *Getting Past OK*, você deve perceber claramente que sou favorável a que as pessoas tenham uma imagem clara e precisa do mundo, e que desfrutem a vida. Em que tipo de mundo você gostaria de viver? Vá à luta e faça acontecer!

Independentemente do fato de você considerar ético, ou não, influenciar as crenças de outros adultos – disseminar memes às outras pessoas, e fazê-lo intencionalmente –, poucos negariam o valor de influenciar as crenças das *crianças*, de educá-las. Que novas revelações a memética nos faz sobre a educação infantil? Podemos usar a memética para impedir que nossos filhos sejam infectados por vírus da mente, ou para desinfetá-los quando a infecção já tiver ocorrido?

A desinfecção de nossas crianças

Um modo de ver a educação é considerá-la como um processo de cópia de fatos e ideias da mente de uma geração para a mente da geração seguinte. Copiar memes. Como tal, a educação está sujeita às mesmas invasões de vírus da mente que acometem o resto da sociedade, e até mais, uma vez que um de seus postulados básicos é a cópia.

O meme *tradição* não morre facilmente na educação. Alguém se surpreende com o fato de que a estrutura do nosso sistema educacional é essencialmente a mesma que foi inventada por Platão há mais de dois mil anos? E o que dizer dos três meses de férias de verão que, nos Estados Unidos, ainda damos aos estudantes, mesmo já estando longe o tempo em que eles precisavam ajudar a família a cultivar a terra durante esse período? E aqui está minha estranheza favorita: apesar de sabermos, há décadas, que as aulas expositivas talvez sejam a pior maneira de ensinar, esse procedimento didático continua sendo amplamente usado. Alguém se surpreende?

A reprodução de ideias e fatos constitui, de fato, o objetivo fundamental da educação, ou será isso inevitável? Lembre-se: sem o esforço consciente de nossa parte, tendemos a assumir o papel de escravos mentais dos memes, vivendo apenas para perpetuar e disseminar quaisquer memes que sejam mais poderosos.

> Podemos escolher conscientemente um objetivo melhor para a educação, algo que não signifique apenas encher de memes a mente de nossas crianças?

"Você ainda não lhes disse o que pensar!"

Lembro-me de uma história que minha professora de russo me contou no colégio. Ela disse que tinha acabado de voltar da Soyuz Sovetskikh Sotsialisticheskikh Respublik – isto é, da União Soviética – onde havia concluído o segundo semestre de um programa de intercâmbio de professores. Na Rússia, as aulas eram quase totalmente centradas na memorização e nos exercícios de repetição oral. A professora dizia alguma coisa e as crianças repetiam.

Ela disse que a professora soviética estava abismada com os métodos de ensino americanos, nos quais se pedia aos alunos que discutissem suas ideias sobre algum tema proposto pelo professor. "Como eles podem discutir ideias?", perguntava a professora, inconformada. "Você ainda não lhes disse o que pensar!"

O espanto dessa professora chama a atenção para um dos maiores avanços da educação no século passado: a mudança da memorização e do aperfeiçoamento de habilidades para a ênfase na capacidade de reflexão. A "matemática moderna" dos anos 1960 foi criada para ensinar os estudantes a desenvolver o pensamento abstrato sobre todo o sistema da matemática, em vez de apenas memorizarem métodos e fórmulas. Uma vez que os alunos aprendessem a pensar nos termos propostos por esse novo modelo, esperava-se que eles conseguissem aplicar essa habilidade ao restante de sua vida, transformando-os numa geração de pequenos Einsteins.

Acredito que isso tenha funcionado bem, pelo menos para os alunos que chegam à escola dispostos a aprender. Hoje, os adultos jovens e cultos estão preparados para pensar abstratamente sobre tudo, desde a política até suas próprias mentes, provocando um crescimento vertiginoso de programas de entrevistas e de indústrias voltadas para a saúde mental. A mudança de ênfase, que passou de *o que pensar* para *como pensar* – ao lado de eventos que puseram o conceito de autoridade sob suspeita, como a Guerra do Vietnã e o escândalo de Watergate – produziu uma geração de espíritos questionadores. Eles querem saber por que as coisas são como são, qual é o objetivo de suas vidas, o que eles devem ser. Estão insatisfeitos.

Reinventar a educação

Ainda existe um enorme abismo entre o que ensinamos às crianças em seus primeiros dezoito anos e o que seria possível ensinar. Por que não tornamos esses dezoito anos iniciais muito mais proveitosos? O que deveríamos ensinar aos alunos nessa fase da vida? E quem vai decidir o que fazer?

A decepcionante resposta à primeira pergunta, por que as coisas são como são, constitui boa parte do tema deste livro. Sociedade, cultura, estruturas de poder – é difícil dar sentido a qualquer dessas coisas, pois elas são o resultado da evolução dos memes, e não de algo criado pela humanidade em nosso próprio benefício. Suponhamos, porém, que pudéssemos inventar o tipo de educação que queremos para nossos filhos. Como seria isso?

Imagine que você foi encarregado de criar uma sociedade totalmente nova. Sua escola está cheia de professores animados e crianças bem-dispostas que estão iniciando a primeira série. Seu trabalho é decidir o que fazer com essas crianças pelos próximos doze anos, a fim de dar à sociedade as melhores oportunidades de florescer, e a *elas* as melhores oportunidades de levarem uma vida produtiva e plena de sentido. O que você faria?

O problema com o atual sistema educacional é que não fazemos esse tipo de pergunta com muita frequência e, quando fazemos, quaisquer propostas que poderiam trazer mudanças substanciais são derrubadas pela estrutura de poder dominante e pelo medo de mudança que as pessoas têm. Sabemos que há algo de errado. O debate atual sobre autoestima na sala de aula e a instrução com base nos resultados comprova que pelo menos há pessoas refletindo sobre o problema.

A debandada contínua das escolas públicas pelos que têm boa situação financeira, a crescente popularidade do ensino domiciliar e as notas cada vez mais baixas nos exames nacionais de cursos são alarmes que nos falam da urgência e gravidade de nossa crise educacional. Mas como resolver o problema? E, se encontrarmos a solução, como vamos convencer os responsáveis a realmente colocá-la em prática?

O que é mais importante?

Rápido: comece a contagem do tempo! Você acabou de nascer. Terá só uma vida para aprender tudo que for preciso para viver bem, então trate de fazer isso. Pronto? *Já!*

Que tipo de coisas você aprende? Línguas? As capitais do mundo? Matemática? Música? Seja lá o que for, você precisará aprender todas as outras coisas além daquelas que seus genes lhe transmitiram para essa única vida. Lamentamos, mas as influências de suas outras vidas não serão aproveitadas. Se você acredita em coisas assim, pode procurar um vidente ou um médium que vai lhe dar algumas informações sobre vidas passadas, mas que vai tomar seu tempo e sua energia como qualquer outra forma de aprendizagem.

Com um milhão e quatrocentos mil livros no prelo, para não mencionar os volumes fora de catálogo nas bibliotecas e os cerca de cem mil novos livros publicados todos os anos, você não terá tempo de ler todos. Como vai escolher?

Há mais ou menos cinco bilhões de pessoas convivendo com você neste planeta. Com quem você conversar, de quem vai se aproximar, com quem aprenderá alguma coisa? Onde você irá à escola? Que tipo de ensinamentos receberá? Que obrigações ou responsabilidades vai assumir, e de quais vai se esquecer nos bares, nas bebedeiras em festas e em outras atividades não acadêmicas da vida? Com que pessoas você vai se relacionar? Lembre-se: o casamento é a melhor escola para o desenvolvimento pessoal (e frequentemente a mais cara). Mas só há tempo para que poucas pessoas lhe ensinem algumas coisas. Trate de escolher, mas não demore!

Graças à evolução genética, e também aos avanços modernos em medicina e tecnologia, você nasceu bem preparado para sobreviver no mundo físico. Porém, o mundo da mente, da sociedade e da cultura já é uma outra história. Você precisa aprender tudo, começando pela primeira página, a partir do momento em que vem ao mundo. E, se não fizer isso, sua vida será uma espécie de sobrevivência – e talvez você nunca venha a conhecer a diferença, nunca tenha consciência do que poderia ter tido, de como a vida poderia ter sido. É triste, mas é verdade.

Muito se tem falado sobre o fracasso do nosso sistema educacional. Em geral, os críticos o comparam, desfavoravelmente, com o do Japão, onde as crianças passam muito mais horas e dias na escola do que nos Estados Unidos. Em geral, eles argumentam que o resultado da educação mais intensiva no Japão faz com que as crianças se tornem trabalhadores mais produtivos na vida adulta. Será que a questão fundamental da educação é preparar as crianças para que sejam trabalhadores mais produtivos no futuro?

Em minha opinião, a resposta é negativa. O ponto central da educação é criar uma sociedade florescente na qual o maior número possível de pessoas tenha uma vida maravilhosa, cheia de liberdade, felicidade e realizações. Só que nem todos concordam comigo.

É fácil encontrar pessoas e organizações dispostas a responder às outras perguntas sobre o sentido da vida. O problema é que essas respostas ou são tendenciosas ou fazem parte de algum vírus mental disposto a inseri-lo em algum sistema de crenças religiosas. Contudo, a tendência atual de tirar essas questões espirituais dos programas de cursos cria um vazio psíquico nos alunos, os quais, mal saídos da escola, começam a se perguntar sobre o sentido da vida.

É certo que uma escola ensine valores espirituais a seus alunos? Não penso assim, e por vários motivos. Em primeiro lugar, o poder corrompe. Qualquer indivíduo ou grupo que pudesse decidir quais seriam esses valores ficaria rapidamente infectado por todos os vírus da mente astuciosos e nocivos que existem por aí, sem contar os novos vírus que se desenvolveriam para aproveitar a ocasião. Essa é a grande vantagem de nossa separação entre Igreja e Estado.

Talvez a solução esteja na separação entre escola e Estado. Terá chegado o momento de desistir da ideia de escola pública, de nos dar por vencidos e admitir que ela simplesmente não funciona? Talvez a educação centralizada e as instituições com grande concentração de poder sejam suscetíveis demais à infecção pelos vírus da mente. Em teoria, pelo menos, é atraente a ideia de acabar com as escolas públicas e escancarar a porta das escolas à concorrência.

Quem vai decidir?

A quem cabe a decisão? Quem detém o controle dessa programação inicial que oferecemos a nossas crianças antes de as jogarmos para fora do ninho e deixarmos que voem com as próprias asas? No momento atual, isso ocorre ao sabor do acaso. Na verdade, as escolas atuais são tão fracas que as crianças adquirem boa parte de sua programação na TV. Não estamos mais fazendo um esforço consciente para orientar a vida de nossos escolares. Muitos professores com sobrecarga de trabalho se queixam de serem os únicos empenhados nessa tentativa, um trabalho grande demais para ser enfrentado por poucos. Um dos resultados é o número cada vez maior de crianças carentes de bons vínculos familiares que são arrebatadas por uma explosão de subculturas juvenis dotadas de memes poderosos: as gangues.

Dizer que cabe aos pais ensinar esses valores e cuidar dessa orientação para a vida não vai funcionar, pois o núcleo familiar dessas crianças não tem consistência nem estabilidade. A escola é o espaço em que se deve fazer essa primeira abordagem dos interesses das crianças, mostrando-lhes que elas têm, de fato, a oportunidade de progredir na vida.

A próxima grande mudança

Seja qual for o método, a próxima grande mudança de rumo na educação precisa ter a mesma grandeza daquela que nos fez passar da memorização para a ênfase no raciocínio. O próximo passo será ensinar as crianças a decidir por si mesmas o que é mais importante em sua vida – facilitando seu salto para o Nível 3 da pirâmide da aprendizagem.

Isso significa dar-lhes condições de descobrir quais são seus estímulos e motivações, o que as faz sentir-se dignas de respeito (que lhes dá "autoestima") e confere sentido à sua vida. Significa dizer que elas vieram ao mundo para tirar o máximo proveito dessas coisas, e não para se transformarem em uma peça de alguma engrenagem autoperpetuadora de culturas que não lhes dizem respeito. É algo que vai além de lhes dar bótons com frases do tipo "questione a autoridade", ou adesivos de carros que as estimulam a "subverter o paradigma dominante", autorizando-as a serem donas do próprio nariz e a criarem seus próprios paradigmas. Significa ensinar-lhes a serem conscientes! Conscientes! Conscientes! Conscientes!

Assustador? Claro que sim. Mas só há uma maneira de inverter os rumos de nossa evolução, impedindo que sejam dominados pelas forças seletivas e aleatórias dos memes e colocando essa trajetória nas mãos dos próprios interessados: precisamos ser absolutamente inflexíveis em nossa crença de que todos têm direito à vida, à liberdade e à busca da felicidade. No momento, tudo que estamos ensinando às crianças é a busca de notas e aprovações. A busca de aprovação é um convite impresso para o grande Baile dos Vírus. Ela o arrasta para qualquer vírus mental poderoso que consiga ativar seus botões. As crianças devem ser ensinadas a ter discernimento e a correr atrás de seus próprios valores.

Estamos diante da tarefa descomunal de criar uma nova grade curricular que realmente sirva para programar *todas* as crianças para uma vida de liberdade e felicidade, e não de escravidão ou desespero. Maior ainda será a tarefa de convencer as escolas a adotarem esse novo modelo e dar-lhe condições de funcionamento. Parece quase impossível, mas o que mais poderemos fazer? Ao escrever estas palavras, dei um pequeno passo na direção desse objetivo. O resto cabe a vocês. E tratem de não perder tempo. Estamos, de fato, no meio de uma crise.

Leituras recomendadas

Evolução

Dawkins, Richard. *The Blind Watchmaker* (Norton, 1986). Uma argumentação convincente sobre a evolução das espécies por meio da seleção natural. O livro também inclui ataques implacáveis aos criacionistas e a outros hereges não darwinistas.

Dawkins, Richard. *River Out of Eden: A Darwinian View of Life* (Basic Books, 1995). Uma síntese do que até então havia de mais avançado em biologia evolutiva. Se você só tem algumas horas para aprender sobre a evolução, este é o livro que deve ler.

Dawkins, Richard. *The Selfish Gene, New Edition* (Oxford University Press, 1989). Uma brilhante apresentação do conceito de gene egoísta. O primeiro livro a descrever o conceito de meme.

Dennett, Daniel C. *Darwin's Dangerous Idea: Evolution and the Meanings of Life* (Simon & Schuster, 1995). Uma exploração lúcida, brilhante e abrangente do darwinismo universal: como a evolução por seleção natural pode aplicar-se – e como ela realmente se aplica – a todos os aspectos do universo.

Plotkin, Henry. *Darwin Machines and the Nature of Knowledge* (Harvard University Press, 1993). Uma profunda exploração da base evolutiva do conhecimento e da aprendizagem, um tema conhecido como *epistemologia evolutiva*.

Evolução dos computadores

Levy, Steven. *Artificial Life* (Vintage Books, 1992). Um fascinante resumo do que até então havia de mais avançado na ciência dos computadores.

Evolução dos memes

Csikszentmihalyi, Mihaly. *The Evolving Self* (HarperCollins, 1993). Reflexões sobre o futuro do modo como o vê a teoria da evolução memética.

Psicologia evolutiva

Buss, David M. *The Evolution of Desire* (Basic Books, 1994). Uma clara exposição da estratégia de acasalamento segundo a psicologia evolutiva, sustentada por estudos acadêmicos de grande profundidade.

Dennett, Daniel C. *Consciousness Explained* (Little, Brown, 1991). Uma obra-prima sobre a natureza do pensamento humano, com uma excelente seção sobre memes.

Wright, Robert. *The Moral Animal: Why We Are the Way We Are: The New Science of Evolutionary Psychology* (Pantheon, 1994). Um exame profundo da evolução divergente das estratégias de acasalamento masculinas e femininas. O livro traz também uma biografia de Darwin.

O papel dos homens e o das mulheres

Gray, John. *Men are from Mars, Women are from Venus* (Harper-Collins, 1992). Um livro simples e prático em que se explicam as diferenças entre as necessidades dos homens e das mulheres e seus estilos de comunicação nos relacionamentos.

Vírus culturais

Bulgatz, Joseph. *Ponzi Schemes, Invaders from Mars, & More Extraordinary Popular Delusions and the Madness of Crowds* (Harmony Books, 1992). Histórias surpreendentes sobre vírus mentais históricos. A única coisa que aprendemos com a história é que nada aprendemos com ela.

Rushkoff, Douglas. *Media Virus!* (Ballantine Books, 1994). Uma análise interessante da evolução da televisão. O livro também aborda o uso de cavalos de Troia para introduzir memes atraentes em programas secretos.

Seitas e programação

Cialdini, Robert B. *Influence: The Psychology of Persuasion, Revised Edition* (Quill, 1993). Um livro extraordinário e fácil de ler sobre as técnicas psicológicas usadas no dia a dia com o objetivo de influenciar a mente das pessoas. Se você gostou do Capítulo 8, vai adorar este livro.

McWilliams, Peter. *Life 102: What to Do When Your Guru Sues You* (Prelude Press, 1994). O autor de vários *best-sellers* de autoajuda conta como foi submetido a uma lavagem cerebral que o fez permanecer numa seita por quinze anos e fazer-lhe uma doação de um milhão de dólares.

Zen-Budismo

Cleary, Thomas. *No Barrier: Unlocking the Zen Koan* (Bantam, 1993). Essa excelente apresentação da filosofia zen-budista traz também uma brilhante tradução do *Wumenguan*, o livro mais famoso sobre os enigmas e paradoxos do zen-budismo.

Hofstadter, Douglas R. *Gödel, Escher, Bach: An Eternal Golden Braid* (Vintage, 1979). Embora Thomas Cleary afirme que Hofstadter não conhece o zen-budismo em profundidade, qualquer estudioso sério da natureza da mente deve ler esse livro maravilhoso, ganhador do prêmio Pulitzer.

Pirsig, Robert M. *Zen and the Art of Motorcycle Maintenance* (Bantam, 1974). Narrativa autobiográfica da pesquisa do autor sobre a natureza da realidade, o equilíbrio mental e as distinções entre diferentes conceitos. O livro começa como uma narrativa de viagem, mas mergulha em temas filosóficos a partir do Capítulo 6.

Objetivo de vida

Brodie, Richard. *Getting Past OK: A Straightforward Guide to Having a Fantastic Life* (Warner Books, 1995). Como usar a arte da reprogramação mental para melhorar sua qualidade de vida. A narrativa parte das experiências de vida do autor, e é ilustrada com desenhos de Eggbert.

Frankl, Viktor. *Man's Search for Meaning* (Washington Square Press, 1984). Argumentação tocante, profunda e convincente sobre a necessidade de se ter um objetivo de vida. Relatos de primeira mão sobre a vida nos campos de concentração da Alemanha nazista.

Maslow, A.H. *The Farther Reaches of Human Nature* (Penguin, 1971). Leitura muito difícil sobre a natureza da autorrealização e dos mais elevados valores humanos, mas imprescindível se você está em busca de uma abordagem erudita do tema.

Agradecimentos

Susan Goplen, Greg Kusnick, Bill Marklyn e Steven Salta dedicaram boa parte de seu tempo e suas ideias em ajudar-me a dar forma e conteúdo a *Vírus da Mente*. Sua ajuda não se limitou à contribuição com ideias, estendendo-se a seu entusiasmo para que o livro chegasse às livrarias.

Marc de Hingh, Bob Matthews e Lloyd Sieden contribuíram com informações preciosas sobre o manuscrito, as quais deram muito mais clareza ao texto final. Reescrevi capítulos inteiros a partir da pertinência de seus comentários e da lucidez de suas observações críticas.

George Atherton, Jon Bazemore, Robin Burchett, Dan Dennett, Ashton MacAndrews, Holly Marklyn, Elan Moritz, Richard Pocklington, Peter Rinearson, Matthew Senft, Charles Simonyi, Brett Thomas e Eric Zinda, todos com muito pouco tempo disponível, conseguiram introduzir uma pausa em seu corre-corre para fazerem comentários sobre o manuscrito. A contribuição de cada um deles mostra-se em pelo menos um aprofundamento do conteúdo do livro.

Meu irmão Mike Brodie, que estava no Sudeste Asiático, arrumou um jeito de chegar a tempo de fazer a última revisão dos originais e de me dar apoio moral.

Liz Greene ajudou-me a fazer a revisão tipográfica da presente edição.

Por último, sou muito grato a Richard Dawkins por ter sido tão compreensivo ao descobrir que, sem querer, eu tinha "roubado" o título por ele usado num ensaio anterior ("Os Vírus da Mente").

Meus genes são gratos a vocês, assim como meus memes e meus vírus mentais. Muito obrigado a todos.

◆ ◆ ◆